진리의 탐구 2

상상력·순수 지성에 대하여

나남
nanam

한국연구재단 학술명저번역총서
서양편 470

진리의 탐구 2

상상력·순수 지성에 대하여

2026년 2월 10일 초판 발행
2026년 2월 10일 초판 1쇄

지은이 니콜라 말브랑슈
옮긴이 이충훈
발행자 趙相浩
발행처 (주) 나남
주소 10881 경기도 파주시 회동길 193
전화 (031) 955-4601 (代)
FAX (031) 955-4555
등록 제 1-71호 (1979.5.12.)
홈페이지 http://www.nanam.net
전자우편 post@nanam.net

ISBN 978-89-300-4221-5
ISBN 978-89-300-8215-0(세트)

책값은 뒤표지에 있습니다.

이 책은 2021년 대한민국 교육부와 한국연구재단이 우리 시대 기초학문의 부흥을 위해 펼치는 학술명저번역사업의 지원을 받은 책입니다(2021S1A5A7079632).

한국연구재단
학술명저번역총서
서양편 470

진리의 탐구 2

상상력·순수 지성에 대하여

니콜라 말브랑슈 지음
이충훈 옮김

나남
nanam

De la recherche de la vérité

by

Nicolas Malebranche

일러두기

1. 이 책은 니콜라 말브랑슈(Nicolas Malebranche, 1638~1715)의 첫 번째 책《진리의 탐구》와 이 책에 대한 저자의 주해가 담긴《진리의 탐구의 주해》를 모두 번역한 것이며, 번역의 저본으로는 플레이아드 판(Nicolas Malebranche, Œuvres, t. I, éd. Geneviève Rodis-Lewis, Paris, Gallimard, Bibliothèque de la Pléiade, 1979)을 사용했다.
2. 원문에는 성 아우구스티누스와 성경 등의 문장들이 라틴어로 그대로 삽입되었다. 가독성을 위해 반드시 필요한 경우를 제외하고 원문의 라틴어 인용을 가급적 줄이거나 생략했다.

차례

2권
상상력에 대하여

1부

1장

2장

4장

5장

3권
순수 지성에 대하여

1부 지성 혹은 순수 정신에 대하여

1장

2장

3장

차례

4권

정신의 자연적 성향

6권

방법에 대하여

1부

2부

진리의 탐구 5
주해

차례

2권

상상력에 대하여

1부

1장

제 1권에서 우리는 감각을 다뤘다. 감각의 본성을 설명하고, 감각을 어떻게 사용해야 하는지 정확히 지적하고자 노력했다. 감각으로 인해 우리가 범하는 가장 일반적이고 중대한 오류들을 발견했고, 그런 식으로 감각의 역량을 제한하도록 노력하여 감각을 우리가 규정한 범위 안에 붙들어 둔다면 감각에 기대를 걸고, 아무것도 두려워할 것이 없다고 했다. 제 2권에서 우리는 상상력을 다룰 텐데, 자연적 순서를 따라 그렇게 해야 한다. 감각과 상상력은 대단히 밀접한 관계를 가지므로 우리는 이 둘을 분리해서는 안 된다. 우리는 나중에 이 두 능력에 많고 적음의 차이밖에 없음을 볼 것이다.

다음이 이 책에서 우리가 따를 순서이다. 제 2권은 모두 3부로 구성된다. 제 1부에서는 무절제한 상상력과 그것으로 인한 오류의 자연적 원인들을 설명하고, 제 2부에서는 이들 원인을 상상력의 가장 일반적 오류들에 적용해 볼 것이다. 또한 우리가 정신적이라고 부를 수 있는 이 오류들의 원인을 언급할 것이다. 제 3부의 주제는 강력한 상상력들의 전염성 전파에 대한 것이다.

이 책에 포함된 대부분의 문제들이 앞에서 감각의 오류들을 설명하면서 이미 언급했던 문제들만큼 대단히 새로운 것이 아니더라도 유용성은 적지 않다. 양식을 갖춘 사람들이라면 오류들과, 내가 다루는 오류들의 원인들도 인정한다. 그러나 이 문제에 대해 충분히 성찰을 할 수 있는 사람들은 거의 없다. 나는 모든 사람을 가르칠 생각은 없다. 나는 무지한 사람들[1]을 가르치고, 그들과 다른 사람에게는 주의를 줄 뿐이다. 더 정확히 말하자면 나는 여기서 내 공부를 하고, 내게 주의를 주려고 노력한다.

I. 상상력의 일반 관념

우리는 제 1권에서 우리 감각기관들은 한편으로는 신체 바깥 부분들과 피부에서 끝나고, 다른 한편으로는 두뇌의 중심을 향해 끝나는 작은 실絲들로 이루어져 있다고 말했다.[2] 그런데 이 작은 실들이 동요되는 방식은 두 가지이다. 실들은 두뇌에서 끝나는 말단에서 시작하거나, 외부로 끝나는 말단에서 시작하거나, 이렇게 두 가지 방식으로 동요될 수 있다. 이 작은 실들이 동요했을 때 그것이 두뇌까지 전달되지

---

1 [옮긴이] 《퓌르티에르 사전》에서 무지한 자(ignorant)란 "문학에 대한 지식이 없는 사람, 알아야 하는 것을 모르는 사람"을 말한다. 17세기에는 라틴어를 모르고 프랑스어밖에 할 줄 모르는 사람을 그런 이름으로 불렀다.

2 [옮긴이] 1권 10장 2절.

않는다면 영혼은 무언가를 지각할 수 없다.

대상들이 우리 신경망의 외부 표면에서 일으킨 자극으로 동요가 시작되어 두뇌까지 전달된다면, 그때 영혼은 자기가 느낀 것이 외부에 있다고, 즉 한 대상이 앞에 존재한다는 것을 지각한다고 느끼고 판단한다.[3] 그러나 동물정기의 흐름이나 어떤 다른 방식으로 내부의 신경망이 가볍게 동요되었을 뿐이라면, 영혼은 자기가 상상하는 것이 외부에 있는 것이 아니라, 두뇌 내부에 있다고 본다. 다시 말하면 이때 영혼은 한 대상을 부재하는 것처럼 상상하고 판단한다. 이것이 바로 느끼는 것과 상상하는 것의 차이이다.

그러나 두뇌 섬유는 정기의 흐름보다 대상의 자극으로 훨씬 더 동요되고, 바로 이런 이유로 영혼은 동물정기의 흐름보다 자기 눈앞에 보이고, 즐거움이나 고통을 느끼게 해줄 수 있다고 판단하는 외부 대상에 훨씬 더 자극을 받는다는 점에 주목해야 한다.[4]

그러나 간혹 공복, 불면, 고열, 혹은 강렬한 정념으로 동물정기가 심

---

3 1권의 여러 곳에서 내가 말했던 자연적 판단을 통해.

4 [옮긴이] 데카르트는《정념론》에서 "상상은 영혼이 신경들의 매개에 의해 받아들여지는 지각들처럼 아주 두드러지고 결정적 원인을 갖고 있지 않고 단지 그림자와 그림에 지나지 않아 보이"(§21, 앞의 책, 37쪽)며, "영혼이 신경의 매개에 의해 지각하는 모든 것들은 정기의 우연한 흐름에 의해서도 역시 영혼에 나타날 수 있"는데, "신경에 의해 뇌 안에 생기는 인상은 정기가 뇌에서 일으키는 인상보다 더 생생하고 활력이 넘치는 습관을 지닌다는 것을 제외하고는 다른 차이가 없다. 이로 인해 21절에서 이러한 인상이 다른 것의 그림자나 그림이라고 말했던 것이다. 또한 그 그림과 그 그림이 표상하는 사물이 아주 유사한 일이 때때로 일어나서, 외부에 있는 대상에 연관된 지각이나 몸의 어떤 부분에 연관된 지각에 대해서 오류를 범할 수 있음에 주목할 필요가 있다"(§26, pp.40~41)고 말했다.

하게 동요를 일으킨 사람들 중에 동물정기가 외부 대상들만큼 강한 힘으로 두뇌 내부의 섬유들을 동요시키는 일도 일어난다. 그래서 이 사람들은 그들이 단지 상상했을 뿐임이 틀림없는 것을 느끼고, 그들 눈앞에서 대상들을 눈앞에 보고 있다고 믿는다. 그러나 그 대상들은 그들의 상상력 속에 있을 뿐이다.

이것으로 잘 알 수 있는 사실은 신체에서 일어나는 일을 통해 볼 때 감각과 상상력은 크고 작고의 차이밖에 없다는 것이다. 나는 좀 전에 이 점을 제시한 바 있다.

그러나 상상력이라는 관념을 더욱 뚜렷하고 더욱 특별하게 제시하기 위해서 신경이 귀착하는 두뇌 부위에 변화가 있을 때마다 영혼에도 변화가 있다는 점을 알아야 한다. 즉 우리가 이미 설명했듯이 이 부위에 섬유들의 배치를 다소 변화시키는 정기들의 움직임이 있다면 영혼에도 어떤 새로운 지각이 생긴다. 그러니까 틀림없이 영혼은 어떤 새로운 것을 느끼고 상상하는 것이다. 또 영혼은 두뇌의 동일한 부위의 섬유에 변화가 없다면 새로운 어떤 것도 느낄 수 없고, 상상할 수 없다.

그래서 상상의 능력 혹은 상상력은 두뇌의 이 부위의 섬유에 변화를 일으키면서 영혼이 대상의 이미지를 형성하는 역량일 뿐이다. 이 부위를 '주요한' 부위라고 부를 수 있는 것은 그 부위가 우리 신체의 모든 부분에 대응하고 있으며, 이렇게 말할 수 있다면 그곳이 우리의 영혼이 즉각적으로 머무는 곳이기 때문이다.

II. 상상력의 두 기능: 하나는 능동적이고 다른 하나는 수동적이다

이 점은 영혼이 이미지들을 형성하는 역량에 두 가지가 포함된다는 점을 명확히 보여 준다. 하나는 영혼 자체에 달린 것이고, 다른 하나는 신체에 달린 것이다. 첫 번째는 능동이고, 의지의 명령이다. 두 번째는 이들 이미지를 그려내는 동물정기와 그 이미지들이 새겨지는 두뇌 섬유의 복종이다.

이 책에서는 '상상력'이라는 말을 이 두 가지 중 어느 쪽으로든 구분 없이 부른다. 그것에 '능동적'과 '수동적'이라는 단어를 부여할 수도 있겠지만 그런 구분은 하지 않겠다. 우리가 말하는 주제에 벌써 그것이 영혼의 '능동적 상상력'과 신체의 '수동적 상상력' 둘 중에 무엇을 말하는지 충분한 의미가 부각되어 있기 때문이다.

방금 언급했던 이 '주요한' 부분이 무엇인지 특별히 확정해 두지는 않았다. 첫째 그럴 필요가 정말 없고, 둘째 그것이 대단히 불확실하고, 마지막으로 그것이 이 자리에서는 입증될 수 없는 사실이므로 다른 사람들을 설득시킬 수 없기 때문에 이 주요한 부위가 무엇인지 굳게 확신한대도 그 점에 대해서는 침묵하는 편이 낫다고 생각한다.

윌리스에 따르면5 그가 선조체corpora striata라고 부르는 두 개의 작은

---

5 [옮긴이] 윌리스의《두뇌의 해부》(*Cerebri anatome*)는 런던에서 1664년에 출판되었고, 말브랑슈는 신경을 설명할 때 이 책을 꼼꼼히 따랐다. 말브랑슈는 장서에 토머스 윌리스의《의학과 자연학 전집》(*Opera medica et physica*, Lyon, 1676 et 1681)을 소장했고, 여기 지시된 책이 바로 그것이다.

부위에 공통감각이 머물고, 굴곡진 두뇌는 그곳에 기억을 보존한다. 그리고 상상력의 자리는 '뇌량腦梁, corps calleux' 것이다.

페르넬에 따르면6 상상력의 자리는 두뇌라는 실체를 감싸고 있는 연뇌막軟腦膜이다. 데카르트는 그 자리를 송과선에 둔다.

그러나 우리 영혼이 주요한 기능을 실행하고 있지만 지금까지 알려지지 않았던 어떤 다른 부위에서일지도 모른다. 이 점에 대해서는 문제될 것이 없다. 어떤 중요한 부위가 있다는 것으로 충분하고, 그것은 데카르트의 체계의 핵심을 유지하는 만큼이나 반드시 필요한 것이다.

데카르트가 영혼이 즉각적으로 '송과선'에 결합되어 있다고 확신했을 때 그럴싸해 보이기는 해도 그가 잘못 생각했다는 점에 주목해야 한다. 그러나 이 점 때문에 그의 체계의 핵심이 타격을 입지는 않을 것이다. 그 체계에서 항상 진실한 것에서 기대할 수 있는 유용성을 끌어낼 수 있고, 그렇게 해서 인간 지식은 앞으로 나아가게 된다.

III. 상상력에 일어나는 변화들의 일반적 원인과 제2권의 토대

그러므로 상상력이란 영혼이 대상의 이미지를, 말하자면 두뇌 섬유에 자극하며 형성하는 힘에 다름 아니기 때문에, 이 이미지들의 윤곽인

---

6 [옮긴이] F. 페르넬(*Universa medicina*, 1656, *Physiologie*, liv. I, chap. ix, p 28)은 신경을 움직이게 만드는 힘이 두뇌, 감각의 힘은 뇌척수막에 있다고 보았다.

동물정기의 흔적이 커지고 뚜렷해질수록 영혼은 이 대상들을 더욱 강력하고 뚜렷하게 상상할 것이다.

그런데 어떤 판각화가 갖는 윤곽의 너비, 깊이, 선명함이 뷔랭[7]이 작용하는 힘과 이 힘이 작용하는 동판銅版의 수용에 달린 것과 마찬가지로, 상상력의 흔적들의 깊이와 선명함도 동물정기의 힘과, 두뇌 섬유의 구성에 달려 있다. 이 두 가지로 이루어지는 다양성이 우리가 동물정기들에서 주목하는 저 엄청난 차이를 거의 전부 만들어 낸다.

인간 정신에서 마주치는 서로 다른 모든 특징들을 설명하기란 참으로 쉬운 일이다. 한편으로 동물정기의 풍요와 결핍, 동요와 느림, 굵기와 가늚이, 다른 한편으로 섬세함과 거칢, 습함과 건조, 두뇌 섬유의 휘어짐의 용이성과 어려움, 동물정기가 이 섬유와 가질 수 있는 관계를 통해 설명할 수 있다.

우선 각자 이들 사물의 모든 상이한 결합을 상상해 보고, 그 결합들을 그 자체로 인간 정신에서 주목했던 모든 차이들에 적용하고자 노력해 보아도 좋겠다.

자신의 정신을 사용하고, 정신으로 하여금 스스로 진리를 발견하는 데 익숙해지게 하는 것이, 정신이 부패하게끔 한가하게 방치하고, 완전히 이해되고 완전히 전개된 문제들에나 열중하는 것보다 항상 더 유용하며, 심지어 더 즐거운 일이기도 하니 말이다.

서로 다른 정기들 중에는 대단히 세심하고 대단히 미세한 것들이 간

---

7 [옮긴이] "은, 동, 주석 등 금속 위에 조각을 하기 위해 손으로 다루는 철필."(《퓌르티에르 사전》)

혹 발견되고 우리 스스로 이를 느끼기도 한다. 그러나 이런 것들은 재현될 수 없고, 다른 사람들로 하여금 이를 직접 느끼게 할 수도 없다.

그러나 가능한 만큼 정신들 사이에 존재하는 이 모든 차이들을 설명하고, 각자 여러 다른 시기에 느끼는 모든 변화의 원인을 자기 정신 안에서 보다 쉽게 지적하기 위해서는 동물정기와 두뇌 섬유들 속에서 일어나는 변화의 원인들을 일반적으로 검토해 보는 것도 좋겠다. 그렇게 하면 상상력에서 일어나는 모든 변화들을 발견하게 될 것이다.

인간은 오랫동안 그대로의 모습으로 머물지 않는다. 자신이 얼마나 변하기 쉬운 존재인지에 대한 내적 증거를 갖지 않은 사람은 없다. 동일한 주제라도 때로는 이 방식으로 때로는 저 방식으로 판단한다. 한마디로 말해서 인간의 생명은 혈액 순환 및 사유와 욕망이라는 서로 다른 순환으로 구성되었다. 그리고 우리에게 생기는 이 변화들의 원인을 연구하고, 그런 식으로 우리 자신을 알도록 공부하는 것보다 더 시간을 잘 사용하는 일은 없을 것이다.

2장

모든 사람은 동물정기가 피의 가장 미세하고 가장 동요된 부분이라는 데 충분히 동의한다.[1] 피는 특히 발효 및 심장을 구성하는 근육들의 강렬한 운동에 의해 미세해지고 자극된다. 이 정기들은 동맥을 거쳐 남은 피와 함께 두뇌까지 인도되고, 그곳에서 정기는 그 용도로 마련되어 있는 어떤 부분과 분리되는데, 이 부분들은 아직 합의되지 않았다.

이로부터 피가 대단히 미세하다면 동물정기가 많고, 피가 미세하지 않다면 동물정기가 더 적을 것이라고 결론을 지어야 한다. 피가 심장

1 [옮긴이] 여기서 esprit라는 말은 정기를 의미하지 영적이라는 의미는 전혀 없다. 데카르트는 동물정기를 "대단히 섬세한 바람, 더 자세히 말하면 대단히 순수하고 대단히 생생한 불꽃"(《방법서설》, 5, t. V, p.54), "대단히 섬세한 피의 부분들"로 구성되고 "대단히 작은 물질로 대단히 빨리 움직이는 것"(《정념론》, art. 10)으로 구성된 "어떤 공기 혹은 대단히 미세한 바람"(《정념론》, art. 7)이며, "가장 동요된"(《인간론》, t. XI, p.130) 피의 부분이라고 썼다. 데카르트는 유미가 우선 피 속에서 "섬세해질"(*Ibid.*, p.123) 때 발효를 언급한다. 이 정기가 똑바로 두뇌로 올라간다.

및 다른 곳에서 대단히 쉽게 불타거나, 운동에 대단히 적합한 부분들로 이루어져 있다면 두뇌 속 정기는 극단적으로 뜨거워지거나 동요될 것이고, 반대로 피가 충분히 발효되지 않으면, 동물정기는 활기가 없고, 운동하지 않고, 무력해진다.

결국 피를 구성하는 부분들이 얼마나 견고한가에 따라 동물정기는 더 견고해지거나 덜 견고해질 것이고, 그 결과 운동은 더 크거나 덜 큰 힘을 갖게 될 것이다.

그러나 이 모든 부분을 더욱 길게 설명하고, 여러 사례들과 반박할 수 없을 여러 실험들을 제시해야, 그 진리를 더욱 분명하게 깨닫게 할 수 있다.

I. 유미는 심장을 향하고, 정기에 변화를 가져온다

고대인들의 권위는 몇몇 사람들의 정신을 맹목적으로 만드는 데 그치지 않고, 아예 그들의 눈을 감게 만들었다고까지 할 수 있다. 고대인들의 의견을 대단히 존중하거나 막무가내로 옹호하는 사람들도 있어서, 그저 눈을 떠 볼 마음이 생겨도 그들은 더는 반박할 수 없을 문제들을 보려 들지 않는다.

우리는 매일같이 독서와 연구로 대단히 존경받는 사람들이 혈액 순환의 가시적이고 분명한 실험, 무게와 공기의 탄성력의 실험 및 다른 비슷한 주제들에 대해 반대하는 책을 쓰고 강의를 하는 것을 본다.[2]

페케[3]가 최근에 했던 발견이 이 자리에서 필요하다. 그의 발견은 지긋이 나이가 들어 태어난 것이 아니므로, 말하자면 존엄한 수염을 갖추지 못한 채 태어났으므로 불행한 발견들에 속한다. 그렇지만 우리는 이 발견들을 사용해야 하며, 분별 있는 이들이 비난을 하면 어쩌나 두려워하지 않는다.

그의 발견에 따르면 우선 유미는 고대인들이 그렇게 생각했듯이 '장간막腸間膜, mésaraïque' 혈관을 통해 내장에서 간으로 들어가는 것이 아니라, 창자에서 유관乳管 속에 들어갔다가, 어떤 저장소에 모두 모인다. 그다음에는 등의 척추를 따라 흉관胸管을 통해 올라가고, 액관腋管에서 피와 함께 섞이고, 그다음에는 대정맥의 상부 줄기로 들어간다. 그렇게 피와 섞인 뒤에는 다시 심장으로 되돌아간다.

이 실험으로부터 유미와 섞인 피는 벌써 심장을 경유해 여러 번 순환되었을 다른 피와 정말 다르므로, 그 피를 이루는 가장 미세한 부분들일 뿐인 동물정기는 공복 중인 사람들과 아주 달라야 하고, 방금 음식을 섭취한 다른 사람들과도 달라야 한다.

더욱이 제공된 고기와 음료의 종류는 무수히 많고, 그것을 섭취한 사람들의 신체 구조도 다양하다. 방금 점심식사를 끝내고 같은 식탁에서 일어난 두 사람은 상상의 능력에서 틀림없이 엄청나게 다양한 변화를 느낄 텐데, 그 다양성을 모두 기술하기란 불가능하다.

완벽한 건강을 누리는 사람들은 소화도 완전히 시키므로, 심장으로

---

2 [옮긴이] 하비가 1628년에 발견한 혈액 순환은 1637년에 데카르트의 《방법서설》에서 지지된 이론이었지만, 당시에 여전히 논란이 되었던 문제였다.

3 [옮긴이] 장 페케(Jean Pecquet, 1622~1674). 프랑스의 해부학자이자 의사.

들어갔다가 두뇌로 들어가는 유미가 보통 피만큼이나 정기를 만들어 내는 데 적합하다는 점이 사실이다. 그래서 그들의 동물정기와, 그 결과 그들의 상상의 능력에는 거의 변화가 이루어지지 않는다.

그러나 노인과 허약한 사람들은 식사 후에 그들 내부에 대단히 뚜렷한 변화가 일어난다는 점을 깨닫는다. 그들은 십중팔구 모두 졸게 되거나, 적어도 상상력은 활력을 잃고, 더는 강렬하지도 신속하지도 않게 된다. 그들은 더 이상 아무것도 뚜렷하게 이해하지 못하고, 무엇이라도 그것에 열중할 수 없게 되니, 한마디로 말해서 그들은 이전과는 완전히 다른 사람들이 된 것이다.

II. 포도주 역시 그런 변화를 일으킨다

그러나 가장 건강하고 건장한 사람들에게 우리가 방금 말한 것에 뚜렷한 증거를 들고자 한다면 그들이 평소보다 훨씬 더 많은 포도주를 마셨을 때 무슨 일이 일어나는지, 혹은 한 식사에는 포도주만 마시고, 다른 식사에는 물만 마실 때 무슨 일이 일어나게 될지 성찰하기만 하면 된다.

그들이 완전히 우둔하지 않거나, 신체가 완전히 특이한 방식으로 구성되지 않은 한 그들은 이내 기쁨이나, 졸음, 혹은 어떤 다른 비슷한 증상을 느끼게 되리라는 점이 확실하다.

포도주에는 알코올이 대단히 많이 함유되어 있으므로 그것은 거의 완전히 형성된 동물정기라 할 것이며, 십중팔구 쉽게 움직이기 때문에 의지의 명령에 순순히 복종하지 않는 리베르탱의 정신이라고 하겠다. 그래서 가장 힘이 세고 원기 왕성한 사람들조차 포도주를 마시게 되면 고기나 다른 음료 이상으로 상상력과, 신체의 모든 부분에 훨씬 더 큰 변화가 일어난다.

포도주는 플라우투스[4]의 말처럼 '딴죽을 걸고du croc en jambe',[5] 호라티우스가 다음의 시구에서 서술한 이득만큼은 못되는 많은 결과들을 정신 속에 산출한다.

> 취기가 못 만드는 것이 있던가? 비밀의 문을 열고,
> 희망을 실현하고, 무장도 하지 않은 사람을 전투에 참전케 하고,
> 불안한 정신들에게 그들의 짐을 뺏고 예술을 가르친다.
> 술잔 가득 차 있을 때 웅변 않는 사람 있던가?
> 옹색한 가난의 끈 벗지 않는 사람 있던가?
>
> — 호라티우스, 《서한시*Epitres*》, I, 5, v. 16~20

피와 유미가 섞일 때 동물정기에, 다음에는 두뇌에, 심지어 영혼 속에 중대한 효과들을 발생시키는 대단히 사실임 직한 근거들을 찾기란 대단히 쉬운 일이리라.

포도주가 기분을 좋게 해주는 이유는 무엇인가, 포도주는 적당히 마시면 정신에 활력을 주는 이유가 무엇인가, 포도주를 과도하게 마시면

---

4 [옮긴이] "그것이 포도주의 대단한 결함이라네. 다리에 딴지부터 걸고 보지. 비겁한 투사가 아닌가."〔《위선자》(*Pseudolus*), 5막 1장, v.5~6〕

5 Vinum luctator dolosus est.(위의 각주의 원문이다 — 옮긴이)

시간이 지남에 따라 정신이 우둔해지는 이유가 무엇인가, 식사 후에 졸리는 이유는 무엇인가, 처럼 말이다. 또한 흔히들 대단히 우스꽝스러운 다른 이유들을 대는 여러 다른 문제들도 마찬가지이다.

그러나 우리가 여기서 자연학을 하는 것이 아닐 뿐만 아니라, 두뇌의 해부학에 대한 어떤 관념이나, 데카르트가 《인간론*L'Homme*》에서 한 것처럼 그것이 없이는 설명이 불가능한 몇몇 가정을 제시해야 할 것이다.[6] 그러나 결국 데카르트의 이 논고를 주의 깊게 읽어본다면 우리는 아마 이 모든 문제들에 만족할 수 있을 것이다. 그가 그 문제들의 해결을 위한 시작점을 마련했기 때문이다.

---

6 [옮긴이] "나는 신체가 흙으로 만든 석상이나 기계에 다름 아니며, 신은 그것을 가능한 우리와 가장 닮게 만들기 위해 고의로 형성하셨다고 전제한다."〔데카르트, 《인간론》(*L'Homme*), t. XI, p.120〕

3장

호흡하는 공기 역시 정기에 얼마간의 변화를 일으킨다

동물정기의 변화를 일으키는 두 번째 일반 원인은 우리가 호흡하는 공기이다. 비록 공기가 우선은 유미만큼 뚜렷한 자극을 일으키지 않는다 해도, 결국 공기는 고기즙이 단시간에 행하는 것을 만들어 낸다. 이 공기는 기관지로부터 '정맥의 동맥artère veineuse'[1]의 가지들 속에 들어간다. 그로부터 공기는 심장 속 피의 나머지와 섞이고 발효한다.[2] 공기의 특별한 배치와 피의 배치에 따라 공기는 동물정기 속에 대단히 큰 변화를 만들어 내고, 그 결과 상상의 능력에서도 마찬가지의 변화가 일어난다.

---

1 이것은 폐정맥이다.

2 [옮긴이] 데카르트는 심장 속에 "마르기 전 닫아 놓았을 때 건초를 뜨겁게 만들고, 새로운 포도주를 끓게 하는"(《방법서설》 5, t. VI, p.46) "빛 없는 불 중 하나"가 심장에 있다고 가정한다. 공기는 그때 냉각의 기능만을 갖는다.(*L'homme*, t. XI, p.124) 말브랑슈는 더욱 복잡한 반작용을 전제한다. 폐에서 동맥과 정맥의 교환은 말피기가 발견(《폐에 관하여》(*De pulmone*, 1661))한 것이다.

나는 몇몇 사람들이 자신의 눈으로는 직접 기관지와 정맥의 동맥의 가지들에서 공기가 전달되는 통로를 발견할 수 없다는 이유로 공기는 폐와 심장에서 피와 섞인다는 것을 믿지 않는다는 것을 알고 있다. 그러나 정신의 작용은 감각의 작용과 함께 정지하지 않는 것임이 틀림없다. 정신은 감각이 뚫고 들어갈 수 없는 것을 통과할 수 있고, 감각에는 아무런 영향력을 행사하지 않는 사물들과 결합할 수 있다. 피의 어떤 부분이 동맥의 정맥veine artérieuse3의 가지들로부터 기관지로 계속해서 나아간다는 점은 의심할 여지가 없다. 입김의 냄새와 습기로 이 점이 충분히 증명된다. 그러나 이 전달 통로들은 지각되지 않는다. 그러므로 이 전달 통로가 가시적이지 않을지라도 공기의 미세한 부분들은 기관지로부터 정맥의 동맥 속으로 들어갈 수가 없을 것이다. 결국 신체의 다른 통로들을 통해서 나가는 것 이상으로 동맥과 피부의 눈에 띄지 않는 구멍들을 통해 훨씬 더 많은 체액이 빠져나간다. 그리고 가장 단단한 금속들의 구멍도 대단히 작은 것은 아니어서 본성상 자유로운 통행을 닫아버릴 만큼 충분히 작은 물체들이 그대로 흘러간다. 다른 식으로였다면 이 구멍들은 막혀 버리고 말았을 것이다.

전혀 조밀하지 않고 가지가 많은 공기의 부분들은 신체의 보통 크기의 구멍들을 통과할 수 없고, 물조차 전혀 조밀하지 않더라도 이 공기가 머물러야 하는 길을 거쳐 스며들 수 있음이 사실이다. 그렇지만 공기의 이런 전혀 조밀하지 않은 부분들을 이 자리에서 언급하지는 않을 텐데, 이 부분들은 발효에는 대단히 불필요해 보이기 때문이다. 우리

---

3 이것은 폐동맥이다.

는 그것을 멈춰 세울 수 있을 가지들이 대단히 적은 가장 작고 억세고 뾰족한 부분들에 대해서만 언급하고 말 것이다. 그것이 피의 발효에 가장 적합한 까닭이다.

그러나 나는 실비우스의 보고에 따라 가장 미세하지 못한 공기조차 기관지로부터 심장으로 들어간다는 점을 확신할 수 있다. 실비우스가 확신하듯이 공기가 스바메르담 씨의 수단을 통해 그런 길을 거쳐 간다는 것을 보았기 때문이다.4 경솔히 말하는 백만 명의 사람들보다 직접 보았다고 말하는 한 사람을 믿는 것이 더 이성적인 일이다. 그러므로 우리가 호흡하는 공기의 가장 미세한 부분들이 우리 심장 속에 들어가고, 거기서 우리 신체에 생명과 운동을 부여하는 열을 피와 유미로써 유지하고, 그들의 상이한 특질들에 따라 그 부분들이 피의 발효와 동물정기에 대단히 커다란 변화를 가져온다는 점이 확실하다.

우리는 매일같이 다양한 체액을 통해서 이 점의 진리를 인정하며, 다양한 고장의 사람들이 갖는 정신의 상이한 특징들을 알아본다. 예를 들어 가스코뉴 사람들은 노르망디 사람들보다 상상력이 더 강렬하다. 루앙과 디에프 사람들과, 피카르디 사람들도 모두 각기 다르다. 저지 노르망디 사람들은 그들과 서로 대단히 가깝기는 하지만 훨씬 더 다른 사람들이다. 그러나 더 멀리 떨어진 고장에서 살아가는 사람들을 고려한다면 이탈리아 사람, 플랑드르 사람, 네덜란드 사람 사이에서처럼

---

4 [옮긴이] 실비우스는 Fr. Le Boe 혹은 De Le Boe의 라틴어 이름이다. 그는 말브랑슈와 동시대인이었던 해부학자였다. 스바메르담은 자신의 실험 결과를 *Tractatus physico-anatomico- médicus de respiratione usuaue pulmonum*(Leyde, 1667, chap.III, §9)에 수록했다.

거기에서 훨씬 더 낯선 차이들을 발견하게 될 것이다. 결국 테만[5]과 아테네처럼 거주자들의 지혜로 언제나 이름난 지역들이 있고, 테베, 아브데라, 그리고 어떤 다른 지역들은 우둔함으로 이름난 곳이다.

> '아테네의 공기는 가벼운데, 이것이 아테네 사람들을 더 세심하게 만든다. 테베의 공기는 더 빽빽하다.'[6]
> '너는 아브데라 평민의 마음을 갖고 있다.'[7]
> '보이오티아의 빽빽한 공기 속에서 태어났다고 판단하리라.'[8]

---

5 "테만에 더 이상 지혜가 없더냐?"(〈예레미아〉, 49장 7절)

6 [옮긴이] 키케로, 《운명론》(*Du destin*), IV, §7

7 [옮긴이] 마르시알, 《풍자시》(*Epigrammes*), X, xxv, 4. 아브데라는 발칸반도와 소아시아 사이에 있던 트라케의 지명으로 우둔한 사람들이 많았다고 전한다.

8 [옮긴이] 호라티우스, 《서한시》(*Epitres*), II, I, v. 244

4장

동물정기에 변화를 일으키는 세 번째 원인은 이 모든 원인들 중 가장 일상적이고 가장 활동적이다. 그것이 모든 정념을 산출하고, 유지하고, 강화하기 때문이다. 이를 올바로 이해하기 위해서, 신경의 다섯 번째, 여섯 번째, 여덟 번째 짝이 신경의 대부분의 작은 가지들을 가슴과 배로 보낸다는 것을 알아야 한다.[1] 그곳에서 신경은 신체 보존을 위해 대단히 유용하게 사용될 수 있지만, 그 신경들은 영혼에는 극단적으로 위험하다. 이 신경들의 행위는 팔, 다리, 신체 외부의 다른 부분들을 움직이는 데 사용되는 것들처럼 인간의 의지에 좌우되지 않고, 영혼이 신경에 작용하는 것 훨씬 이상으로 영혼에 작용하기 때문이다.

---

1 [옮긴이] 윌리스(Willis), 《뇌 해부학》(*Cerebri anatome*)

I. 심장 및 폐를 향하는 신경이 일으킨 정기의 변화에 관하여

그러므로 신경의 여덟 번째 짝의 여러 가지들은 모든 근육의 중심인 심장의 섬유들 속으로 쏟아져 들어가고, 신경들은 열린 부분들, 심방, 동맥을 둘러싸고 있고, 폐의 실질 속에도 퍼지고, 그렇게 신경들은 상이한 운동을 통해 피 속에 엄청난 변화를 일으킨다는 점을 알아야 한다. 심장의 섬유 사이에 퍼져 있는 신경은 간혹 심장을 지나치게 큰 힘과 속도로 확장시켰다 축소시켰다 하면서 상상도 할 수 없는 힘으로 많은 양의 피를 머리 및 신체의 모든 외부의 부분들을 향해 밀어내기 때문이다. 간혹 이 신경이 정반대의 결과를 만들 때도 있다. 심장의 열린 부분들, 심방, 동맥을 둘러싸고 있는 신경들은 화학자가 화덕의 불을 줄이는 데 쓰는 조절기les registres[2]와, 분수에서 물의 흐름을 조절하는 데 쓰는 밸브les robinets와 거의 동일한 효과를 낸다. 이 신경들은 심장의 열린 부분들을 여러 단계로 조이거나 확장하는 방식으로 피가 들고 나는 속도를 빠르게 하거나 느리게 하고, 그런 식으로 피의 열을 증가시키고 감소시키고 있으니 말이다.

폐 속에 퍼져 있는 신경들도 기능은 같다. 폐는 서로 얽혀 있는 기관

---

2 [옮긴이] 조절기는 여기서 공기의 도착을 조절하는 덧문을 가리킨다. "심장에서 끝나는 작은 신경은 두 입구를 느슨하게 하거나 조일 수 있으므로 (…) 이 두 출구는 (…) 정기의 본성에서 수많은 차이를 일으킬 수 있다. 연금술사들이 사용하는 어떤 꺼진 등의 열은 때로는 화염의 다른 연료가 기름이 거쳐 들어가는 도관을, 때로는 연기를 배출시켜야 하는 도관을 열면서 다양한 방식으로 줄일 수 있다."(데카르트, 《인간론》, t. XI, pp.169~170)

지, 동맥의 정맥, 정맥의 동맥으로만 구성되어 있어서 폐의 실질substance 속에 퍼진 신경들은 수축함으로써 공기가 기관지의 가지들을 자유롭게 지나지 못하게 하고, 동맥의 정맥 가지들의 피를 정맥의 동맥으로 보내 심장으로 다시 들어가지 못하게 한다. 그러므로 이 신경들은 동요의 여러 단계에 따라 피의 열과 운동을 증가시키거나 감소시킨다.

우리는 정념에 빠질 때 심장의 열이 다양한 단계를 오가는 것을 뚜렷하게 경험한다. 심장 속의 열이 뚜렷이 감소하고 간혹 갑자기 증가하는 것이 느껴진다. 이는 우리 감각작용이 우리 영혼에서 자극되는 경우에 우리 신체를 이루는 부분들 속에 존재한다고 잘못 판단하는 것 같다. 이는 제 1권에서 이미 설명한 것이다. 거의 모든 철학자들은 심장이 정념의 주요한 자리라고 생각했고,[3] 이는 오늘날에도 가장 일반적 의견이다. 그런데 상상의 능력이 동물정기에서 일어나는 변화에 따라 엄청나게 변화하고, 동물정기는 심장에서 일어나는 피의 여러 단계의 발효나 동요에 따라 천차만별이므로, 무엇이 정념에 사로잡힌 사람들로 하여금 문제들을 냉정하게 바라보는 사람들과는 완전히 다른 방식으로 상상하도록 하는지 알기란 쉽다.

---

3 [옮긴이] 데카르트는《정념론》에서 영혼이 심장에서 정념을 받아들인다고 생각하는 아리스토텔레스학파와 스토아학파의 입장을 반박한다. "그 견해는 정념이 우리로 하여금 심장에서 어떤 변질을 느끼게 한다는 데 근거할 뿐이기 때문이다. 그리고 이렇게 변질을 느끼는 것은 뇌에서 심장으로 내려오는 미세한 신경의 매개에 의한 것"이며, 이런 까닭에 "별을 보기 위해 영혼이 하늘에 있어야 할 필요가 없는 것과 마찬가지로, 정념을 느끼기 위해서 영혼이 심장 안에서 그 기능을 즉각적으로 실행해야 할 필요는 없다."(§33, p.47)

II. 간, 비장, 장기를 향하는 신경이 일으킨 정기의 변화에 대하여

피의 이런 놀라운 발효를 대단히 감소시키거나 증가시키는 다른 원인은 우리가 방금 말했던 신경들의 여러 작은 가지들의 작용에 있다.

이 작은 가지들은 피에서 가장 미세한 부분, 혹은 우리가 보통 담즙이라고 부르는 것이 들어 있는 '간foie'에 퍼져 있다. '비장rate'은 피에서 가장 거친 부분, 즉 멜랑콜리를, '췌장pancréas'4은 발효에 대단히 필요해 보이는 산성酸性의 체액을, 위, 창자 및 다른 부분들은 유미를 담고 있다. 결국 이 작은 가지들은 피의 발효나 운동을 다양한 단계로 변화시키는 데 어떤 식으로든 공헌할 수 있는 모든 부분에 퍼져 있으나, 동맥과 이들 신경에 연결되어 있지 않은 정맥까지는 그렇지 못한데, 윌리스 씨는 심장, 오른쪽 옆구리의 액와腋窩 동맥,5 신腎정맥 및 어떤 다른 것들 가까이에 연결되어 있는 대동맥의 아래쪽 줄기에서 이 사실을 발견했다.

신경은 그것이 결합된 부분들을 다양하게 자극하므로, 예를 들어 간을 둘러싼 신경이 그 간을 죄면서 어떻게 다량의 담즙을 정맥 및 담즙이 흐르는 관 속에 보내는지 생각해 보기란 쉬운 일이다. 이때 담즙은 정맥 속의 피와 섞이고, 또한 담즙이 흐르는 관을 거쳐 유미와 섞이면

---

4 [옮긴이] 췌장의 기능은 실비우스와 드 흐라프가 1650년 경에 발견했다.

5 [옮긴이] 말브랑슈는 계속 윌리스의 책(*Cerebri anatome*, chap.xxiv)을 따라 여기서 오류를 범한다. 이 연결은 오른쪽이 아니라 왼쪽에서 일어난다.

서 심장으로 들어가고,6 이때 심장의 열은 평소보다 훨씬 더 뜨거워진다. 그래서 어떤 정념의 자극을 받을 때 피는 동맥과 정맥에서 끓는다. 열이 신체 전체로 퍼지고, 불은 머리로 올라가고, 머리에는 너무도 격하고, 너무도 동요된 다량의 동물정기가 가득 차므로, 이 정기의 격렬한 흐름으로 인해 상상력으로는 정기가 두뇌에 형성한 이미지 말고는 다른 것을 그려볼 수 없게 된다. 다시 말하면 지배적 정념의 대상과는 다른 대상을 생각하지 못하게 하는 것이다.

비장이나, 열과 운동에 과민한 정도가 덜한 더 거친 물질이 포함된 다른 부분들로 나아가는 작은 신경들도 마찬가지이다. 그 신경들은 핏속에 거칠고 움직이기 어려운 물질을 흘려 넣으면서 상상력을 아주 활기 없고, 약하게 만든다.

동맥과 정맥을 둘러싼 신경은 피의 흐름을 막고, 신경을 조임으로써 피가 자유롭게 흘러갈 수 있는 통로 쪽으로 나아가지 않을 수 없게 만드는 기능을 한다. 그래서 심장 아래 모든 부분에 피를 공급하는 대정맥의 이 부분이, 이 신경들로 연결되고 조여져 있으므로 다량의 피가 필연적으로 머리에 들어가지 않을 수 없고, 그렇게 동물정기에 변화를 일으키고, 결과적으로 상상력에도 변화를 가져온다.

---

6 [옮긴이] 데카르트, 《인간론》, t. XI, pp.168~169. 데카르트는 "간이 신경에 압착이 되는 일이 일어날 때" 간에서 "심장으로 가는 피"의 생성을 기술한다. 그때 "평소보다 훨씬 격하고 풍부한 정기"가 생성된다. 말브랑슈는 여기에 유미의 언급을 추가한다. 라 포르주는 《인간론》에 대한 주석에서 이 문단이 데카르트가 아직 페케의 발견을 모르고 있을 때라고 명시한다.

III. 이 모든 것은 우리의 의지에 반하여 일어나지만 항상 섭리 없이 이루어지는 것은 아니다

그런데 이 모든 일이 오직 기계적으로 이루어진다는 점에 주목해야 한다. 내 말은 서로 다른 모든 정념 속에서 이 신경들이 서로 다르게 운동하는 것은 의지의 명령에 따른 것이 아니라, 그와는 반대로 의지의 명령 없이, 심지어는 그 명령을 거슬러서 일어난다는 것이다. 그래서 한 건강한 남자의 신체처럼 배치된 영혼 없는 신체는 정념을 동반하는 모든 운동을 할 수 있다. 그래서 짐승들조차 그들이 순전히 기계일지라도 똑같은 정념을 가질 수 있다.[7]

이것을 보면 우리는 이 모든 태엽을 기가 막히게 배치했던 존재의 불가해한 지혜에 감탄을 금할 수 없다. 한 대상이 이러저러한 방식으로 시신경을 가볍게 동요시키기만 해도 심장 및 신체의 다른 내적 부분들, 심지어는 얼굴에 대단히 다양한 움직임을 충분히 일으킬 수 있다. 최근에 심장 및 신체의 다른 부분들에 작은 가지로 퍼져 있는 바로 이 신경이 그 가지들 중 어떤 것들을 눈, 입 및 얼굴의 다른 부분들에 이어 준다는 점이 발견되었다.[8] 그래서 이 신경이 내부에 일으키는 정

---

7 [옮긴이] "이성을 결여한 모든 동물은 단순히 신체적 운동을 통해 삶을 이끌어가는데, 이것이 우리가 습관적으로 우리의 정념을 따라서 하는 운동과 정념이 자극해 영혼이 하고자 동의한 운동과 유사"하다.(데카르트, 《정념론》, §138)

8 [옮긴이] 말브랑슈는 계속 윌리스(*Cerebri anatome*, chap. xvii, §1)를 따르면서 심장에서부터, 감정 표현이 생기는 눈, 입, 얼굴의 다양한 부분들을 향해 펼쳐진 신경의 상부의 분기(分岐)를 기술한다. 데카르트는 《정념론》에서 "모든 정념은 눈에서의 어떤 특별한 동작을"(§138, 앞의 책, p.107) 표시한다고 썼다.

념이 외부에도 나타나게 된다. 심장을 향하는 가지들 속에는 움직임이 있을 수 없고, 얼굴에 퍼져 있는 가지들 중에서나 어떤 움직임이 일어날 뿐이기 때문이다.

안면 신경들과, 명명될 수 없는 신체의 다른 부분들과 이어지는 신경들 사이의 상응과 감응[9]은 훨씬 더 주목할 만하다. 이런 대단한 감응이 가능해지는 것은 다른 정념들처럼 얼굴을 향하는 작은 신경들이란 더욱 아래로 내려가는 신경에서 갈라져 나온 가지들에 불과하기 때문이다.

어떤 강렬한 정념에 사로잡히게 될 때, 정념이 수반되는 얼굴의 변화처럼 장腸과, 신경이 들어가는 신체의 다른 부분들에서 느껴지는 것을 깊이 생각해 본다면, 그러니까, 우리 신경에서 일어나는 이 모든 다양한 동요들이 완전히 불수의不隨意적이며, 우리의 의지가 아무리 저항한다고 해도 일어나는 것이라면, 신경 사이의 이 모든 관계로부터 세웠던 이 간단한 설명을 어렵지 않게 확신할 것이다.

그러나 이 모든 것들의 근거와 목적을 검토해 보면 엄청난 질서와 지혜를 발견하게 된다. 그래서 조금만 신중하게 주의를 기울여 보아도 에피쿠로스, 루크레티우스를 더없이 충실하게 따르는 사람들에게 이 세상을 지배하는 섭리가 있음을 설득할 수 있을 것이다.[10] 내가 시계

---

9 [옮긴이] 감응(sympathie)이라는 말은 어원상 "동시에 일어나는 정념"(passion simultanée)을 의미한다. 데카르트주의자들은 신비한 힘으로서의 감응의 해석을 비판한다.(Rohault, *Physique*, t. I, chap.iv, p.22를 참조.)

10 [옮긴이] 가상디는 "자연학적 고찰에서 목적인들의 사용을 거부"(다섯 번째 반박, 원석영 역, 앞의 책, p.298)했던 데카르트를 비난했다. 데카르트는 가상디의 비판

를 보고서 우연이라도 시계의 모든 톱니바퀴들을 만들고 배치할 수 있기란 불가능하므로 어떤 지성이 존재한다고 결론을 내리는 것은 옳다. 그러니 우연 혹은 원자들의 마주침으로 모든 인간과 모든 동물에게 그 많고 다양한 태엽을 정확하고 균형 있게 배치하는 것이 어떻게 가능할 것이며, 인간과 동물들이 그들과 완전히 똑같은 인간과 동물을 낳는 일이 도대체 어떻게 가능할 것인가? 그래서 루크레티우스처럼 우연이 인간을 구성하는 모든 부분들을 형성했고, 눈은 보기 위해서 만들어진 것이 아니라, 우리가 눈이 있었으니 볼 생각을 하게 되었던 것이며, 신체의 다른 부분들도 마찬가지라고 생각하고 말하는 일은 우스꽝스러운 것이다. 아래에 그의 말을 옮긴다.

눈의 밝은 빛이 만들어진 게,
우리가 앞을 내다볼 수 있게 하려는 목적에서라고는
그대가 생각지 말기를, 또 다리에 기초를 둔
정강이와 허벅지의 끝부분이 구부러질 수 있는 것은

에 답변하면서 "당신이 목적인으로 제시하는 모든 것은 작용인으로 환원되어야 합니다. 따라서 식물과 동물 등에 대해 그것들을 이루는 부분들의 용도로부터 작용인으로서의 신에 감탄하고, 그의 작품들에 대한 관찰을 통해 신을 창조자로 인식하고 찬양하는 것은 우리가 감당할 수 있는 일이지만, 신이 어떤 목적을 가지고 무엇을 만들었는지를 예측하는 것은 우리가 감당할 수 있는 일이 아닙니다. (…) 신의 목적들은 모두 탐구될 수 없는 그의 지혜의 심연 속에 똑같은 방식으로 숨겨져 있기 때문입니다. 또한 당신이 어떤 인간도 목적인과는 다른 원인들을 인식할 수 없다고 상상해서도 안 됩니다. 신의 목적보다 훨씬 더 쉽게 인식되지 않는 것은 없기 때문입니다"(위의 책, pp.380~381)라고 썼다.

우리가 긴 보폭을 내딛을 수 있도록 하기 위해서라고는 생각지 말기를,
또 나아가 아래팔이 든든한 위팔에 맞춰져 있고,
손들이 보조자로서 양쪽에 주어진 것이
우리가 삶에 유용할 것들을 행할 수 있도록 그런 거라고는 하지 말기를.
사람들이 내세우는 이런 종류의 다른 주장들은
모두가 뒤집힌 추론으로 인해 앞뒤가 바뀌어 있다.
왜냐하면 우리가 사용할 수 있도록 몸에 생겨난 것은
아무것도 없고, 생겨난 그것이 용도를 창출하기 때문이다.[11]

섭리를 깨닫게 되면 어쩌나 하는 마음에 눈을 감고, 우리가 자연에게서 받은 증거들만큼이나 강력하고 설득력 있는 증거들에 귀를 막고자 섭리에 이상한 혐오를 가져서는 안 된다. 에피쿠로스주의자들이 그렇게 하듯 일단 자유사상을 갖고, 더 정확히 말하자면 불경을 저지르고자 한다면 우리는 즉시 암흑에 휩싸여 무절제해지고, 가짜 미광微光 de fausses lueurs밖에는 보지 못한다. 그보다 더 명확할 수 없는 주제들을 뻔뻔스럽게 부정하고, 그보다 더 거짓일 수 없고 더 모호할 수 없는 주제들은 거만하고 당당하게 확신한다.

내가 방금 인용한 시인은 자유사상가들이 맹목적으로 가져다 대는 증거가 될 수 있다. 그는 과감하게, 또 진실의 외관 전체에 맞서 그보다 더 어려울 수 없고, 그보다 더 모호할 수 없는 질문에 발언한다. 그런데

11 [옮긴이] 루크레티우스, 《사물의 본성에 대하여》, IV, v. 823~835, 강대진 역, 앞의 책, p.322

그는 그보다 더 명확할 수 없고 그보다 더 명백한 관념들은 알아차리지도 못하는 것 같다. 내 말을 입증하기 위해 이 저자의 여러 대목들에 주의를 집중했다면 내 이야기는 주제를 벗어나 너무 길고 너무 지루해질 것이다. 짧은 시간에 정신을 본질적 진리에 집중시킬 수 있는 몇몇 성찰을 해볼 수 있다면, 상당한 시간 동안 정신이 자신의 핵심 주제를 우회하며 주의를 흩트리는 여담을 해서는 안 된다. 그렇게 되면 전혀 중요치도 않은 일에 열정을 기울이게 된다.

방금 설명한 내용은 동물정기에서, 그러니까 상상의 능력에 변화를 만들어 내는 내적인 동시에 외적인 일반 원인에 대한 것이었다. 우리는 외적 원인이 우리가 영양분을 얻는 고기肉이자 호흡하는 공기라면, 내적 원인은 어떤 신경들에 불수의적 동요를 일으킨다는 점을 보여 주었다. 우리는 다른 일반 원인들은 전혀 모르며 그런 것은 없다고 확신하기까지 한다. 그래서 상상의 능력은 동물정기와, 동물정기의 작용을 받는 두뇌의 배치라는 이 두 가지에 달렸다. 여기서는 상상력에 대해 얼마간의 지식을 전하기 위해 두뇌 실질에 어떤 변화들이 일어날 수 있는지 제시하기만 하면 된다. 그렇지만 이 변화들을 검토하기 전에 우리의 사유가 두뇌에 새겨진 흔적과 어떤 관계를 맺고 있는지 설명해야 한다. 또 기억과 습관이라는 관념, 즉 우리가 이미 생각했던 일들을 생각하고, 우리가 이미 했던 일들을 행할 때 갖게 되는 용이성에 대한 관념에 대해서도 언급해야 할 것이다.

5장

모든 물질적 문제들 중에 신체의 구조와, 신체를 구성하는 모든 부분들을 잇는 상응 이상으로 마땅히 인간이 전념해야 하는 것이 없으며, 또 모든 정신적 문제들 중에 영혼과, 영혼이 신과는 필수불가결하게, 신체와는 자연스럽게 맺는 관계들 이상으로 반드시 알아야 할 지식이 없다.

두뇌에 새겨진 흔적들이 서로 연결되어 있고, 그 흔적들에 동물정기의 운동이 뒤따른다는 점을 느끼거나 막연히 아는 것으로는 충분하지 않다. 두뇌에서 흔적들이 깨어날 때 정신에서는 관념들이 깨어나고, 동물정기에서 운동이 자극되면 이 정념들을 의지 속에서 자극하게 된다. 할 수 있는 만큼 이 상이한 모든 관계들의 원인을 뚜렷하게 알아야 하고, 특히 그 관계들이 만들어 낼 수 있는 결과들을 알아야 한다.

그 원인을 알아야 하는 것은 우리 속에서 작용할 수 있고 우리를 행복하거나 불행하게 만들 수 있는 유일한 것이 무엇인지 알아야 하기 때문이다. 또 그 결과를 알아야 하는 것은 우리 스스로 할 수 있는 만큼 우리 자신을 알아야 하고, 우리와 함께 살아가야 하는 다른 사람들을 알아야 하기 때문이다. 그때 우리는 자연의 질서와, 복음서에 제시된 율법에 따라 우리가 이를 수 있는 가장 행복하고 완전한 상태로 우리의 생명을 보존하고 행동할 수 있는 방법들이 무엇인지 알게 될 것이다. 우리가 필요할 때 다른 사람들을 이용하고, 다른 사람들이 비참할 때 그들을 돕는 방법을 정확히 알아야 우리는 비로소 다른 사람들과 살아갈 수 있을 것이다.

나는 이 장에서 대단히 방대하고 폭넓은 주제를 설명할 생각이 없고, 이 책 전체에서도 그렇게 할 생각이 없다. 내가 아직 모르고, 내가 올바로 알고자 바랄 수 없는 많은 것들이 있고, 내가 안다고 믿지만 설명할 수는 없는 것들도 있다. 아무리 협소한 정신을 가진 사람이라도 세상 최고의 웅변가가 추론할 수 있는 것 이상의 진리를 심사숙고하여 발견할 수 있는 것이다.

I. 영혼과 신체의 결합에 관하여

대부분의 철학자들처럼 정신은 신체와 결합할 때 신체가 되고, 신체는 정신과 결합할 때 정신이 된다고 생각해서는 안 된다. 상상력으로 그려 볼 수 있듯이 신체에 생명과 운동을 부여하기 위해서 영혼이 신체의 모든 부분에 퍼져 있는 것은 아니고, 우리의 거짓되고 기만적 감각으로 우리가 확신하듯이, 신체가 감정을 갖게 되는 것은 신체와 영혼이 결합해서가 아니다. 각각의 실체는 지금 그것의 모습으로 남고, 영혼이 연장과 운동을 가질 수 없는 것처럼 신체는 감정과 성향을 가질 수 없다. 우리가 알고 있는 정신과 신체의 연합은 두뇌의 흔적과 영혼의 사유, 그리고 동물정기의 운동과 영혼의 흥분의 자연적이고 상호적인 상응이다.

영혼이 어떤 새로운 관념을 받아들이자마자 두뇌에는 새로운 흔적이 새겨진다. 대상들이 새로운 흔적을 만들어 내자마자 영혼은 새로운 관념을 받아들인다. 영혼이 이들 흔적에 대해 아무런 지식도 갖지 않으므로 그 흔적들을 고려하지 않으며, 이들 흔적은 이들 관념과 아무런 관계가 없기에 이들 관념을 함축하지 않는다. 우리가 제 3권에서 설명하겠지만, 정신이 신체의 어떤 것을 받아들이게 되고, 정신이 자신을 향하여 지금보다 더 양식을 갖추게 되리라고는 상상할 수 없다. 이는 철학자들의 주장으로, 그들은 정신이 모든 것들을 지각하는 것은 환영幻影, 혹은 두뇌의 흔적으로의 '전환conversion', 즉 '환영으로의 전환per conversionem ad phantasmata'에 의한 것이라고 설명한다.[1] 그런데 이 모든 것은 영혼과 신체의 결합이라는 보편적 법칙의 결과로서 생기는 것이다. 이 점에 대해서는 제 3권의 같은 곳에서 설명할 것이다.

마찬가지로 영혼이 팔이 움직이기를 바라자마자 영혼은 팔을 움직이려면 어떻게 해야 할지 알 수 없어도 팔은 움직인다. 이는 동물정기가 자극되자마자 영혼은 신체에 동물정기가 있는지 몰라도 혼란에 빠지는 것과 같다.[2]

---

1 [옮긴이] 말브랑슈는 판타스마타(phantasmata, 그는 이를 환영(fantômes)으로 번역했다)와 두뇌의 신체적 자극을 동일시한다.

정념을 다룰 때 나는 두뇌의 흔적들과 정신의 운동들 사이의 관계에 대해, 그리고 관념들과 영혼의 흥분émotion 사이의 관계에 대해 말할 것이다. 모든 정념들은 이 관계에 좌우되기 때문이다. 여기서 나는 관념들과 흔적들 사이의 관계 및 흔적들 상호 간의 관계에 대해서 말해야 한다.

관념과 흔적들의 관계의 세 가지 원인

관념과 흔적들이 관계를 갖게 되는 대단히 주목할 만한 세 가지 원인이 있다. 첫 번째 원인이자, 다른 두 원인들이 전제하는 원인은 자연, 혹은 창조주의 항상적이고 불변의 의지이다. 예를 들어 우리가 보고 있는 나무 한 그루나 산 하나가 만드는 흔적들과, 나무나 산의 관념들 사이에는 자연적 관계가 존재하는데, 이 관계는 우리의 의지와는 무관하다.[3] 이 관계는 괴로운 소리를 내는 고통받는 한 사람이나 동물의 고

---

2 [옮긴이] 아르노는 "인간의 정신은 동물정기를 이끄는 이런 힘을 의식하는 것 같지 않습니다. 반면 대부분의 사람들은 그것이 신경이며, 동물정기를 가졌음을 모릅니다"(t. V, p.215)라고 말하면서 데카르트를 반박한다. 데카르트는 이에 대한 답변으로 우리는 그저 "이러저러한 운동을 향한 의지의 성향"(t. V, p.222)을 의식할 뿐이라고 답변했다.

3 [옮긴이] "우리가 어떻게 동일한 하나의 대상을, 예를 들어, 오각형을 한편으로는 이해하고 다른 한편으로는 상상하는지를 설명하면서 말이다. 그런데 추론에서 결합이란 이름들의 결합이 아닌, 이름에 의해 의미되는 대상들의 결합이다. 나는 누가 역으로 생각할 수 있는지 궁금하다. 프랑스 사람과 독일 사람이 상이한 언어로 생각하는 것이긴 하지만 동일한 것들에 대해 명백하게 동일한 것을 추론할 수 있다는 것을 누가 의심하는가? 언어의 의미와 관련해서 우리가 임의로 만든 협약에 대해 이야기함으로써 홉스는 자기 자신에게 유죄판결을 내리는 것이 아닐까? 만

함소리, 우리를 위협하거나 우리를 두렵게 만드는 사람의 얼굴의 기색, 고통, 힘, 무력의 관념들이 우리 두뇌에 새기는 흔적들 사이의 관계 및 심지어는 우리 속에서 만들어지는 동정, 두려움, 용기의 감정들 사이의 관계이기도 하다.

이 자연적 관계들은 관계들 중 가장 강력한 것이다. 그 관계들은 일반적으로 모든 인간에게 동일하고, 생명 보존에 절대적으로 필요하다. 이것이 왜 자연적 관계들이 우리 의지에 의존하지 않는가 하는 이유이다. 관념들과 소리 및 어떤 문자들의 관계가 약해서, 상이한 고장마다 대단히 큰 차이를 보인다면, 그것은 그 관계가 인간의 약하고 변화하는 의지에 좌우되기 때문이다. 그리고 그 관계가 그 의지에 좌우되는 이유는 그것이 살아가는 데 절대적으로 필수적인 것이 아니라, 단지 그들 사이에서 합리적 사회를 형성해야 하는 인간들로서 살아가기 위해서이다.

관념들과 흔적들이 관계를 갖게 되는 두 번째 이유는 시간의 '동일성identité'이다. 새로운 흔적이 있는 동안 우리 두뇌 속에서 어떤 생각을 했던 것이면 충분하다. 그 결과 다시 같은 생각을 하지 않는 이상 이 흔적은 나타날 수 없다.4 내 두뇌가 "iah"라는 이 세 글자를 보았거나, 동

일 그가 말이 어떤 것을 의미한다는 것을 인정한다면, 무엇 때문에 그는 추론이 단지 말과 관련된 것이 아니라 오히려 말로써 의미된 어떤 것에 관련된 것이라고 주장하지 않는가?"(《성찰의 세 번째 답변》, t. IX, p.139)

4 [옮긴이] 데카르트주의자들 가운데 관습적 언어와, 동요의 표출인 인간과 동물에 공통된 준(準) 언어 사이의 논쟁이 계속되었다. 데카르트는 메르센에게 보내는 편지에서 "누가 우리를 때리면 우리는 소리를 지르게 됩니다 (…) 그리고 큰 소리로

일한 단어의 소리를 들어 자극되자마자 신의 관념이 내 정신에 제시되었다면, 내가 신을 생각하기 위해서는 이 글자들이나 그 음音으로 만들어지게 될 흔적들이 깨어나는 것으로 충분할 것이다. 그리고 내가 신에 대해 갖게 될 사유를 동반할 문자나 음의 어떤 모호한 흔적들이 내 두뇌에서 생겨나야 나는 신에 대해 생각할 수 있을 것이다. 두뇌는 흔적을 갖기 마련이므로 우리가 생각하는 것과 어떤 관계를 갖는 흔적을 항상 갖게 된다. 그 흔적들이 종종 대단히 불완전하고 대단히 모호하기는 하지만 말이다.

관념들과 흔적들의 관계가 설정되는 세 번째 원인은 언제나 앞의 다른 두 원인을 전제하는데, 그것은 인간의 의지이다. 관념들과 흔적들의 이 관계가 조정되고 용례에 부합되기 위해서는 반드시 의지가 필요하다. 사람들에게 자기들의 관념에 감각 기호들을 결부시키기 위해 서로 합의하는 자연적 성향이 없다면 관념들의 이 관계는 사회에 전적으로 쓸모없는 것일 뿐 아니라, 그 관계는 대단히 불규칙적이고 대단히 불완전할 것이다.

첫째, 관념들은 정기가 동요되어, 흔적들을 깊고 지속적으로 만들 때에야 이 흔적들과 긴밀한 관계를 갖는다. 그래서 정기를 자극하는 것은 오직 정념뿐이므로 사람들이 자기들의 감정을 전달하고 다른 사

혹은 웃으면서 지르는 목소리는 모든 언어에서 닮았습니다"(t. I, p.103)라고 썼다. 이를 진정한 언어라고 부를 수 있을지 알 수 없지만 라 포르주에 따라 이를 "우리가 생각하지도 않고 우리 내부에서 생겨나는 기호"(La Forge, *Esprit de l'homme*, chap.xx, p.295)라고는 할 수 있다. 말브랑슈는 이를 조물주에게서 똑같이 받은 "자연적 판단"이라는 유사한 표현으로 대체한다.

람들의 감정을 이해하는 수단이 아무것도 없었다면 그들의 관념과 어떤 흔적들 사이의 정확한 관계는 대단히 허약한 것이 되리라는 점이 분명하다. 사람들은 사유를 교환할 목적이 아니고서는 이렇게 정확하고 규칙적인 관계들에 복종하지 않기에 그렇다.

둘째, 동일한 관념들과 동일한 흔적들이 반복해서 마주쳐야만 오랫동안 보존될 수 있을 관계가 만들어진다. 처음 마주쳤을 때 동물정기의 강렬한 운동이 동반되지 않는다면 강력한 관계는 만들어지지 않기 때문이다. 사람들이 일치시키려 들지 않았는데도 동일한 관념과 동일한 흔적이 이렇게 마주쳤다는 것보다 더 큰 우연은 없으리라는 점이 분명하다. 그래서 이렇게 일치시키고자 하는 인간의 의지는 우리를 서로 돕기 위해 지으셨고 우리가 신체와 강력히 결합되어 있으므로 정신과도 강력히 결합하려는 성향을 마련하신 창조주의 자극이 아닌 만큼 사실 인간의 선택과 이성에서 나온 것은 아니지만 동일한 관념과 동일한 흔적의 관계를 조정하는 데 반드시 필요하다.

여기서 두뇌의 흔적들을 통해, 우리와는 다른 정신적 존재들을 머릿속에 그려보도록 해주는 관념들의 관계는 전혀 자연적이지 않고 그럴 수도 없으므로, 그 관계는 모든 사람마다 다르고, 다를 수 있다는 점에 반드시 주목해야 한다. 그 관계는 사람들의 의지와 내가 앞에서 말했던 시간의 동일성과 다른 원인을 갖지 않으니 말이다. 반대로 모든 물질적 존재들의 관념들과 어떤 개별적 흔적들과의 관계가 자연적이어서, 모든 사람에게 동일한 관념을 떠올리게 하는 어떤 흔적들이 있다.

예를 들어 모든 사람이 정사각형을 보고 정사각형의 관념을 갖는다는 것이 확실하다. 왜냐하면 이 관계는 자연적이기 때문이다. 그러나 모든 사람이 '정사각형carré'이라는 말을 발음하는 것을 듣고서 정사각형의 관념을 갖는 것은 아니다. 이 관계는 전적으로 의지에 달린 것이기 때문이다. 정신적 존재들의 관념과 결합된 모든 흔적들에 대해서도 동일하게 생각해야 한다.

그러나 관념들과 자연적 관계를 갖는 흔적들이 정신을 자극하고 열중케 하고, 결과적으로 정신을 집중할 수 있게 하므로, 대부분의 사람들은 손으로 만질 수 있는 뚜렷한 진리, 즉 물체들 사이의 관계를 충분히 쉽게 이해하고 기억한다. 그리고 이와는 반대로 흔적들이 관념들과 갖는 관계가, 의지와 관념들과 갖는 관계와 다른 관계가 아닐 때 그 흔적들은 정신을 격하게 자극하지 않는다.

추상적 진리, 즉 상상력으로는 손에 잡히지 않는 주제들 사이의 관계들을 이해하는 일은 누구에게나 어렵고 이를 기억하는 일은 훨씬 더 어렵다. 그런데 이 관계들이 좀 더 복합적일 때 그것은 절대적으로 이해 불가능한 것으로 보인다. 특히 이런 일에 익숙하지 않아서, 지속적 명상으로 이들 추상적 관념들과 흔적들의 관계를 강화할 수 없었던 사람들이라면 말이다. 이들과는 다른 사람들 역시 이를 완벽하게 이해했더라도 이 관계가 자연적 관계들만큼 강하지 못하기 때문에 얼마 후면 잊어버린다.

정신적이고 추상적인 주제들을 이해하고 기억하면서 겪는 모든 어려움은 그것의 관념과 두뇌의 흔적 사이의 관계를 강화하는 일의 어려움 때문이고, 물질적인 것들의 관계들로 정신적인 것들 사이에 존재하는 관계들을 설명하는 방법을 찾게 되면 쉽게 이해시킬 수 있음은 사실이다. 그 관계들을 그런 식으로 정신에 새기면 강력히 그 점을 납득할 뿐 아니라, 훨씬 더 쉽게 기억하게 된다. 이 책 1장에서 정신에 부여한 일반 관념이 아마 이 점의 대단히 훌륭한 증명이라고 생각한다.

반대로 우리가 물질적인 사물들 사이에 존재하는 관계들을, 이 사물들의 관념들과 그것의 표현의 흔적들 사이에는 필연적 관계가 없다는 식으로 표현할 때, 그 관계들을 이해하기가 상당히 어렵고, 이는 또 쉽게 잊힌다.

예를 들어 대수代數나 분석 연구의 초심자들은 대수학적 증명을 이해하는 데 상당히 어려움을 느낀다. 또 이들이 이 증명을 일단 이해해도 기억은 오래가지 않는다. 예를 들어 사각형, 평행사변형, 입방체, 입체 등이 aa, ab, a^3, abc 등으로, 흔적과 관념 간에 자연적 관계가 전혀 없는 방식으로 표현될 때, 정신은 그 관념들을 고정시키고, 그 관계를 검토하는 데 전혀 영향력을 행사하지 못한다.

그러나 일반 기하학幾何學을 시작하는 사람들이 설명을 들을 때 사용되는 용어들을 정말 뚜렷이 이해한다면 그들은 간단한 증명들은 명확하고 대단히 신속하게 이해한다. 사각형, 원 등의 관념들은 그들 눈앞에 보이는 형상들의 흔적들과 대단히 자연적으로 이어져 있기 때문이다. 증명으로 도형을 그려 제시하는 것만으로도 이를 말로 설명할 때보다 더 이해가 잘 되는 일도 종종 있다. 단어들은 임의의 설정institution arbitraire에 따라 관념들과 결합하므로 그 관계가 쉽게 이해될 정도로 충분히 신속하고 분명하게 관념들을 떠올리게 하지 못한다. 학문을 연구하는 일이 어려운 것이 주로 이런 이유에서이다.

지나가면서 하는 말이지만 내가 방금 말한 것으로써 이런 저자들은 자기들의 생각을 설명하기 위해 수많은 새로운 단어와 문자들을 만들어 내면서 종종 대단히 쓸모없는 책들을 지어낸다. 그들은 자신을 이해시킨다고 믿지만 실제로는 자신을 전혀 이해할 수 없게 만드는 것이다. 그들의 말에 따르면 모든 용어들과 모든 문자들을 정의하고, 다른 사람들은 이 정의에 합의해야 한다고 한다.[5] 사실이다. 후자는 기꺼이 그 정의를 인정해야 한다. 그러나 본성상 그들은 이를 혐오한다. 그들의 관념이 이 새로운 용어들에 결부되기 위해서는 용례가 필요하고, 그것도 아주 많은 용례가 필요하다. 그 저자들에게는 아마 이런 용례가 있겠지만 독자들에게는 없다. 정신을 가르치고자 한다면 반드시 정신을 알아야 한다. 본성을 따라야지 본성을 거스르거나 놀라게 해서는 안 되기 때문이다.

그러나 수학자들이 용어를 정의할 때 들이는 수고를 비난해서는 안 된다. 모호한 표현들을 제거하려면 그 용어들을 정의해야 한다는 점이 분명하다. 그렇지만 할 수 있는 만큼 공인된 용어들이나 통상적인 의미가 도입하고자 하는 의미와 거리가 너무 멀지 않은 용어들을 사용해야 한다. 또 이것이 수학에서 항상 준수되지 않는 일이기도 하다.

방금 말한 것으로써 대수학, 특히 데카르트가 세웠던 대수학을 비

---

5 [옮긴이] 포르루아얄 학자 니콜과 아르노는 《논리학》(1부 12~14장)에서 정의의 중요성을 말하고 있는데 이는 파스칼이 언급한 "우리가 완벽하게 알고 있는 용어로 명확하게 지시된 사물들에 이름을 부여하는 일"〔Pascal, 《기하학적 정신에 대하여》(*De l'esprit géométrique*, Bibliothèque de la Pléiade), p.577〕을 차용한 것이다. 이러한 자의성 때문에 정의를 반박할 수 없게 되(《논리학》, 위의 책, 12장)지만, 그것의 한계는 용례에 있다. 이러한 지적은 기하학자 데자르그에서 온 것일 수 있다. 그는 난해한 용어를 쓰는 것으로 이름이 높았다.

난하려고 해서는 안 된다. 이 학문에서 나온 어떤 새로운 표현들은 처음에는 정신을 괴롭히지만 이들 표현에는 다양성과 혼동이 적고, 이로부터 정신이 얻는 도움은 그 과정에서 마주쳤던 어려움을 훌쩍 뛰어넘기에, 추론 및 추론을 표현하는 어떤 방식이 정신의 본성에 더 잘 부합하고, 알려지지 않은 진리들을 발견하는 과정에서 정신을 더욱 앞당길 수 있을 방식이 또다시 창안될 수 있으리라고는 생각되지 않는다.

이 학문의 표현들은 정신의 능력을 분할하지 않고, 기억하는 데 부담을 주지 않고, 경이로운 방식으로 우리의 모든 관념과 우리의 모든 추론을 단축하고, 용례를 통해 그 관념과 추론을 말하자면 분명하게 만든다. 이 표현들의 유용성은 자연적 표현들의 유용성보다 훨씬 더 크다. 삼각형, 사각형 및 완전히 드러나지 않은 진리들을 탐구하고 제시하는 데 쓸 수 없는 다른 비슷한 것들이 그려진 형상들이 자연적 표현일지라도 말이다.

그렇지만 두뇌의 흔적들과 관념들의 결합에 대해서는 충분히 말했다. 이제는 흔적들이 서로 맺는 관계, 그러니까 이 흔적들에 대응하는 관념들 사이의 관계에 대한 내용을 말할 차례가 되었다.

II. 흔적들의 상호 관계

이 관계는 두뇌의 흔적들이 서로 대단히 긴밀히 이어져 있어서, 동시에 새겨졌던 모든 흔적 없이는 깨어날 수 없는 그런 것이다. 예를 들어 한 사람이 어떤 국가 의식에 참여하고, 모든 정황이며, 그곳에 참석했던 주요 인사들, 날씨, 장소, 날짜 및 다른 특징들을 빠짐없이 눈여겨볼 때, 그는 그 장소나 심지어는 두드러지지 않았던 어떤 주변 환경을 떠올려보기만 해도 충분히 다른 모든 것들을 머릿속에 다시 그려볼 수 있다.

바로 이런 이유로 어떤 사물을 가리키는 주된 이름이 떠오르지 않을 때 그 사물이 처한 주변 정황을 의미하는 이름만으로 충분히 그 잊은 이름을 가리킬 수 있는 것이다. 교회의 이름이 기억나지 않을 때 다소 관계가 있는 어떤 것을 의미하는 다른 이름을 사용할 수 있다. 그래서 우리는 사람들이 무척 붐볐고, M○○○의 설교를 들었고, 일요일에 갔던 그 교회라고 말할 수 있다.

한 사람의 이름이 도무지 떠오르지 않거나, 다른 방식을 동원하면 그 사람을 더 정확히 지시할 수 있을 때, 사람들이 그가 가졌다고 보는 성향들에 따라 얼굴 얽은 곰보, 키 크고 몸 좋은 사람, 저 난쟁이 꼽추라는 말로 그를 가리켜 보일 수 있다. 물론 경멸을 나타내는 이런 말들을 쓰는 일이 잘못된 것이기는 하지만 말이다.

그런데 흔적들의 상호 관계, 그러므로 서로 연결된 흔적들과 관념들의 관계는 수사학에서 쓰는 모든 문채文彩, figure의 토대일 뿐 아니라, 도덕, 정치, 그리고 일반적으로 모든 학문에서 더욱 중요한 수도 없이 많은 주제들의 토대이기도 하다. 이들 학문은 일반적으로 인간을 다루고, 따라서 우리가 뒤에 언급하게 될 많은 문제들과 관련되어 있다.

여러 흔적들이 이런 관계를 맺게 되는 원인은 그 흔적들이 두뇌에 새겨졌던 시간의 '동일성'에 있다. 그 흔적들이 동시에 되살아날 수 있으려면 여러 흔적이 동시에 형성되었기만 하면 된다. 동물정기는 동시에 생긴 모든 흔적들의 절반쯤 열려 있는 길을 찾아 그리로 길을 계속 간다. 그 길로 가는 것이 두뇌의 다른 장소들을 거치는 것보다 더 쉽기 때문이다. 바로 이것이 기억의 원인이자, 우리 인간이 짐승들과 공통으로 갖는 신체의 습관이다.

이 흔적들의 관계가 항상 정기精氣의 어떤 흥분에 이어져 있는 것은 아닌데, 우리가 보는 모든 것이 우리에게 항상 좋거나 나쁜 것으로 보이는 것은 아니기 때문이다. 이 관계들도 변할 수 있고 또 끊어질 수도 있다. 생명의 보존에 항상 필요한 것은 아니므로 이들 관계가 항상 동일해야 하는 것이 아닌 까닭이다.

그러나 우리 두뇌에는 생명의 보존에 반드시 필요하기 때문에 자연적으로 서로 이어져 있고, 또한 정기의 어떤 흥분을 동반하는 흔적들이 있다. 그 흔적들의 관계는 끊어질 수 없는 것이거나, 쉽게 끊어질 수 없는 것인데, 그 관계가 항상 동일해야 좋기 때문이다.

예를 들어 자기 아래를 내려다보면, 그곳에서 떨어질 위험이 있는 엄청난 높이의 흔적이나, 우리 위로 떨어져 우리를 막 으스러뜨리려는 어떤 거대한 물체의 흔적은 우리에게 죽음을 떠올리는 흔적과 자연적으로 연결되어 있다. 그래서 정기가 흥분하게 되면 우리는 달아나게 되고, 달아날 욕망을 갖는다. 이 관계는 항상 동일해야 하므로 결코 변하지 않는다. 그 관계는 우리가 태어날 때부터 가진 두뇌 섬유纖維들의 배치이다.

자연적이지 않은 모든 관계들은 끊어질 수 있고 끊어지기 마련인 것이, 시간과 공간의 상이한 정황에 따라 그 관계가 변화될 수 있다는 점이 틀림없으니 말이다. 그래야 생명 보존에 유용하다. 예를 들어 자고새는 사람들이 사냥을 다니는 장소와 시간에 총을 든 사람들을 피한다. 그러나 그 새들이 다른 곳에 있고, 다른 시간대에 있다면 사람들을 반드시 피해야 할 필요는 없다.

그래서 모든 동물은 자기 보존을 위해 세 가지 관계의 흔적들을 가져야 한다. 쉽게 형성되고 파괴될 수 있을 흔적들의 관계가 하나이고, 끊기가 여간 어렵지 않은 관계가 다른 하나이고, 결코 끊어질 수 없는 관계가 또 다른 하나이다. 이 상이한 관계들로 만들어질 수 있는 상이한 효과들을 세심히 연구하는 일은 대단히 유용하다. 이 효과들은 대단히 수가 많고 인간의 지식에 대단히 중대한 것이기 때문이다.

III. 기억에 대하여

'기억'을 설명하려면 우리의 상이한 지각들이 특히 영혼이 머무르고 있는 두뇌 주요 부위의 섬유에 일어나는 변화와 관련되어 있다는 진리를 올바로 이해하는 것으로 충분하다. 이 원칙만 전제하면 기억의 본성이 설명된다. 한동안 어떤 식으로 휘어진 채 있었던 나뭇가지들이 같은 방식으로 다시 휘어지기 쉬운 성질을 보존하는 것과 마찬가지이다. 그래서 두뇌 섬유들은 일단 동물정기의 흐름과, 대상들의 작용에 의해 어떤 자극을 받고 난 뒤에는 똑같이 이전처럼 쉽게 배치될 수 있는 성질을 충분히 오랫동안 보존한다. 그런데 기억이란 이런 용이성일 뿐인 것이, 두뇌가 동일한 자극을 받으면 우리는 동일한 것을 생각하기 때문이다.

동물정기가 두뇌 실질에 때로는 더욱 강하게, 때로는 덜 강하게 작용하고, 감각대상들은 상상력만이 가하는 것보다 훨씬 더 큰 자극을 만들어 내므로, 이로부터 우리가 지각했던 모든 사물들을 왜 똑같이 기억하지 못하는지 쉽게 알 수 있다. 예를 들어 왜 우리가 여러 번 지각한 것이 우리가 단 한 번이나 두 번밖에 지각하지 않았던 것보다 일반적으로 영혼에 더욱 뚜렷이 제시되는지, 왜 우리가 그저 상상만 했던 것보다 직접 본 사물들을 더욱 뚜렷이 기억하는지, 그리고 예를 들어 왜 간정맥肝靜脈의 배치가 어떠한지 해부학 책에서 여러 번 읽은 다음보다도, 이 부위를 그저 한 번 해부한 뒤에 더 잘 알게 되는지 알 수 있는 것이다. 다른 비슷한 일들도 마찬가지이다.

우리가 앞에서 상상력에 대해 말했던 것과, 방금 기억에 대해 말했던 짧은 내용을 성찰하고자 하고, 우리 두뇌가 그렇게 많은 수의 자취와 자극을 보존하기에는 너무나 작다는 저 편견에서 벗어난다면, 기억의 놀랄 만한 저 효과들을 원인을 기쁘게 발견할 것이다.

성 아우구스티누스는 《고백》 10권에서 경탄하며 이 점을 말한 바 있다.[6] 그래서 이 문제들을 더 길게 설명하고 싶지 않은 것이, 각자 정신의 노력을 통해 스스로 설명하는 것이 더 적합하다고 믿기 때문이다. 우리가 이 길을 통해 발견한 주제들이 다른 길에서 배운 것보다 항상 더 쾌적하고, 우리에게 더 강한 자극을 준다.

---

6 [옮긴이] "두뇌에는 우리가 감각이 포착한 바를 놓고서 첨가하거나 삭제하거나 변경해 가면서 무엇이든 사유하는 내용이 들어 있다. 무엇이든 그곳에 간수되고 저장되어 있는 이상, 아직 망각으로 삼켜지거나 묻혀버리지 않는 셈이다. 내가 거기에 있으면 내가 요구하는 것은 무엇이든지 불려나온다."(《고백》 10권 8장 12절)

IV. 습관에 대하여

'습관'을 설명하자면 영혼과 결합된 신체의 모든 부분들을 영혼이 동요시킨다고 충분히 생각할 수 있는 방식을 알 필요가 있다. 다음이 그것이다. 확실히 그곳이 어떤 곳일지라도 두뇌의 어떤 장소에는 심장의 열로 크게 자극된 엄청난 양의 동물정기가 항상 있다. 동물정기는 심장에서 나오고, 열린 통로를 찾기만 하면 어디든지 흘러갈 준비가 되어 있다. 모든 신경은 이 정기의 저장소에 이르고, 영혼은 이들 신경의 움직임의 방향을 정하고, 이 신경을 통해 정기를 신체의 모든 근육 속으로 이끌어 갈 수 있는 힘이 있다.[7] 이 정기가 근육 속에 들어가 그 근육을 부풀리고, 그 결과 정기로 인해 근육은 줄어든다.[8] 정기는 이런 식으로 이 근육이 부착된 부분들을 동요시킨다.

방금 설명한 방식으로 영혼이 신체를 동요시킨다는 점을 어렵지 않게 확신할 것이다. 오랫동안 먹지 않았을 때 설령 신체를 어떤 식으로 움직여 보고자 노력한대도 실패하게 되고, 똑바로 서 있기도 어렵다는

---

7 이 힘이 무엇으로 되어 있는지 다른 곳에서 설명할 것이다.

8 [옮긴이] 근육 내부가 다소 가득 차 있는 주머니와 같다고 생각한 데카르트(《인간론》, t. XI, p.137)의 생각은 단순한 것이었어도, 적어도 그는 두 개의 상반된 근육의 상보성을 보여 주었다. "사지의 모든 움직임의 유일한 원인은 어떤 근육이 수축하고 그것의 대립 근육은 이완하는 데 있으며 (…) 한 근육이 자신의 상대 근육보다 더 수축하게 되는 유일한 원인은 상대 근육보다도 그 근육 쪽으로 조금이라도 더 많은 정기들이 뇌에서 오는 데 있기 때문이다."(《정념론》, 11절) 그렇지만 윌리스는 근육 내부가 비어 있지 않다는 데카르트의 입장을 반박한다.〔《근육 운동의 이유에 대하여》(*De ratione motus musculorum*), 5장〕 이런 이유로 말브랑슈는 여기서 판단을 다소 유보한다.

점에는 유의하자. 그런데 포도주나 어떤 비슷한 다른 음식처럼 강한 알코올을 함유한 무엇인가를 심장으로 흘려보내는 방법이 있다면 이 내 신체는 아주 쉽게 복종하는 것을 느끼고, 원하는 모든 방향으로 동요하게 된다. 내가 보기에 이 경험만으로도 영혼은 동물정기가 없을 때 신체를 움직일 수 없고, 동물정기를 통해서만 신체에 대한 영향력을 회복한다는 점을 알 수 있다.

그런데 근육이 부풀어 오르는 모습이 우리 팔과, 우리 신체를 이루는 모든 부분이 동요할 때 대단히 분명하고 뚜렷이 보이므로, 그래서 이 근육들이 부풀어 오르는 것은 무엇인가가 그 안에 들어오기 때문일 뿐임을 믿는 것이 대단히 이치에 맞는 일이다.

공 안에 공기나 무언가를 집어넣어야 커지고 부풀어 오르는 것과 마찬가지로, 신경이 동물정기를 두뇌에서 시작해서 근육 속에까지 나아가게 만든다는 점이 확실한 것 같다. 근육은 비어 있었을 때보다 꽉 차 있을 때 틀림없이 더 짧다. 데카르트의 책 《정념론》과 《인간론》에서 더 자세히 설명되었던 것처럼 근육은 부착 부위를 잡아당기고 동요시킨다. 그러나 이 설명을 낱낱이 증명된 것으로 제시하지는 못했다. 완전히 명백한 설명을 제시하는 데 여전히 부족한 문제들이 있지만 이들을 해명하기란 거의 불가능하다. 그러나 우리의 주제를 밝히기 위해 이들 문제를 알 필요는 없다. 이 설명이 진실이든 거짓이든 습관의 본성을 아는 데에서는 똑같이 유용하니 말이다. 영혼이 이런 방식으로 신체를 동요시키지 않는다고 해도, 영혼은 우리가 끌어내는 결론을 도출하기 위해 신체와 대단히 유사한 어떤 다른 것을 틀림없이 동요시키게 된다.

그러나 우리의 설명을 계속하자면 정기는 그것이 거쳐야 하는 활짝 열려 있고, 전혀 막힘이 없는 길을 항상 발견하는 것이 아니다. 예를 들면 그런 이유로 악기를 연주하기 위해 빠른 속도로 손가락을 움직이거나, 외국어 단어를 발음하기 위해 발음에 필요한 근육을 움직이는 일에 어려움을 겪게 된다는 점에 주목해야 한다. 그러나 동물정기는 연속적 흐름을 통해 조금씩 이 길을 열고 어려움을 제거하여 시간이 지남에 따라 더 이상 저항을 받지 않게 된다. 그런데 동물정기가 우리 신체의 사지四肢들로 이렇게 수월히 들어가게 되는 것으로 '습관'이 생기게 된다.9

이 설명에 따라, 습관과 관련한 무수히 많은 문제들을 쉽게 해결할 수 있다. 예를 들어 왜 아이들이 나이가 든 사람들보다 새로운 습관을 획득하기 더 쉬운지, 왜 오랜 습관을 잃는 일이 대단히 어려운지, 어떻게 사람들은 말을 자주 한 덕분에 너무도 수월하게 말할 수 있게 되어, 믿을 수 없는 빠른 속도로, 심지어는 그것을 생각하지도 않고 말하는지의 문제들 말이다. 뒤의 예는 여러 해 동안 기도하는 데 익숙해진 사람들에게 종종 일어나는 일이다. 그러나 한 마디 말을 발음하려면 어느 정도의 시간 동안 어떤 순서에 따라 혀, 입술, 인후咽喉, 횡경막 같은

---

9 [옮긴이] 데카르트는 습관과 기억을 나란히 두면서, 그것을 "일단 한 번 접힌 후의" 종이가 간직하는 주름에 비교한다. 습관과 기억은 주로 "두뇌의 실체 전체 속에" 새겨진다. 그러나 "류트 연주자의 습관은 머릿속뿐 아니라, 손의 근육에도 부분적으로 있다."〔메소니에(Meyssonnier)에게 보내는 편지, 1640년 1월 29일, t. III, p.20〕 그리고 메르센에게 보내는 편지(1640년 4월 1일, p.48)에서도 "습관을 얻은 다양한 방식으로 손가락을 움직이고 접는 일의 용이성"에 대해서 말한다.

근육을 움직여야 한다. 그런데 조금만 깊이 생각해도 이 문제들이며, 대단히 기묘하고 대단히 유용한 여러 다른 문제들을 충족시킬 수 있을 것이므로 이 점을 계속 다룰 필요는 없다.

방금 말한 것을 통해 '기억'과 '습관' 사이에는 대단히 중대한 관계가 있고, 어떤 의미로 기억을 일종의 습관으로 간주할 수 있음이 분명하다. 마찬가지로 신체적 습관이란 정기가 우리 신체의 어떤 부분들을 수월하게 거칠 수 있게 하는 것이고, 그래서 기억은 동일한 정기가 두뇌에 새긴 흔적인 것이며, 이 흔적들이 우리가 사물들을 수월하게 기억하게 하는 원인이 된다. 그래서 동물정기의 흐름이며, 그 흔적들에 어떤 지각도 결부되지 않았다면 기억과 다른 습관들 사이에는 어떤 차이도 없다.[10] 짐승들은 영혼이 없고, 지각도 전혀 할 수 없지만, 이 짐승들이 상이한 습관을 획득할 수 있다고 생각하는 것보다 그들이 두뇌에 새겨진 사물들을 그들의 방식으로 기억한다고 생각하는 것이 더 어려운 일은 아니다.

그리고 내가 방금 습관에 대해서 말한 내용 다음에, 나는 어떻게 새로 만들어진 어떤 기계가 그 기계를 이미 사용했던 때만큼 수월하게 작동되는 것이 아닌지를 이해하는 것보다 어떻게 신체를 이루는 사지가 점차 다양한 습관을 획득한 것인지 생각해 보는 일이 훨씬 더 어려운 일이라고 보지 않는다.

---

10 기억과 정신적 습관에 대한 주해를 참조.

6장

I. 두뇌 섬유는 정기만큼 신속한 변화가 일어나지 않는다

살아 있는 신체들을 이루는 모든 부분들은 연속적으로 움직이는 고체의 부분과 유체의 부분이자, 살이면서 피血이다. 전자와 후자의 운동 사이에 차이가 있다면 피를 구성하는 부분들의 운동이 가시적이고 뚜렷한 반면, 우리 살을 이루는 섬유들의 운동은 전혀 지각되지 않는다는 것뿐이다.

그러므로 동물정기와 두뇌 실질 사이에도 이런 차이가 있다. 동물정기는 대단히 동요되고 정말로 유동적이지만, 두뇌 실질은 다소 딱딱하고 단단하다. 그래서 정기는 여러 작은 부분으로 나뉘어, 그 정기를 포함하는 혈관 구멍을 통해 발산되면서 금세 사라져 버리고,[1] 그 자리에

1 [옮긴이] 데카르트는 멜랑(Mesland)에게 보내는 편지(1645년 2월 9일)에서 피의 순환과 영양을 언급하면서 우리 사지의 부분들의 끊임없는 재생이 "우리 신체의

는 그 정기들과 전혀 닮지 않은 다른 것들이 종종 들어온다. 그러나 두뇌 섬유들은 그렇게 쉽게 사라지지 않는다. 섬유들이 상당히 변하는 일은 자주 없다. 그들의 실체 전체는 여러 해가 지나고 나서야 겨우 바뀔 수 있다.

II. 세 세대에서 일어나는 세 가지 변화

한 사람의 평생 동안 두뇌에 일어나는 가장 중대한 변화는 유년기, 성인의 나이, 노년에 일어난다.

유년기의 두뇌 섬유는 연약하고, 가변적이고, 민감하다. 나이가 듦에 따라 섬유는 더 메마르게 되고, 더 단단해지고, 더 강해진다. 반면 노년의 두뇌 섬유는 까닥도 하지 않고, 동물정기의 흐름에 좌우되는 일이 거의 없다. 더욱이 그때의 섬유는 굵고, 그 나이의 대단히 약한 열로도 사라지게 할 수 없는 과잉의 체액과 섞이게 된다. 이와 마찬가지로 살을 구성하는 섬유들이 시간이 지남에 따라 단단해지고, 어린 자고새의 살이 나이 든 자고새의 살보다 더 연하다는 것은 분명하다. 따라서 아이나 젊은이의 두뇌 섬유는 나이가 더 든 사람들의 섬유보다 훨씬 연하고 훨씬 민감함에 틀림없다.

동물정기가 이 섬유들을 계속 동요시킨다는 점을 고려한다면 이런

부분들의 연속적 배출"에 의한 것이라고 주장한다. "원래 부분들을 내보내고 다른 부분들이 자리를 차지"하는 방식이다.

변화가 일어나는 이유를 인정해야 한다. 동물정기는 여러 다양한 방식으로 섬유 주위로 흐르니, 대지 위로 부는 바람이 대지를 메마르게 하는 것과 같다. 그렇게 동물정기는 연속적으로 동요되면서 조금씩 인간 두뇌 섬유 대부분을 더욱 메마르게 하고, 더욱 압축하고, 더 단단하게 만든다. 그래서 나이가 많은 사람들의 섬유는 거의 항상 나이가 적은 사람들의 섬유보다 더 흔들림이 적다. 그리고 동년배라고 해도 여러 해를 포도주 또는 취하게 하는 비슷한 음료를 과도하게 마신 술꾼의 섬유는 평생 이런 음료를 마시지 않은 사람들의 섬유보다 더 단단하고 더 흔들림이 적다.

그런데 아이, 성인, 노인에게 보이는 이런 상이한 두뇌 구성은 또한 이 세 세대가 갖는 상상의 능력의 차이를 만들어 내는 가장 중요한 원인이다. 이 점에 대해서는 뒤에서 말할 것이다. 아기가 어머니 뱃속에 있을 때 아기의 두뇌에 무슨 일이 생기는지부터 검토해 보기로 하자.

7장

내가 보기에 우리는 모든 사물과 관계를 맺으며, 우리 주위의 모든 것과 자연적 관계를 갖는다는 사실은 대단히 분명하다. 이 관계들은 생명의 보존과 생명의 편의에 대단히 유용하다. 우리는 중국보다는 프랑스와, 어떤 별보다는 태양과, 이웃집보다는 우리 집과 훨씬 더 밀접한 관계를 갖는다. 우리를 짐승보다 인간에, 외국인들보다는 우리 친척과 친구들에게, 우리가 두려워하고 희망하지 않는 것보다는 우리 존재를 보존하기 위해 의존하는 것에 더욱 긴밀히 이어주는 보이지 않는 관계들이 있다.

우리와 다른 사람들 사이에 존재하는 이런 자연적 결합에서 특기해야 할 것은, 우리가 다른 사람들을 더욱 필요로 할 때 그 결합은 그만큼 더 강하다는 점이다. 친척과 친구들은 서로 긴밀하게 결합되어 있어서, 그들이 겪는 고통과 역경이 그들이 누리는 즐거움과 행복만큼이나 공유된다고 말할 수 있다. 우리 친구들의 모든 정념과 모든 생각이 그들 식으로 짓는 인상이며, 얼굴 표정에 의해 우리에게 전달된다. 그렇지만 우리가 완전히 그들 없이 살아갈 수 있으므로, 그들과 우리 사이에 존재할 수 있는 결합 중에 이런 자연적 결합이 가장 큰 것은 아니다.

I. 어머니의 두뇌와 태아의 두뇌 사이의 교류에 관하여

아이들이 어머니 뱃속에 있을 때 그 아이들의 신체는 아직 완전히 형성되지 않은 채로, 그 자체로 무력하고, 우리가 생각해 볼 수 있는 가장 큰 결핍 상태에 있으니, 우리가 상상할 수 있는 가장 긴밀한 방식으로 어머니와 결합되어 있음이 틀림없다. 또 아이들의 영혼과 어머니의 영혼은 분리되어 있을지라도 아이들의 신체는 어머니의 신체와 분리되지 않았으니 아이들은 어머니와 동일한 감정과 동일한 정념을 느낀다고 생각해야 한다. 한마디로 말해서 신체에서 움직임이 일어날 때 영혼에서 자극되는 모든 사유를 고스란히 느끼는 것이다.

그래서 아이들은 어머니가 보는 것을 보고, 똑같은 외침을 듣고, 대상의 동일한 인상을 수용한다. 또 아이들은 동일한 정념에 자극된다. 열정에 찬 한 남자의 얼굴 모습이 그 얼굴을 바라보는 아이들에게 침투해서, 자연적으로 그들을 자극하는 정념과 유사한 정념을 그들 속에 새기게 된다. 물론 그 남자와 그를 주시하는 아이들과의 결합이 대단히 강력한 것은 아니지만, 내가 보기에 어머니에게 자극이 되었던 모든 감정과, 어머니를 동요시켰던 모든 정념이 아이들에게 새겨질 수 있다고 생각하는 것이 옳을 것 같다. 결국 아이의 신체와 어머니의 신체는 동일한 하나의 신체이고, 두 사람은 피와 정기를 공유하고 있으니 말이다. 감정과 정념은 정기와 피가 움직이면서 일어나는 자연적 결과로, 이 움직임은 필연적으로 어머니로부터 아이에게 전달된다. 그러므로 정념과 감정, 그리고 일반적으로 신체가 그 기회가 되는 모든 사유는 어머니와 아이가 공유한다.

나는 이 문제들이 여러 이유들로 내게는 의심의 여지가 없는 것 같다. 고양이만 보면 대단히 질겁하는 어머니가 그 동물이 눈앞에 나타날 때마다 화들짝 놀라는 아이를 출산한다는 사실만 봐도, 그로부터 이 아이는 어머니가 자신을 뱃속에 품고 있을 때 본 것을 공포심과 정기들의 흥분을 통해 알았음에 틀림없다는 결론을 쉽게 내릴 수 있다. 고양이를 본다고 상처를 입는 일은 없어도 그의 내부에 대단히 낯선 효과를 만들어 낸 것이니 말이다.

그렇지만 나는 이 모든 것을 한 가지 가정假定으로 개진하고 있을 뿐이다. 내 생각으로는 이 가정은 나중에 충분히 증명될 것이다. 우리가 제시할 수 있는 모든 난점들을 만족스럽게 해소시켜 줄 수 있는 가정이라면 무엇이나 의심의 여지없는 원칙으로 간주되어야 한다.

II. 우리의 두뇌와 신체의 다른 부분들 사이의 교류에 관하여 —이런 교류로 우리는 모방과 동정에 끌리게 된다

조물주가 이 모든 창조물들을 하나로 묶는 데 쓰는 보이지 않는 관계는 신의 지혜에 걸맞은 것으로, 인간은 이를 감탄해야 마땅하다. 어느 면에서도 그보다 더 놀랍고 더 이로운 것이 없다. 그렇지만 우리는 이 점을 생각하지 않는다. 우리를 이끄는 자가 누구인지, 어떻게 우리를 이끄는지는 생각하지도 않고 그저 무엇엔가 이끌려 행동하는 것이다.

자연은 조물주만큼이나 우리에게 감춰져 있다. 그리고 우리는 우리 안에서 움직임이 일어난다는 사실을 느끼지만 그 움직임의 동력은 무엇인지 생각해 보지 않는다. 그러나 우리가 그것보다 더 알아야 하는 일들은 극히 적고, 그것을 알면 인간과 관련된 모든 일들을 설명할 수 있다.

확실히 우리 두뇌에는 자연적으로 모방을 하게끔 하는 동력이 있는데[1] 이는 시민사회에 반드시 필요하다. 아이들은 아버지를 믿고, 도제徒弟는 장인匠人을 믿고, 하급자는 상급자들을 믿어야 할 뿐 아니라, 모든 사람은 함께 살고자 하는 사람들과 동일한 태도를 취하고, 동일한 행동을 하는 성향을 가지는 것이 틀림없다. 사람들이 서로 결합하기 위해서는 신체와 정신이 서로 닮아야 하니 말이다. 이것이 뒤에 언급할 수많은 문제들을 이끄는 원리이다.

그러나 우리가 이 장에서 말할 내용에 대해서 우리가 모방만큼이나

---

1 [옮긴이] 데카르트는 자발적이고 완전히 기계적인 모방 원리를 간략히 제시한 바 있다.(《인간론》, t. XI, p.185) 코르드무아는 한 기계짐승이 그와 닮은 존재에게 소리를 지르고 행동을 전달하는 것을 그런 방식으로 설명한다. 이로부터 "어떤 새들은 다른 새들의 노래를 모방하고, 심지어 우리 인간의 말도 모방"한다.(*Œuvres*, p.228) 그의 결론은 다음과 같다. "유사한 결과들이 동물에게만 생긴다면 우리는 동물들이 신체가 아닌 다른 것을 가졌다고 합리적으로 말할 수 없다."〔《말(言)의 자연학적 담화》(*Discours physique de la parole*), 위의 책, pp.226~232〕 달브랑슈는 이로부터 동물과 인간 사회의 원리로 모방을 드는 독창적 이론을 제시한다. 그렇지만 정서적 전파는 오직 인간만이 경험한다.

동정을 하도록 하는 자연적 배치가 두뇌에 있다는 점을 반드시 알아야 한다.

그러므로 동물정기가 자연적으로 우리 신체를 이루는 모든 부분들을 향하게 되는 것은 우리 신체 속에서 우리가 다른 사람들이 하는 것을 본 동일한 행동과 움직임을 행하기 위해서뿐 아니라, 어떻건 그들의 상처를 수용하고, 그들의 비참을 나누기 위해서이기도 하다. 거칠게 매를 맞거나 깊은 상처를 입은 누군가를 대단히 주의를 기울여 바라볼 때 정기가 다른 사람이 상처를 입은 부위에 해당하는 우리 신체의 부위로 어렵사리 전달된다는 것을 우리는 경험으로 알고 있다.

반면 상처가 생기는 본 부분과는 다른 부분을 일부러 세게 쓰다듬으면서 이 정기의 흐름을 다른 곳으로 돌릴 수 있고, 갑작스럽게 흥분하게 되면 보통 정기는 자연스럽게 심장과 내장을 향해 흐르는데, 우리가 말하고 있는 이 흐름을 이끌거나 변화시킬 수 있고, 한편 두뇌의 흔적과 정기의 운동이 어떻게 기이하게 결합되는 바람에 동일한 결과가 나오지 않을 수 있다.

정기가 우리가 다른 사람들이 상처를 받는 것을 보는 그 부위에 해당하는 우리 신체 부위로 이렇게 전달되는 일은 상상력이 격하고, 살이 대단히 연하고 무른 섬세한 사람들에게 더 흔하다. 그들은 예를 들어 궤양을 앓거나 지금 얻어맞고 있는 누군가를 주의 깊게 바라볼 때 자주 다리에 전율 같은 것을 느낀다. 다음에 내 친구 한 명이 보낸 편지 구절을 옮기겠다. 이것이 내 생각을 확인해 줄 것이다.

"내 누이 한 명의 집에 머물던 나이 든 남자가 병에 걸렸는데 그 집에서 일하는 젊은 하녀가 그 남자의 발에 사혈瀉血할 때 촛불을 들고 있었다네. 그 남자를 칼로 절개하는 것을 보자 그녀는 끔찍한 두려움에 사로잡혔네. 그래서 사나흘 동안 발의 같은 부위에 계속 대단히 격한 고통을 느꼈고, 그동안 침대에 누워 있지 않을 수 없었다네."

그러므로 이 사고의 이유를 내 원칙에 따라 설명해 보자면 정기가 다른 사람이 상처를 입은 것을 본 부위에 해당하는 우리 신체의 부위에 강하게 퍼진 것으로, 그 부위를 더욱 꼭 싸매게 되면 정기가 우리 영혼에 더욱 뚜렷해지고, 우리가 다른 이에게 일어나는 것을 본 아픔을 피하기 위해 영혼을 조심하게 된다.

신체의 이런 동정同情이 정기의 동정을 만들어 낸다. 이렇게 동정이 일어나면 다른 사람들을 진정시켜야 한다고 느끼고, 그러면서 우리 스스로도 진정된다. 결국 이런 동정의 마음이 우리가 가진 악의와 잔인성을 중단시킨다. 피의 공포, 죽음의 두려움, 한마디로 말해서 동정의 뚜렷한 자극이 생겨 종종 짐승들의 대량살육을 막게 된다. 심지어는 동물이란 기계에 불과하다고 일말의 의심 없이 확고하게 확신하는 사람들조차 그렇다. 대부분의 사람은 그 짐승들을 죽일 때 동정의 여파가 밀려와 자신도 상처를 입게 된다.

여기서 특히 주목해야 할 것은 한 사람이 상처받는 것을 자세히 보았을 때 그를 보는 사람들도 다른 상처가 만들어진다는 점인데, 그들이 입게 되는 상처는 그들이 더 약하고 더 민감하므로 그만큼 더 크다. 이 민감한 시각은 상처 입는 것을 본 부위들에 해당하는 신체의 부위들로 동물정기를 힘차게 밀어냄으로써, 강하고 건장한 신체의 섬유들보다 섬세한 신체의 섬유들에 더 큰 자극을 만들어 낸다.

그래서 힘이 넘치고 원기가 가득한 사람들은 무슨 학살이 일어나는 것을 보고도 전혀 거슬려 하지 않고, 그 광경을 볼 때 그들이 신체에 받는 충격은 이성에 받는 충격만 하므로 동정심에 잘 끌리지 않는다. 그들은 흉악범에게 동정을 전혀 느끼지 않는다. 그들은 흔들림이 없고 매정하다. 그런데 여성과 아이들은 다른 사람들이 겪는 것을 본 상처에 대단히 고통을 받고, 짐승을 때리고 고함을 지르는 것을 보고 듣는 것을 경험하면 정신은 불안에 사로잡히게 된다.

아직 어머니 뱃속에 있는 아기들의 살의 섬유는 여성과 아이들보다 비교할 수 없을 만큼 더 민감하므로 정기의 흐름으로 더 상당한 변화가 일어나게 된다. 이 점은 뒤에서 설명하겠다.

내가 방금 한 이야기를, 원한다면 그저 단순한 가정일 뿐이라고 다들 간주하시라. 그러나 내가 이 장에서 설명하고자 하는 주제들을 명확히 생각해 보고 싶다면 그 주제들을 올바로 이해하도록 노력해야 한다. 내가 방금 제시한 두 가지 가정이야말로 보통 대단히 어렵고 대단히 숨겨져 있다고들 믿는 무수히 많은 것들의 원칙이며, 내가 보기에 이 두 가정을 수용하지 않고서 문제를 밝히기란 불가능해 보인다. 아래에 몇 가지 사례를 들어 내가 방금 제시한 두 가정의 주해註解와 증거로 사용해 보겠다.

III. 괴물 아이의 발생 및 종들의 번식에 대한 설명

한 칠팔 년 전에 폐질자廢疾者 구빈원에 한 젊은이가 있었는데 태어나기를 광인狂人으로 태어났고, 그의 신체는 범죄자들의 사지를 끊는 자리와 똑같은 곳들이 끊어져 있었다. 그는 이런 상태로 거의 20년을 살았다. 그를 본 사람이 여럿이고, 고인이 된 왕비[2] 역시 그 구빈원을 방문하여 호기심에 그를 보고 싶어 했고, 그 젊은이의 팔과 다리에 난 끊어진 부분들을 만져 보셨다.

내가 세운 원칙에 따르면 이 끔찍한 사고의 원인은 한 범죄자를 사지를 끊어 처형시킨다는 소식을 듣고 산모가 그 광경을 보러 갔던 데 있었다. 그 불행한 이에게 가해졌던 모든 타격이 산모의 상상력을 강력하게 자극했고, 이 자극의 일종의 여파 같은 것이[3] 산모가 가진 아이의 연하고 섬세한 두뇌를 강타했다. 산모의 두뇌 섬유가 기이한 동요를 겪었고, 대단히 끔찍한 행위를 보자, 정기의 흐름이 강력해져 어떤 부분들은 아마 아예 끊어져 버렸을 것이다. 그렇기는 해도 산모의 두뇌 섬유는 완전히 충격에 빠지지는 않을 정도로는 견고했다. 이와는 반대로 아이의 두뇌 섬유는 격류가 되어 흐르는 이 정기들에 저항할 수 없어서 흔적도 남지 않고 사라져 버렸고, 이 엄청난 참화로 인해 그는 영원히 미쳐 버렸다.

바로 이런 이유로 그는 감각을 갖지 못하고 태어났다. 다음이 신체 부위들을 끊어 범죄자를 사형시키는 것을 보고, 산모가 출산한 아이가 그 범죄자와 동일한 신체 부위들이 끊어져서 태어났던 이유이다.

한 여인을 끔찍한 공포에 사로잡을 수 있는 이런 사형집행을 보고 산모의 동물정기의 강렬한 흐름이 두뇌로부터, 그 범죄인의 신체 부분

---

2 [옮긴이] 안 도트리슈를 말한다.

3 첫 번째 가정에 따라.

들에 대응하는 그녀의 신체의 모든 부분을 향해 힘차게 나아갔고,[4] 태아에게도 동일한 일이 일어났다. 그러나 어머니의 뼈는 강렬한 정기에 저항할 수 있었으므로 전혀 상처받지 않았다. 범죄인의 사지를 찢을 때 아마 그녀는 팔에도, 다리에도 조금의 고통도, 조금의 전율도 느끼지 않았을 수 있다.

그러나 이 빠른 정기의 흐름이 태아의 뼈를 이루는 무르고 연한 부분들을 휩쓸어갔다. 뼈는 신체에서 마지막으로 형성되는 부분이고, 산모의 뱃속에 있을 때는 전혀 단단하지 않기 때문이다. 그리고 산모가 억지로 자기 몸을 쓰다듬으면서 정기가 신체의 다른 부분들을 향해 움직여 나가도록 했다면 태아의 뼈는 끊어지지 않을 수도 있었다. 그러나 어머니가 정기가 움직여 나가도록 했을 방향에 대응하는 부위는 내가 이미 말한 대로 큰 상처를 입었을 것이다.

이 사고를 일으킨 이유들은 임신 기간 동안 얼굴의 어떤 부위에 눈에 띄는 흔적을 가진 사람들을 보았을 때 어떻게 산모들이 아이들에게 동일한 신체의 부분들을 새기게 되는지를 일반적으로 설명해 준다. 이로부터 산모들이 자기들을 깜짝 놀라게 만드는 무언가를 지각하고, 어떤 강렬한 정념으로 인해 동요되었을 때, 신체에 드러나지 않은 어떤 부분을 문지르라고 말하는 것이 옳은 이야기라고 판단할 수 있다. 그렇게 하면 흔적들은 아이들의 얼굴보다는 드러나지 않은 그런 부분들에 나타날 수 있게 된다.

아이들이 그 커다란 상처를 입고도 생존할 수 있었다면야 종종 우리

---

4 두 번째 가정에 따라.

가 방금 언급한 것과 유사한 사례들을 얻을 수 있을 것이다. 그렇지만 보통 그 태아들은 사산死産되기 마련이다. 산모가 병이 들지도 않았는데 뱃속에서 죽는 아이들의 불행의 원인은 산모가 겪었던 격렬한 공포, 어떤 강렬한 욕망, 어떤 다른 격렬한 정념에 있다. 아래의 사례는 대단히 특별하다.

일 년도 안 된 일인데, 시성식諡聖式 축제를 기념해 성 비오를 그린 그림을 너무도 열렬한 눈으로 바라보았던 한 여인이 그 성인의 모습을 꼭 빼닮은 아이를 출산했다. 아이는 수염이 없는 아이가 가질 수 있는 노인의 얼굴을 갖고 태어났다. 아이는 두 팔을 가슴에 모으고, 눈은 하늘을 향했다. 아이의 이마가 좁았던 것은 그림 속 성인의 이미지가 하늘을 바라보면서 시선이 교회의 궁륭穹窿을 향해 올라갔기 때문에 거의 이마가 나타나지 않았던 탓이다. 어깨 위에 주교관主教冠 같은 것이 뒤집혀 있는 모습이 보였고, 주교관을 보석으로 장식하는 자리에 여러 둥근 흔적들이 나 있었다.

결국 그 아이는 산모가 상상력의 힘으로 성인을 보았던 그림과 정말 똑같았다. 아이를 에틸알코올에 담가 오랫동안 보존했기 때문에 나를 포함하여 파리 전체가 보았던 일이었다.

위 사례의 특이점은 어머니의 정기와 피를 동요시켰던 것이 어떤 정념에 자극된 살아 있는 사람을 보았기 때문이 아니라, 그저 그림을 보았기 때문이라는 데 있다. 하지만 그림을 보는 것도 어머니의 열정과 열의에 의해서든, 축제 기간의 소란이 일으킨 동요에 의해서든 대단히 뚜렷한 정기의 엄청난 흥분을 동반한다.

그러므로 그 산모는 정기가 강하게 흥분할 때 전심전력으로 그 그림을 바라보았다. 이때 첫 번째 가정에 따라 태아는 어머니처럼 정기가 강하게 흥분할 때 전심전력으로 그 그림을 본 것이다. 또 두 번째 가정에 따라 격하게 자극을 받은 어머니는 적어도 자세에서는 그 성인을 모방했다. 산모의 신체는 완전히 형성이 끝났고, 산모의 살의 섬유는 정기의 흐름에 저항할 만큼 충분히 굳어 있으므로, 그녀는 그 자세를 모방할 수 없었거나, 혹은 어떤 점에서도 자신을 그 성인과 닮게 만들 수 없었다.

그러나 태아의 살의 섬유들은 극히 부드러워, 어떤 식으로든 배치가 가능하다. 그래서 정기가 신속하게 흘러가면서 태아가 보았던 이미지를 자기 살 속에 고스란히 만들 수 있었다. 그리고 아이들에게 꼭 마련된 이런 모방은 가능한 완벽한 것이었다. 그렇지만 이런 모방으로 인해 아이의 신체는 대단히 기이한 모습을 띠게 되었고, 그것이 아이를 죽음으로 몰아넣은 원인이 되었다.

저자들이 언급한 산모의 상상력이 일으키는 힘의 다른 사례들은 무궁무진하다. 또 간혹 사산되지 않을 때도 정말 기이한 것은 전혀 없다. 산모들은 기형의 아이를 출산할 뿐 아니라, 강렬히 먹고 싶었던 사과, 배, 포도송이 및 비슷한 다른 과일의 경우도 마찬가지 결과를 낳는다. 예를 들어 산모가 배梨를 상상하면서 정말 이를 먹고 싶어 하고, '태아'가 자극을 받으면, 태아 역시 이를 마찬가지로 열렬히 상상하고 욕망한다. 그리고 (태아가 자극을 받거나 받지 않거나) 먹고 싶었던 과일 이미지에 자극된 정기의 흐름이 태아의 신체에 퍼지게 된다.

태아의 신체는 무르기 때문에 형태를 대단히 잘 바꿀 수 있고, 그래서 이 가여운 아이들은 자기들이 지나치게 열렬히 바란 것들을 닮게 된다. 그러나 산모는 이런 것으로 고생하지 않는데, 산모의 신체는 상상하는 것들의 모습을 취할 정도로 충분히 무르지 않기 때문이다. 그래서 산모들은 그것들을 모방할 수도 없고, 완전히 그것들과 같은 모습이 될 수도 없다.

그런데 내가 방금 설명한 이 상응相應이 간혹 엄청난 무질서의 원인이 되므로, 자연에서는 불필요하거나 규칙적이지 못하다고 생각해서는 안 된다. 반대로 이 상응은 인간의 신체 혹은 '태아'의 형성에 대단히 유용해 보이고, 두뇌가 갖는 어떤 경향들의 이전移轉에 절대적으로 필요한데, 이 성향들은 시대마다 고장마다 서로 다를 것이다. 예를 들어 새끼 양은 어떤 지방에서는 머리에 늑대를 피하도록 하는 성향이 반드시 새겨져야 한다. 늑대가 많은 지방에서 양이 늑대를 두려워하는 까닭이다.

산모의 두뇌와 아이의 두뇌가 이렇게 교류하는 일이 간혹 나쁜 결과를 가져온다는 것이 사실이다. 산모들이 자신도 모르게 어떤 강렬한 정념에 사로잡혔을 때가 그렇다. 그러나 내가 보기에 이 교류가 없다면 여성과 동물들이 동일한 종種의 새끼들을 낳기란 쉽지 않다. 데카르트가 대단히 훌륭히 시도해 보았듯이 비록 우리가 '태아' 형성의 문제를 일반적으로 설명할 수 있을지라도 말이다.

그러나 산모의 두뇌와 태아의 두뇌 사이의 이러한 교류가 없었다면 어떻게 암말이 황소를 낳지 않고, 암탉은 새끼 자고새나 어떤 새로운 종의 새가 든 알卵을 낳지 않는지 설명하는 일은 대단히 어렵다. 나는 태아의 형성의 문제를 깊이 생각해 보았던 사람들이라면 같은 생각을 할 것이라고 믿는다.

태아의 형성이라는 정말 어려운 이 문제에 대해 가장 이성적이고 경험에 부합하는 사유는 태아는 착상着床행위 이전에 거의 완전히 형성을 마친 상태이고, 산모는 임신 기간 동안 태아가 계속 성장하게끔 할 뿐이라는 점이다. 그러나 동물정기들의 이러한 교류, 정기를 통한 어머니의 두뇌와 아이의 두뇌의 이러한 교류는 또한 이 성장을 조정하고, 영양분으로 쓰이는 부분들을 정하고, 산모의 신체에서와 거의 동일한 방식으로 배치되게끔, 그러니까 태아를 산모와 닮도록 만들거나 산모와 동일한 종이 되도록 하는 데 사용되는 것 같다.

산모의 상상력이 타락하고, 어떤 강렬한 정념이 산모의 두뇌의 자연적 배치를 변화시킬 때는 사고가 일어나는 것 같다. 그때 우리가 바로 앞에서 설명한 것처럼 이 교류는 태아의 신체 구조를 바꾸고, 산모들은 아이의 신체 섬유가 정기들의 저항에 더 취약하므로 자기가 욕망했던 과일을 그만큼 더 닮은 태아들을 간혹 유산流産하기도 한다.

그러나 우리가 방금 언급한 그 교류가 없이도 신은 무한한 세기 동안 종의 번식에 필요한 모든 것을 대단히 정확하고 반듯한 방식으로 배치해서 산모들이 유산하는 법 없이, 항상 같은 크기, 같은 피부색, 한마디로 말해서 우리가 서로를 같은 존재로 간주할 수 있는 그런 아이들을 계속해서 갖게 할 수 있었으리라는 점을 부정할 수는 없다. 우리의 미약한 상상력으로 신의 전능을 측정해서는 안 되고, 우리는 신이 창조물을 구축할 때 어떤 이유들을 둘 수 있었는지 모른다.

우리는 이런 교류의 도움이 없이도 식물과 나무들이 어김없이 그들과 같은 존재들을 만들어 내는 반면, 새를 비롯한 많은 다른 동물들이 암탉이 자고새의 알을 품을 때처럼 다른 종의 알을 품어 새끼들을 키우고 부화시키는 데 그런 교류를 필요로 하지 않음을 매일 보고 있다. 씨앗과 알은 거기서 나오는 식물과 새들을 이미 포함하고 있었고, 이 새들의 작은 몸이 우리가 말했던 교류를 통해서, 식물들은 이에 상당하는 어떤 다른 교류의 방법으로 그들의 구조를 얻을 수 있었다고 생각하는 것이 옳은 일이기는 해도, 이는 아마 찾아내야 할 것이다. 그런데 설령 찾아내지 못할지라도 신이 창조한 사물들을 가지고 신이 무엇을 창조할 수 있는지 전적으로 판단해서는 안 된다.

그러나 식물 모체의 활동을 통해 성장하는 식물이 씨앗에서 나온 식물들보다 훨씬 모체를 닮고, 예를 들어 구근의 싹에서 나온 튤립의 색이 모체와 동일하고, 씨앗에서 나오는 튤립은 거의 항상 색이 상당히 다르다는 점을 고려한다면, 동일한 종種이기 위해서 모체와 그 결실의 교류가 절대적으로 필수적이지 않다고 해도, 이 결실이 모체와 완전히 동일하려면 그 교류가 반드시 필요하다는 점을 확신할 수 있다.

그래서 비록 신이 산모의 두뇌와 태아의 두뇌의 이런 교류로 인해 간혹 태아들이 죽을 수도 있고, 산모의 무절제한 상상력으로 인해 괴물이 태어날 수 있다는 점을 예측했을지라도, 이 교류는 내가 방금 말한 이유들과, 내가 추가할 수 있을 다른 이유들로 인해 대단히 감탄스럽고, 대단히 필수적인 것이어서, 신이 이런 난점을 알고 있었더라도 그는 자신의 의도를 실행시켜야 했다.

어떤 의미로 신은 괴물을 만들 의도가 없었다고 말할 수 있다. 신이 동물 하나만 만들었다면 그것을 결코 괴물로 만들지 않았으리라는 것이 내게 명백히 보이기 때문이다. 그러나 신은 가장 단순한 길을 통해[5] 어떤 감탄스러운 창조물을 만들고, 모든 피조물을 서로 연결하lier고자 하는 의도를 가졌으므로, 필연적으로 신은 그 질서와 사물의 본성에서 비롯할 어떤 결과를 예측했고, 이로 인해 신은 자신의 의도를 벗어나지 않았다.

결국 괴물이 혼자서는 불완전한 창조물일지라도, 창조물과 그것을 만든 단순한 길을 비교한다면, 나머지 피조물들과 함께일 때 괴물은 세상을 불완전하게 만들거나 창조주의 지혜에 어긋나는 것이 아니다.

우리는 산모의 상상력이 아이의 신체에 일으킬 수 있는 모든 것을 충분히 설명했다. 이제 상상력이 아이의 정신에 행사하는 힘을 검토하고, 사람들이 처음으로 갖게 되었던 정기와 의지의 이상異常은 어떤 것인지 발견하도록 노력해 보자. 이것이 우리의 주된 의도이다.

---

5 [옮긴이] "가장 단순한 길"(voies les plus simples)이라는 첫 번째 언급이 등장하지만 아직은 단순성의 원리로 체계화되지 않았다. 사실 데카르트 역시 "자연은 항상 모든 방식 중 가장 쉽고 가장 단순한 방식으로 작동한다"〔《인간론》(*L'Homme*), t. XI, p.201〕는 점을 받아들였다. 이 시대의 자연학에서 경제적인 방식은 다양한 형태를 띤다〔가장 짧은 길(voie la plus courte), 최소 행위(moindre action)〕. 자연에서 일어나는 어떤 착오 앞에서 데카르트는 "가장 일반적으로 유용"한 단순한 해결책을 내세운다. 물론 어떤 경우에는 틀릴 수도 있지만 말이다〔《성찰》(*Méditations*) 6, t. IX, pp.69~71〕. 이곳의 말브랑슈처럼 데카르트는 스토아주의자들과 성 아우구스티누스 이후의 전통적 논변을 다시 취한다. 즉 한 개인은 고립시켜 간주해서는 안 되고, 전체의 완전성 속에 통합시켜야 한다(《성찰》, 4, t. IX, p.44). 《자연과 은총의 논고》 이후 가장 단순한 길은 하나의 목적이 되어 이로써 창조물의 완전성을 측정하게 된다.

IV. 정기의 어떤 이상 및 의지의 어떤 성향에 대한 설명

두뇌의 흔적에 영혼의 감정과 관념이 수반되고, 영혼에 동물정기의 흥분에 해당하는 움직임이 존재하지 않는 한 그 흥분이 신체에서는 이루어지지 않는다는 점이 확실하다. 한마디로 말해서 모든 정념과 모든 신체적 감정에 영혼의 실제 감정과 실제 정념이 동반된다는 것이 확실하다. 그런데 우리가 제시한 첫 번째 가정에 따르면 산모는 태아에게 두뇌의 흔적들부터 전달하고, 그다음에 동물정기의 운동을 전달한다. 그러므로 산모는 자신을 자극했던 것과 동일한 정념과 감정을 태아의 정기에 새겨 놓는다. 그리고 그 결과 산모는 여러 방식으로 아이들의 마음과 이성을 타락시키게 되는 것이다.

얼굴에 산모를 자극했던 표시나 관념의 흔적이 드러난 아이들이 많이 있다면, 산모의 동물정기가 그녀의 타락한 흥분의 수값은 흔적을 태아의 두뇌에 만들어 낸다는 사실을 이성적으로 확신할 수 있다. 피부의 섬유가 두뇌의 무른 부분들보다 훨씬 더 정기의 흐름에 저항하고, 정기가 피부 이상으로 두뇌에서 훨씬 더 동요되기는 하지만 말이다. 그런데 두뇌에 새겨진 커다란 흔적들과 그것에 대응하는 정기의 동요는 오랫동안, 또 간혹이지만 평생 보존된다. 임신 기간 동안 쇠약을 겪지 않고 어떤 정념에도 동요된 적 없는 산모가 거의 없는 것처럼, 무엇인가에 마음이 치우쳐 있거나 어떤 지배적인 정념을 갖지 않은 아이들도 거의 없는 점이 확실하다.

이 문제에 대해서라면 경험들은 차고 넘치며, 부모로부터 물려받은 상상력의 큰 결함에 가족 전체가 휩쓸리기도 한다는 점을 모르는 사람은 없다. 그렇지만 이 자리에서 개별적 사례들을 제시할 필요는 없다. 반대로 어떤 이들에게 위로의 말로 부모가 가진 결함이 자연적이지도 않고, 인간 본성에 고유한 것도 아니므로 그 원인이 된 두뇌의 흔적과 자취는 시간이 지남에 따라 지워질 수 있다는 점을 확신시켜 주는 일이 더 필요하다.

그렇지만 이 자리에서 딕비 기사騎士가 대중에 내놓은 책《교감분말에 대하여》6에서 언급한 영국 제임스 왕의 사례를 보고할 수 있다. 딕비 기사는 위의 책에서 메리 스튜어트가 제임스 왕의 아이를 임신했을 때 스코틀랜드의 몇몇 영주들이 그녀의 방으로 들어가서, 그녀가 보는 앞에서 이탈리아 사람이었던 비서를 살해했다고 단언한다. 메리 스튜어트는 그렇게 하지 못하게 하려고 비서 앞에 뛰어들었지만 헛일이었다. 그녀는 가벼운 상처를 입기는 했지만, 상상력에 일어난 엄청난 자극으로 경악했던 바람에 그 자극이 그녀의 뱃속에 있었던 아이에게 전해졌다. 그래서 그녀의 아들로 왕위에 오른 제임스 왕은 평생을 칼집에서 뺀 칼을 바라볼 수 없었다. 딕비는 자신이 기사 서임을 받을 때 실험을 해보았다고 말한다. 군주가 그의 어깨에 칼을 대어야 했는데 그것을 얼굴 바로 앞에 가져갔고, 그래서 누군가 능숙히 군주를 적당한 장소로 데려갔기에 망정이지 자칫 상처를 입을 수도 있었다.

비슷한 일들이 하도 많아서 저자들의 책을 뒤져 그런 일들을 찾아보

---

6 [옮긴이] 딕비(Kenelm Digby, 1603~1665)의《교감 분말을 통한 상처 치료의 논고》(*De la poudre de sympathie*, Paris, 1658, p.139)를 말한다. 메리 스튜어트의 비서였던 리치오는 1566년, 스코틀랜드의 제임스 6세가 태어나기 직전에 암살당했다.

는 일은 불필요하다. 이런 일들을 반박하는 사람이 있으리라고는 믿을 수 없다. 쥐, 생쥐, 고양이, 개구리, 특히 뱀이나 독이 없는 뱀들처럼 기어 다니는 동물들을 보기만 해도 경악하는 사람들이 대단히 많다. 산모가 임신 중에 이들 동물을 두려워했던 적이 있었다는 이유가 아니라면 이 특별한 혐오감을 설명할 다른 근거가 없다.

V. 사욕과 원죄의 설명

그러나 내가 독자 여러분께 특히 주목해 주십사 하는 것은 오늘날 사람들이 그들의 최초의 부모의 흔적과 자극을 두뇌에 간직한다는 점이 정말 가능한 일 같다는 것이다. 동물이 자기들과 같은 존재들을 만들 때 그들 두뇌에 비슷한 자취를 남기고, 그 자취가 동일한 종의 동물들이 똑같은 감응과 반감을 갖는 원인이 되는 것과 마찬가지로, 최초의 부모는 원죄 이후에 감각대상의 자극으로 인한 커다란 자취와 대단히 깊은 흔적이 두뇌에 새겨져, 이 자취와 흔적을 아이들에게 전해 줄 수 있었다. 그래서 우리가 어머니 뱃속에서부터 감각으로 지각될 수 있는 모든 것들에 보여 주는 저 엄청난 애착이며, 이 상태에서 우리가 신에게서 얼마나 멀어졌는지가 우리가 방금 말한 것을 통해 어떤 방식으로 설명이 가능할 것이다.

이미 확립된 자연의 질서에 따라 영혼의 사유가 두뇌의 흔적에 일치하는 것이 반드시 필요하므로 우리는 산모 뱃속에서 형성되자마자 원죄에 들어서고 우리 선조의 타락에 전염된다고 말할 수 있을 것이다.

바로 그때부터 우리는 감각의 즐거움에 대단히 집착하게 되니 말이다. 우리에게 생명을 준 사람의 흔적과 동일한 흔적이 우리 두뇌에 생기기 때문에 우리 역시 감각대상들과 관련되어 동일한 생각과 동일한 성향을 갖게 된다.

그렇게 우리는 사욕邪慾, concupiscence과 원죄를 갖고 태어나는 것임에 틀림없다.[7] 사욕이 그저 두뇌의 흔적이 정신을 감각으로 지각할 수 있는 사물에 고정시키기 위해 기울이는 자연적 노력일 뿐이라면 우리는 사욕을 갖고 태어나는 것임에 틀림없고, 원죄가 사욕의 발호跋扈[8]이자, 아이의 정신과 마음에 승리를 거두고 지배하고자 하는 노력과 다른 것이 아니라면 우리는 원죄原罪 속에서 태어나는 것임이 틀림없다. 그런데 사욕의 발호나 사욕의 승리를 우리가 아이들에게서는 원죄라고 부르고, 자유로운 인간에게서는 현재의 죄라고 부르는 것임이 분명해 보인다.

이 두 가지 진리에 주의를 깊이 기울여보자. 그중 하나는 원죄는 신체 및 발생을 통해 전달되고, 영혼은 발생하는 것이 아니라는 점이며, 다른 하나는 신체는 사유가 자연적으로 종속되어 있는 두뇌 부위의 흔적을 통해서만 영혼에 작용하여, 영혼을 타락시킬 수 있다는 점이다. 그러면 내 바람은 여러분이 내가 방금 설명한 방식으로 원리가 전달된다는 점을 확신하셔야 한다는 것이다.

---

7 원죄에 대한 주해를 참조.

8 〈로마서〉 6장 12, 14절.

내가 방금 확립한 원칙들에서 경험과는 모순되는 한 가지 결론을 끌어낼 수 있을 것 같다. 즉 어머니는 그녀의 습관과 성향, 그리고 지식을 수월히 상상하고 배우는 능력을 아이에게 전달하는 것이 틀림없다는 점이다. 이미 말했듯이 이 모든 사실은 단지 두뇌의 흔적과 자취에 달린 것이기 때문이다. 그런데 산모의 흔적과 자취들이 아이에게 전달되는 것은 확실하다. 인간과 관련되어 보고된 사례들을 통해 이 점이 벌써 증명되었으며, 동물들의 경우에도 새끼들의 두뇌에 자기를 낳은 동물과 동일한 자취를 갖는 사례들을 통해 이 점이 더욱 확실해졌다. 즉 동일한 종에 속한 모든 동물들은 목소리가 같고, 사지를 움직이는 방식이 같고, 먹이를 얻고 적으로부터 자신을 보호하는 꾀도 같다.

그러므로 이로부터 산모가 가진 모든 흔적이 아이들 두뇌에 새겨지고 각인되므로 아이들은 어머니와 동일한 습관과 어머니가 가진 다른 특질들을 갖고 태어나고, 심지어는 이를 평생 보존하기도 한다. 가장 어린 유년시절부터 가졌던 습관들이 더 오랫동안 보존되는 것이다. 그렇지만 이는 경험과 반대된다.

이 반박에 답하려면 두뇌 속의 흔적이 두 종류임을 알아야 한다. 하나는 자연적이고, 인간 본성에 고유한 것이고, 다른 하나는 나중에 획득한 것이다. 자연적 흔적은 대단히 깊고, 그 흔적이 완전히 사라지기란 불가능한 반면, 획득된 흔적은 쉽게 지워질 수 있는데, 보통 그렇게 깊게 새겨지지 않기 때문이다. 그런데 자연적 흔적들과 획득된 흔적들의 차이가 많고 적음에 있을 뿐이라, 획득된 흔적들은 종종 자연적 흔적들보다 세기가 덜하기는 하니, 우리는 매일같이 몇몇 동물을 자연적 흔적을 따르는 것과 완전히 반대되는 것에 익숙하게 만들고 있으니 말이다(예를 들어 개에게 빵에 손을 대지 않게 하고, 그가 보고 냄새 맡은 자고새를 쫓아가지 않도록 습관을 들이는 것). 그러나 흔적들 사이의 이런 차이는 자연적 흔적은 말하자면 신체의 다른 부분들과 비밀스러운 결속을 갖는다는 데 있다. 우리가 만든 기계의 동력들은 자연적 상태에서 보존되기 위해 서로 돕는다. 우리 신체의 모든 부분은 자기 보존이나 자연적 흔적들을 회복하는 데 필요한 모든 일들에 공헌한다. 그래서 그 흔적들은 완전히 지워지지 않고, 그것을 없앴다고 믿을 때 도리어 되살아나기 시작한다.

반대로 획득된 흔적들이 자연적 흔적들보다 더 크고, 더 깊고, 더 강할지라도 그렇게 획득된 흔적들을 일으킨 원인들을 계속 주의를 기울여 세심히 보존하지 않는다면 차츰차츰 사라진다. 신체의 다른 부분들은 그 흔적들을 보존하는 데 공헌하지 않고, 반대로 그 흔적들을 계속해서 지우고 사라지도록 노력하는 까닭이다. 그래서 이 흔적들을 신체가 흔히 입는 상처들과 비교할 수 있다.

그것은 우리 두뇌가 입은 상처들로서, 기계의 놀라운 구성으로 인해 신체의 다른 상처들처럼 절로 아문다. 뺨이 입만큼 찢어졌다고 해도 조금씩 아물 것이다. 그렇지만 입이 열린 것은 자연적인 것이므로 결코 닫힐 수 없다. 두뇌의 흔적들도 사정은 같다. 자연적인 흔적들은 지워지지 않지만, 획득된 흔적들은 시간이 흐름에 따라 아문다. 도덕과 관련해서 이 진리의 영향들은 무한히 많다.

그러므로 신체 전체에 자연적인 흔적에 일치하지 않는 것이 없으므로 그 흔적들이 아이들에게 고스란히 전달된다. 그래서 앵무새는 제 자신의 것과 똑같은 자연스러운 노래를 부르거나 똑같은 소리를 내는 새끼들을 낳는다. 그러나 획득된 흔적들은 그저 두뇌에만 있고, 강렬한 정념을 동반하는 동요로 인해 새겨졌을 때처럼 어느 정도가 되지 않는 이상, 신체의 다른 나머지 부분으로 방사放射되지 않으므로, 이 흔적들은 아이들에게 전달되지 않는 것이 틀림없다. 그래서 주인에게 아침인사와 저녁인사를 하는 앵무새는 자기만큼 똑똑한 새끼들을 낳지 않을 것이고, 박식하고 능숙한 사람들이 자기들을 닮은 아이를 낳지 않을 것이다.

그래서 산모의 두뇌에서 일어나는 모든 것이 동시에 태아의 두뇌에서도 일어나고, 산모는 아이가 보지 못하고, 느끼지 못하고, 상상하지 못하는 것은 전혀 볼 수도, 느낄 수도, 상상할 수도 없고, 산모의 그릇된 모든 흔적들이 아이들의 상상력을 타락시킬지라도, 이 흔적들은 우리가 방금 설명한 의미에서 자연적이지 않다. 그래서 아이들이 어머니의 뱃속에서 나오자마자 그 흔적들이 아문다는 점에 놀라서는 안 된다. 그 흔적들을 형성하고 유지하는 원인이 더 이상 존속하지 않을 때 신체 전체의 자연적 구조가 그 흔적을 사라지게 만들기 때문이다.

또 감각대상들은 대단히 깊고, 대단히 많은 수의 다른 새로운 흔적들을 만들어 내어, 아이들이 어머니 뱃속에서 얻었던 거의 모든 흔적들을 지운다. 어떤 엄청난 고통이 일어나 그전의 고통들을 잊게끔 하는 일이 매일같이 일어나므로, 민감한 감각기관에 처음으로 대상의 자극을 느낀 아이들의 감정만큼 격한 감정이, 어머니 뱃속에서 안전하게 보호되고 있었을 때 일종의 여파로써 동일한 대상에서 받은 대부분의 흔적들을 지우는 일은 불가능하다.

그러나 어떤 강한 정념이 이 흔적들을 새겼고, 산모의 피와 정기의 대단히 강렬한 동요를 수반할 때 그 흔적들은 아이의 두뇌는 물론 신체의 나머지 부분에 대단히 격하게 작용해서, 자연적 흔적들만큼이나 깊고 지속적인 자취를 새긴다. 딕비 기사의 사례, 산모의 상상력이 두뇌와 사지를 엄청난 힘으로 타격하여 사지가 끊어진 광인으로 태어난 아이의 사례, 인간 본성의 보편적 타락의 사례가 이를 보여 준다.

영국 국왕의 아이들이 아버지와 같은 결함을 갖지 않았대도 놀랄 것은 없다. 첫째, 이런 종류의 흔적은 자연적 흔적만큼이나 신체의 나머지 부분에 아주 깊이 새겨지지 않고, 둘째, 어머니는 아버지와 동일한 결함이 없었고 건강한 체질을 가졌으므로 이런 일이 일어날 수 없도록 했고, 셋째, 어머니는 아이의 두뇌에 아버지와는 비교할 수 없을 만큼 크게 작용하기 때문이다. 이 점은 이미 언급한 사실들로 분명하다.

그러나 영국 제임스 왕의 아이들이 아버지의 결함을 공유하지 않을 수 있었음을 보여 주는 이 모든 이유들이 원죄, 혹은 감각으로 지각할 수 있는 것들에 대한 이런 지배적 성향, 우리 선조가 신에게 둔 저 머나먼 거리를 우리가 역시 취하고 있다는 설명에 반反하는 것은 결코 아니다. 감각대상이 최초의 인간의 두뇌에 새겼던 흔적들은 대단히 깊고, 강렬한 정념이 그 흔적들을 수반하고 증가시켰고, 생명 보존에 필수적인, 감각으로 지각할 수 있는 것들을 계속 사용하면서 강화되었기 때문이다.

아담9과 이브는 물론 이 점에 주목해야 하는데, 가장 위대한 성인들과 우리를 후손으로 둔 모든 남자들과 여자들도 마찬가지이다. 그래서 이런 본성의 타락을 멈춰 세울 수 있을 것은 아무것도 없다. 우리의 최초의 아버지들에게 새겨졌던 흔적들이 나날이 조금씩 지워지기란 어림도 없으며, 이와는 반대로 그 흔적들은 나날이 증가할 것임에 틀림없다. 이 격류에 끊임없이 맞섰던 예수 그리스도의 은총이 없었다면 한 이교도異教徒 시인의 다음의 언급이 절대적으로 진실일 것이다.

> 우리들 선조보다 못한 우리 부모는
> 우리 안에 그들보다 더 못한 아이들을 넣어 주었고
> 그 아이들은 이내 더 타락한 후손을 내놓을 것이다.
>
> —호라티우스, 오드, III, 6, v. 46~48

더없이 정결한 산모들에게서 신앙심을 일깨우는 자취들이 뱃속에 품고 있는 아이들에게는 신앙심을 전달하기는커녕, 이와는 반대로 감각으로 지각되는 것들의 관념을 일깨우고, 정념을 뒤따르는 흔적들은 아이들에게 감각으로 지각되는 것들의 감정과 사랑을 전달한다는 점에 반드시 주의해야 한다.

예를 들어 한 산모는 한 거룩한 노인의 이미지의 흔적을 수반하는 정기의 운동을 통해 신의 사랑에 열중하게 되었다. 그녀가 신의 관념을 노인의 이 흔적에 결부했기 때문이었다. 우리가 관념들의 연관을

---

9 [옮긴이] 말브랑슈의 주장은 '난(卵)주의자'가 제시하는 전성설만큼이나 산모의 상상력의 궁극적 행동에 의한 것으로 부모의 유전을 받아들이지 않는다. 그러나 말브랑슈는 발생의 순간, 아담과 이브가 원죄 때 얻은 사욕을 부모가 전달하는 그 순간은 예외적으로 인정한다.

다른 장에서 이미 보았듯이 신과 한 노인의 이미지 사이에는 아무런 관계가 없을지라도 이런 일은 쉽게 일어날 수 있다. 내 말은 이 산모가 태아의 두뇌에 만들어 낼 수 있는 것은 한 노인의 흔적과 노인들에 대한 호의뿐이지, 그녀가 감화된 신의 사랑은 아니라는 것이다. 결국 두뇌에는 그 자체로 감각으로 지각할 수 있는 것과는 다른 관념을 일깨울 수 있는 흔적이 전혀 없다. 신체는 정신을 가르치기 위해 만들어지지 않았으며, 제 자신을 위해서가 아니라면 영혼에 말하는 법이 없다.

그래서 산모의 두뇌가 본성상 감각으로 지각할 수 있는 것들과 관련되고, 사욕이 그녀 안에 존재하고 신체는 그녀의 의도를 따르지 않으므로, 그녀로서는 지울 수 없는 흔적들로 채워졌을 때, 그녀는 흔적들을 필연적으로 태아에 전달하므로 그녀가 비록 정의롭더라도 태아를 죄인으로 낳는다. 이 산모는 의롭다. 현재 신을 사랑하거나, 최고의 사랑을 기울여 사랑했으므로 이 사욕은 그녀가 비록 잠을 잘 때 그 충동을 따를지라도 그녀를 죄인으로 만드는 것이 아니다. 그러나 그녀가 출산한 아이는 최고의 사랑을 기울여 신을 사랑하지 않았고 아이의 마음이 신을 향해 돌아서지 않았으므로, 아이는 무질서와 타락에 빠져, 그에게는 모든 것이 신의 분노를 받아 마땅하다는 점이 명백하다.

그런데 세례를 통해 갱생했고, 밤의 환상이 벌어지는 동안 정의로운 자들에게 머무는 것과 같은 마음의 배치에 의해서나, 아마 그들이 확실하고 실제적 도움을 통해 예상했고, 성사聖事의 힘으로 신체를 지배하는 몇몇 순간 동안 해방되었으므로(신이 그들로 하여금 자신을 사랑하도록 지으셨으므로, 그들이 신을 사랑하지 않거나, 사랑한 적이 없었다면, 혹은 그들의 마음이 실제로 신을 사랑했었다면 갖게 될 방식과 동일하게 배치되지 않았다면 그들이 현재 정의와 신의 명령을 따르고 있다고 생각할 수 없는 것이다), 유년시절에 사욕을 따랐을지라도 그들의 사욕은 더는 죄악이 아니다. 비록 잠이 들 때 사욕의 충동을 따를지라도 은총을 상실하는 것이 아닌 것과 같은 이유로 그들은 정의롭고 신이 기꺼워하는 존재인 것이다. 아이들의 두뇌는 대단히 무르고, 가장 미약한 대상들로부터 대단히 격하고 대단히 강력한 자극을 받게 되니, 그들의 정기는 이를 극복할 만큼 충분히 자유롭지 않다.

하지만 내가 다루는 주제에 완벽히 관련되지 않은 일들을 이미 지나치게 많이 다루었다. 여기서 내가 이 장에서 방금 설명한 것으로 산모가 아이들의 두뇌에 새긴 이 모든 거짓 흔적들은 그들의 정신을 거짓으로 만들고, 그들의 상상력을 타락시키고, 그렇게 대부분의 사람들은 자기들이 지각한 사물들의 관념에 잘못된 색깔을 입히고, 불규칙적 특징을 제시하면서 실제와는 다른 방식으로 사물들을 상상하기 쉽다고 결론 내릴 수 있다면 충분하다. 내가 원죄와, 그것이 아이들에게 전달되는 방식에 대해 생각한 것을 더욱 철저히 해명하고 싶다면 이 장을 위해 붙인 주해를 함께 읽을 수 있다.

8장

I. 어머니의 뱃속에서 나온 한 아이가 유모, 어머니 및 다른 사람들과 대화를 할 때 그의 상상력에 일어난 변화들

앞 장에서 산모 뱃속에 있는 아이의 두뇌를 살펴봤으니, 이제 아이가 산모에게서 나왔을 때 일어나는 일을 검토해 보자. 아이가 어둠을 벗어나, 처음으로 빛을 보자마자 외부의 차가운 공기가 그를 엄습한다. 아이를 받는 여인이 그보다 더 다정할 수 없이 아이를 안아도 아이의 민감한 사지는 상할 수 있다. 모든 외부 대상이 아이를 깜짝 놀라게 하고, 그 대상들은 모두 그에게 두려움을 일으킨다. 아이는 아직 그 대상들을 모르고, 자기를 보호하거나 그것을 피하기 위한 힘을 스스로는 전혀 갖지 못하기 때문이다. 위안을 구하는 눈물과 고함은 아이가 고통스럽고 공포에 사로잡혀 있다는 틀림없는 표시이다. 사실 이런 것들은 자연이 아이를 돌보는 사람들에게 보내는 간청으로, 그렇게 그들은 아이를 고통스럽게 하고 두려워 떨게 하는 악에서 지켜 준다.

이런 상태에서 아이의 정기가 어떤 곤경에 맞닥뜨렸는지 올바로 이해하려면 그의 두뇌 섬유가 대단히 무르고 섬세하므로, 외부의 모든 대상이 아이의 두뇌 섬유에 대단히 깊숙한 자극을 남길 수 있음을 기억해야 한다. 그보다 더 작을 수 없는 것이라도 간혹 약한 상상력에 상처를 입힐 수 있으니, 셀 수 없이 많은 놀라운 대상들은 틀림없이 아이의 섬유에 상처를 입히고 뒤흔들 수 있다.

그러나 아이들이 태어날 때 처한 동요와 고통이 어떠한지, 아이들의 상상력에 가해지는 상처는 어떠한지 더 깊이 생각해 보려면 사람들이 눈앞에 자기보다 대여섯 배 더 큰 거인을 보고, 그 거인들이 무슨 의도인지 전혀 내세우지 않고 그들 앞에 다가오거나, 사람들이 이미 보았던 동물들과 전혀 무관한 어떤 새로운 동물 종種을 보았거나, 그저 날개 달린 말이나 우리 시인들이 품은 어떤 다른 공상이 구름에서 갑자기 지상으로 내려왔다면 사람들이 얼마나 놀랄지 머릿속에 그려 보도록 하자. 그런 경이驚異들이 정기에 깊은 흔적을 남기고, 한 번 그런 경이를 보기만 한 것으로도 뇌장腦漿, cervelles은 뿌옇게 흐려질 것이다.

뜻밖의 무슨 끔찍한 사건이 일어나 새로운 자극을 감당할 수 없는 두뇌를 가진 성인들의 정신을 놓게 하는 일들이 다반사이다. 그들은 경험을 쌓고, 자신을 보호할 수 있거나 그렇지 않다고 해도 최소한 마음을 다잡을 수 있는 사람들이다. 막 태어난 아이들은 자기에게 익숙하지 않은 감각을 자극하는 대상들의 어떤 것을 고통스러워한다. 아이들이 보는 모든 동물은 그들에게는 새로운 종의 동물인 것이, 그 경우에 그들이 본 모든 것을 제외하고는 밖에서는 아무것도 본 적이 없기 때문이다. 아이들은 힘도 경험도 없다. 아이들의 두뇌 섬유는 대단히 섬세하고 대단히 유연하다. 그러니 어떻게 아이들의 상상력이 수많은 상이한 대상들로부터 상처를 받지 않도록 할 수 있겠는가?

산모가 이미 아이들을 대상의 자극에 다소 익숙하게 만들었음은 사실이다. 산모는 태아가 아직 자신의 뱃속에 있을 때 그들의 두뇌 섬유에 이미 그 자극들을 새겨 놓았고, 아이들은 말하자면 어머니의 눈으로 이미 지각한 것을 그들 눈으로 볼 때 훨씬 상처를 덜 입으니 말이다. 또 그들의 상상력이 자기들에게 정말 끔찍한 대상들을 보았을 때 느꼈던 상처들과 거짓 흔적들이 시간이 지남에 따라 아물고 치유된다는 것도 사실이다. 그 상처들은 자연적인 것이 아니므로 신체 전체가 이를 거부하고 우리가 앞 장에서 본 것처럼 그 상처들을 지운다. 바로 이런 이유로 모든 사람은 유년기부터 광인이 되는 일이 없게 된다. 그렇지만 그렇다고 대단히 강하고 대단히 깊어서 지워질 수 없고, 그래서 평생 지속되는 어떤 흔적들이 없어지는 것은 아니다.

사람들이 자기들 내부에서 일어나는 것과 그들의 사유에 대해 깊이 성찰했다면 방금 언급한 것을 증명하는 경험들을 하지 않았을 리 없다. 사람들은 보통 자기 내부에서 다른 사람들은 갖지 않은 비밀스러운 성향과 반감을 깨닫게 될 텐데, 이런 것들의 원인은 우리 인생 초기에 생긴 흔적들밖에 없는 것 같다. 이 성향과 반감의 원인은 우리에게 특별한 것이므로 인간 본성에 세워진 것이 절대 아니다. 또 우리는 그 원인이 무엇인지 모르므로 그 원인은 아직 우리의 기억이 사물들의 정황을 기억할 수 없었던 때에 작용했음이 틀림없다. 그런 정황들이 있었다면 우리는 그 원인을 기억할 수 있었을 것이다. 그 시기는 우리가 아주 어렸던 시기이다.

데카르트는 한 편지1에서 자신이 사시斜視가 있는 모든 사람에게 특별한 애정을 품었는데, 그 원인을 세심히 찾다가, 결국 본인이 유년기에 사랑했던 소녀에게 그 결함이 있었음을 발견했다고 언급했다. 그 소녀에 대한 데카르트의 애정이 그녀와 닮은 모든 사람에게 확장된 것이다.

그러나 우리가 가진 성향들에 그런 사소한 이상異狀이 있다고 해서 우리가 그 이상 클 수 없는 오류에 빠지는 것은 아니다. 우리 모두는, 적어도 거의 모두는 어떤 것에 그릇된 정신을 갖고, 거의 모두는 그 점을 생각하지 않아도 일종의 광기狂氣 같은 것에 쉽게 빠지니 말이다. 함께 대화를 나누는 사람들이 갖는 천재를 섬세히 살펴본다면 다음의 점을 쉽게 확신하게 된다. 우리가 아마 특이한original 사람이고, 다른 사람들도 그렇게 판단하더라도, 다른 사람들도 기이한 사람들이라는 것은 같으며, 차이가 있다면 많고 적음의 차이뿐이라는 점이다. 그러므로 인간이 오류를 범하게 되는 가장 흔한 원천은 세상에 태어날 때 외부 대상의 자극으로 인한 두뇌의 충격에 있다. 그런데 이 원인이 우리가 생각할 수 있는 만큼 일찍 생겨나는 것은 아니다.

아이들은 종종 교육을 전혀 받지 못한 유모나 어머니와 가질 수밖에

---

1 [옮긴이] "나는 약간 사시였던 내 또래 소녀를 사랑했네. (…) 오랜 후에 사시인 사람들을 보면 그들과는 다른 사람들을 사랑하는 것 이상으로 그들을 사랑하는 성향을 느낀다네. 단지 그 사람들이 그 결함을 갖춘 것만으로 말일세. 하지만 나는 그것이 그 때문인지는 몰랐다네. 반대로 내가 그 점에 대해 성찰하고, 그것이 결함임을 인정한 후로, 나는 더 이상 마음이 동하지 않는다네."〔데카르트가 샤뉘에게 보낸 편지(1647년 6월 6일), t. V, p.57〕

없는 일상적 대화로 인해 결국 정신을 잃고 완전히 타락한다. 이 여인들은 아이들에게 어리석은 이야기며, 우스꽝스럽거나 그들에게 공포를 일으킬 수 있는 이야기들만 들려주며, 감각으로 지각할 수 있는 것들에 대해서만 말하는데, 그 방식은 아이들에게 감각의 거짓 판단을 굳히게 하는 것이다. 한마디로 말해서 이 여인들은 그녀들 스스로 가진 결함, 즉 기상천외한 두려움, 우스꽝스러운 미신들 및 다른 비슷한 결함들의 씨앗을 아이들의 정신에 뿌린다.

진리를 연구하고, 진리를 음미하는 데 익숙하지 않았으므로 그들은 결국 진리를 분별할 수 없게 되고, 이성을 이용할 수 없게 된다. 그로부터 소심하고 비열한 정신이 그들에게 나타나서 오랫동안 남게 된다. 열다섯에서 스무 살의 나이가 되었어도 여전히 유모乳母의 정신을 가진 사람들이 많다.

아이들이 진리를 성찰하고, 추상적이고 격조 높은 학문들을 연구하는 데 전혀 적합하지 않아 보인다는 점은 사실이다. 아이들의 두뇌 섬유는 대단히 섬세해서, 가장 약하고 가장 덜 민감한 대상으로도 쉽게 자극되기 때문이다. 그래서 아이들의 영혼이 느끼는 감각작용은 이 섬유의 동요에 비례하므로, 감각작용에만 몰두하기 위해 형이상학적이고 순수한 지성의 사유들은 내버려두게 된다. 그래서 아이들은 아주 자주, 대단히 쉽게 감각의 모호한 관념들로 인해 방심하여, 진리의 순수한 관념들을 주의 깊게 고찰할 수 없는 것 같다.

그렇지만 다음과 같이 답변할 수 있다. 첫째, 평생 유년기의 편견들을 따랐던 예순 살 노인보다 일곱 살 아이가 감각으로 인해 범하게 된 오류를 벗어나는 것이 더 쉬우며, 둘째, 한 아이에게 진리의 명석판명한 관념이 없다고 해도, 적어도 그는 감각이 어떤 경우에도 자신을 속인다는 점을 알 수 있고, 그가 진리를 배우지 않았더라도 적어도 진리를 자신의 오류를 바탕으로 유지하고 강화하지는 않으며, 셋째, 쾌적하거나 고통스러운 감정에 아무리 짓눌려 있더라도 아주 어린 아이들은 정말 적은 시간 동안 나이가 든 사람들이 더 잘 배울 수 없는 것을 배운다고 말이다. 아이들이 보고 듣는 모든 단어와 모든 사물 사이의 관계 및 질서에 대한 지식이 그렇다. 이런 사실들이 거의 기억에 달린 것이라고 해도, 아이들이 언어를 배우는 방식을 보면 이성을 대단히 많이 사용하는 것처럼 보인다.

II. 아이들을 훌륭히 키우기 위한 제언

그러나 아이들의 두뇌 섬유가 감각대상들의 충격적 자극을 쉽게 받아들인다는 것이 그들이 추상적 학문을 할 수 없다고 판단하는 이유이므로 이를 개선하는 일은 쉽다. 아이들을 두려움 없이, 욕망 없이, 희망 없이 붙잡아 두었다면, 아이들에게 고통을 견디도록 하지 않았다면, 아이들을 가능한 사소한 즐거움으로부터 멀리 떨어뜨려 두었다면, 그들이 말을 할 수 있게 되자마자 가장 어렵고 가장 추상적인 것들, 혹은 적어도 정밀한 수학, 역학, 그리고 이후의 인생에 반드시 필요한 다른 것들을 가르쳐 줄 수 있을 것이다. 그러나 욕망으로 아이들을 자극하고 두려움으로 혼란에 빠뜨리면서까지 그들의 정신을 추상적 학문에 전념케 하지 않도록 해야 한다. 이것이 반드시 고려해야 할 점이다.

야심만만한 사람으로 재산과 명예를 막 잃었거나, 갑자기 기대도 못했던 엄청난 고위직에 오르게 될 사람이 형이상학의 문제들이나 대수학代數學의 '방정식'을 풀 수 없고, 그저 현재의 정념이 그에게 일으키는 일들을 할 뿐인 것처럼, 책임과 격조가 사십대 남자에게 일으키는 것만큼 깊은 자극을 사과 한 알과 사탕이 아이들에게 일으키는 것이며, 그렇게 아이들은 추상적 진리를 배웠을 때 이를 이해할 능력이 없다. 그래서 아이들에게 보상으로 계속 여흥을 주고, 벌罰을 주고 끊임없이 을러대는 고통을 주는 것만큼 아이들의 진보를 막는 것이 없다고 말할 수 있다.

그러나 정말로 더 고려해야 할 것은 벌罰의 두려움과 감각적 보상의 욕망을 아이들의 정신에 가득 채울 때 아이들은 신앙으로부터 완전히 멀어진다는 것이다. 신앙심은 과학보다 훨씬 추상적이고, 타락한 본성의 취향과 관련이 더 적다. 인간 정신은 연구에는 대단히 끌리지만 신앙에는 그렇지 않다. 그러므로 자연적으로 즐거움이 있다 하나, 엄청난 동요에 휩싸여 연구할 수 없게 된다면 보상으로 마련된 감각적 즐거움과, 두려움을 주는 처벌에 완전히 매달리는 아이들이 신앙심의 문제를 음미해 볼 정도로 충분한 정신의 자유를 보존하도록 하는 일이 어떻게 가능할까?

정신의 능력은 대단히 제한되어 있다. 그 능력을 채우는 데 많은 것들이 필요하지 않다. 정신이 충만한 동안 새로운 사유는 불가능하다. 그에 앞서 정신이 비워졌어야 한다. 그러나 정신이 감각으로 얻은 관념들로 채워질 때는 원하는 대로 비워지지 않는다. 이 점을 이해하려면 우리 모두는 자연적 성향에 따라 끊임없이 선을 향하며, 즐거움이란 우리가 선과 악을 구분하게 해주는 특질이므로, 그것은 틀림없이 우리를 자극하고 모든 나머지 이상으로 우리를 전념케 한다는 점을 고려해야 한다.

그러므로 감각대상들이 인간의 신체에는 선이므로 즐거움과 이들 감각대상들의 쓰임새는 밀접하게 결부되어 있으니, 이 선에 신이 우리로 하여금 혐오와 공포를 느끼게 하는 어떤 쓰라린 후회를 퍼뜨릴 때까지 우리 정신의 능력을 채우는 일은 어느 정도 필요하다. 혹은 신은 은총을 베푸셔서 지상의 모든 감미로움을 무색케 하는 천상의 저 감미로움을 "정신에 지상의 모든 열락을 초월하는 하늘의 열락을 부여하면서Dando menti caelestem delectationem qua omnis terrena delectation superetur"2 우리에게 느끼게 해준다.

그러나 우리는 선을 사랑하는 만큼 악을 피하려는 성향이 있고, 고통이란 자연이 악에 부여한 특징이므로, 우리가 방금 즐거움에 대해 말한 모든 것은 반대의 의미로 고통을 의미하는 것임에 틀림없다.

그러므로 우리에게 즐거움과 고통을 느끼게 해주는 것들로 정신의 능력이 가득 찼지만, 우리는 원할 때 그것들을 포기하고 그것에 자극받지 않을 능력이 없으므로, 아이들에게 신앙심을 음미하게끔 하는 일은 불가능함이 확실하다. 이는 아이들에게만 국한되지 않고 다른 사람들에게도 마찬가지이다. 그러니 복음서의 가르침에 따라 감각을 자극하고, 엄청난 욕망과 가공할 공포를 일으키는 모든 것을 끊는 것으로

---

2 성 아우구스티누스(Saint Augustin, *Homélie* 29. Sermons, XLII, chap.III, §3.— 옮긴이).

시작해야 한다. 모든 정념은 은총을, 즉 우리가 의무를 다했을 때 신이 깨닫게 해주는 저 내적 열락을 가로막고 꺼뜨리기 때문이다.

갓난아기는 아직 경험은 없지만 성인만큼이나 이성理性을 가졌다. 아이들 각자 아주 다른 대상들에 끌린다고 해도 그들의 자연적 성향은 동일하다. 그러므로 아이들에게 이성이 있으므로 그 이성을 따르는 데 익숙하게 해주어야 한다. 또 아이들이 가진 올바른 성향을 능숙하게 관리하여 그들이 의무를 다하게끔 해야 한다. 감각적 자극으로써 의무를 다하도록 붙들어 두는 것은 그들의 이성의 빛을 꺼뜨리고 그들이 가진 가장 훌륭한 성향을 타락시키는 일이다. 그럴 때 아이들은 의무를 다하고 있는 것처럼 보이지만 겉보기에만 그런 것이다.

미덕은 그들 정신 깊은 곳에도, 그들 마음 깊은 곳에도 없고, 그들은 미덕이란 것을 모르다시피 하고, 미덕을 훨씬 덜 사랑한다. 그들의 정신을 가득 채우는 것은 두려움과 욕망, 감각적 혐오와 호의뿐으로, 그들은 그것들을 벗어날 수 없기에 자유로워질 수도 없고 이성을 사용하게 될 수도 없다. 그래서 아이들을 이런 저속하고 천賤한 방식으로 기르게 되면 아이들은 점점 정직한 사람과 기독교인이 갖는 모든 감정에 무관심해져 가는데, 그 무관심은 평생 그들에게 남는다. 권위나 재주로써 벌을 피할 수 있으리라 바라면서 그들은 사욕과 감각을 채워 주는 모든 것에 열중하게 되는데, 실제로 그들은 감각적 선이 아닌 다른 선은 모르는 까닭이다.

감각을 통해 아이들을 가르쳐야 하는 경우들이 있음이 사실이다. 그러나 그런 방법은 이성으로 충분하지 않을 때만 써야 한다. 우선은 그들이 해야 하는 것을 근거로 내세워 설득해야 한다. 그리고 그들이 자신들이 다해야 할 의무를 깨닫는 만큼 충분한 빛을 받지 못했다면 당분간 그들을 가만 내버려두어야 할 것 같다. 그들이 해야 한다고 믿지 않는 것을 겉으로만 행하도록 강요하는 것이 그들을 가르치는 일은 아닐 것이니 말이다. 정신을 가르쳐야지 신체를 가르쳐야 하는 것이 아니다. 그러나 아이들이 이성에 따라 자기들이 해야 한다고 알게 되는 것을 행하기를 거부한다면 그렇게 내버려두어서는 안 된다. 심한 꾸중을 해야 하는 것임이 틀림없다. 이런 경우에 아들을 구하는 것은 〈잠언〉에 따르면[3] 사랑 이상으로 증오이니 말이다.

처벌로는 정신을 가르치지 못하고, 미덕을 사랑하게도 하지 못하지만, 적어도 어떤 방식으로는 신체는 가르친다. 처벌을 통해 악덕을 맛보지 못하게 할 수 있으며 그 결과 악덕의 노예가 되는 것을 막을 수 있다. 그러나 무엇보다 지적해야 할 것은 벌로써는 즐거움처럼 정신의 능력을 채우지 못한다는 점이다. 벌이 끝나서 두려워할 것이 더는 없게 되자마자 그들은 쉽사리 그것을 더는 생각하지 않게 된다. 그때 벌은 상상력을 자극하지 않고, 정념을 일으키지 않고, 사욕을 고조시키지 않고, 정신이 즐거워하는 것을 생각할 자유를 고스란히 그 정신에 남겨둔다. 그래서 아이들에게 의무를 다하도록 하거나 의무의 겉모습에라도 잡아두기 위해 벌을 사용할 수는 있다.

그러나 감각을 자극하는 징벌로써 아이들에게 으름장을 놓고 처벌하는 것이 간혹 유용하다고 해도 감각을 달래는 보상으로써 아이들을 유인해야 한다는 결론을 내려서는 안 된다. 감각을 어느 정도 강하게

---

3 Qui pareil virgae odit fulium suum.(Prov, XIII, 24)

자극하는 수단을 사용하는 것은 어쩔 수 없는 경우로 국한해야 한다. 그런데 아이들에게 감각을 달래는 보상을 주고, 그 일에 전념하게 만들 목적으로 아이들에게 그런 보상을 제시하지 않을 수 없는 경우란 없다. 반대로 그렇게 할 때 그들의 가장 훌륭한 행동들은 모조리 타락할 것이고, 그들을 미덕보다는 관능으로 이끌 것이다. 일단 한 번 맛본 즐거움의 흔적들은 상상력 속에 강하게 새겨져 남고, 감각적 선의 관념을 계속 자극하고, 정신의 평화를 뒤흔드는 성가신 욕망을 항상 일으키고, 모든 경우에 사욕邪慾을 자극한다. 그것은 모든 것을 타락시키는 누룩과 같다. 그러나 이 문제들은 설명할 가치는 있지만 그것을 논의할 자리가 여기는 아니다.

2부

1장

우리는 제 1부에서 인간 상상력의 타락을 일으키는 신체적 원인들의 생각을 일부 제시했다. 제 2부에서는 이 원인들을 가장 일반적 오류들에 적용해 보고, 도덕적이라고 부를 수 있는 오류의 원인에 대해서도 말해 볼 것이다.

우리가 이전 장에서 말한 것들을 통해 두뇌 섬유가 섬세하다는 점이 완전히 드러나지 않은 진리를 발견하는 데 대단한 열의를 기울일 수 없게 만드는 주요한 한 가지 원인이라는 점을 볼 수 있었다.

I. 여성의 상상력에 대하여

섬유의 섬세함은 보통 여성에서 발견되고, 이것으로 여성들은 감각을 자극하는 모든 것에 머리가 대단히 빠르게 돌아간다. 유행을 결정하고 언어를 판단하고 품위와 몸가짐을 분별하는 이들이 바로 여성이다. 여성들은 수완,[1] 요령, 세련이라는 점에서 남자들 이상이다. 취향에 속한 모든 것은 여성이 관할하지만, 여성은 발견하는 데 조금 까다로운 진리를 깊이 통찰할 능력은 보통 없다. 추상적인 것을 여성은 도대체 이해할 수 없는 것이다. 여성은 몇몇 복합적이고 까다로운 문제들을 전개하는 데 상상력을 사용하지 못한다. 여성은 그저 사물의 표면만을 바라볼 뿐이며, 여성의 상상력은 그 핵심을 파고들 만큼, 주의를 다른 방향으로 돌리는 일 없이 그 모든 부분들을 비교할 만큼 충분히 강하지도 폭넓지도 않다. 하찮은 한 가지로도 여성의 주의를 다른 곳으로 돌리게 할 수 있다. 조금만 고함을 쳐도 여성은 겁을 먹고, 별것 아닌 움직임에 온통 주의를 쏟는다.

결국 사물의 실재가 아니라 사물의 방식이 여성의 정신 능력을 넉넉히 채운다. 정말 작은 대상으로도 여성 두뇌의 섬세한 섬유들 속에는 엄청난 움직임이 발생하고, 영혼에서 그 섬유들이 여성의 정신을 완전히 빼앗을 만큼 충분히 격하고 강한 감정이 자극된다.

두뇌 섬유가 섬세하다는 것이 이렇게 발생하는 모든 결과의 주요한 원인이 된다는 점이 확실하다고 해도, 일반적으로 그 주요한 원인이 모든 여성에게 나타나는지는 확실하지 않다. 모든 여성에게 그 섬세함이 나타난다고 해도 여성의 동물정기가 두뇌 섬유에 비례하여 어떤 남성들보다 정신이 더 견고한 여성이 간혹 나타나기도 한다. 정신의 힘

---

1 [옮긴이] 여기서 수완으로 옮긴 단어는 science이다. 《퓌르티에르 사전》에 따르면 "이 사람은 사교계의 수완이 있다는 말은 신사들과 함께 살아갈 줄 안다는 뜻"이다.

은 동물정기와 두뇌 섬유의 굵기와 동요에 있는데, 간혹 바로 이런 바른 기질을 가진 여성이 있다. 강하고 의연한 여성이 있고 약하고 변덕스러운 남성들이 있다. 박식한 여성, 용감한 여성, 무슨 일이든 할 수 있는 여성이 있고, 반대로 무엇 하나 꿰뚫어 보지 못하고 무엇 하나 실행에 옮길 줄 모르는 무기력하고 여성화된 남성이 있다. 결국 우리가 어떤 성性, 어느 연령, 신분에 결함이 있다고 생각한다면 예외 없는 보편 규칙이란 존재하지 않는다는 점을 계속 전제하면서 이를 일반화해서 이해하는 것일 뿐이다.

동갑에, 같은 고장 출신이고, 동일한 가계家系에서 나온 모든 남성과 여성의 두뇌의 구조가 똑같다고 생각해서는 안 된다. 완전히 닮은 두 얼굴을 찾을 수 없듯, 완전히 똑같은 두 개의 상상력을 찾을 수 없고, 모든 남성, 여성, 아이는 서로 두뇌 섬유가 어느 정도로 섬세한지의 차이뿐임을 믿는 일이 더욱 중요하다. 차이가 전혀 보이지 않는 사물들 사이에 본질적 '동일성identité'2이 있다고 지나치게 성급히 생각해서는 안 되는 것과 마찬가지로, 완벽한 '동일성'이 발견되지 않는다고 사물들 사이에 본질적 차이가 있다고 생각해서도 안 된다. 바로 우리는 흔히 이런 오류에 빠지곤 한다.

그러므로 두뇌 섬유에 대해 말할 수 있는 것은 아이들의 섬유는 보통 대단히 무르고 대단히 섬세하고, 나이가 듦에 따라 섬유가 굳어지

---

2 [옮긴이] "사람들은 종종 두 사물에 어떤 유사성이 있다는 것을 발견하면, 심지어 그것들이 실제로 서로 다른 것일 경우에도, 그 둘 중 하나만에 대해 참이라고 인정했던 것을 두 사물에 모두 적용하는 버릇이 있다."(데카르트, 《정신지도를 위한 규칙들》, t. X, p. 359)

고 강화되는 반면, 대부분의 여성과 어떤 남성들의 섬유는 생애 내내 극단적으로 섬세하다는 점이다. 그 이상은 아무것도 확정할 수 없다. 그런데 여성과 아이들에 대해서는 충분히 말했다. 이들은 진리 연구를 할 생각도 없고 다른 사람들을 가르치지도 않는다. 그래서 그들이 오류를 범한다고 해도 이로 인한 손해는 크지 않다. 그들이 제시하는 문제들은 거의 신뢰되지 않기 때문이다. 그러니 이제 성숙한 남성들, 힘과 원기 넘치는 정신을 가진 남성들, 진리를 찾고 다른 사람들에게 진리를 가르칠 수 있다고 믿을 수 있는 남성들에 대해 말하도록 하자.

II. 가장 완벽한 나이대에 있는 남성의 상상력에 대하여

보통 정신이 가장 완전해지는 나이는 서른 살부터 쉰 살까지이다. 이 나이대의 두뇌 섬유는 보통 중간 정도로 단단해진다. 감각의 즐거움과 고통이 더는 우리에게 큰 자극을 주지 않는다. 그래서 간혹 드물게 일어나고, 어떤 경우라도 조심한다면 피할 수 있는 강렬한 정념만 아니라면 더 이상 저항할 필요가 없다. 그래서 영혼은 감각으로 느낄 수 있는 것들에 더 이상 유혹을 받지 않고, 쉽게 진리를 성찰할 수 있다.

이런 시기의 남자라면 유년기의 편견들을 버렸을 것이고, 어렸을 때부터 쉬이 성찰하는 능력을 갖추었을 것이고, 정신의 명석판명한 개념들이 아니라면 주의를 기울이지 않으려 하고, 감각에서 얻은 혼란스러운 모든 관념들은 철저히 거부하고, 성찰의 의지와 성찰할 시간을 가질 테니 분명 오류에 빠지는 일이 쉽지 않을 것이다. 그런데 우리가 언급해야 할 사람은 그런 사람과 전혀 공통점이 없는 보통 사람들이다.

그러므로 나는 사람들이 나이 듦에 따라 두뇌 섬유가 얻는 견고함과 단단함은 이렇게 말할 수 있다면 그들이 범하는 오류의 견고함과 단단함을 이룬다고 말하는 것이다. 그것은 그들이 편견을 가졌음을, 그들의 생각들이 거짓임을 확인하는 인장印章으로, 이성의 힘으로부터 그들의 편견과 거짓 생각을 안전하게 보호한다. 결국 두뇌 섬유의 이런 구조는 사람들의 생각들을 서로 확고하게 만들어 주므로 교육을 잘 받은 사람들에게 유리한 만큼, 대부분의 사람들에게는 불리하다.

그런데 사람들이 마흔에서 쉰 살에 이르렀을 때 오류가 굳어질 뿐 아니라, 더 쉽게 새로운 오류를 범하게 된다. 사실 그들이 틀림없이 그래야 하는 일이기는 해도 그들은 모든 것을 판단할 수 있다고 믿으면서 주제넘게 결정하고, 자신의 편견만 염두에 둔다. 사람들은 자기에게 가장 친숙한 관념에 관련해서가 아니라면 사물들을 추론하지 않으니 말이다. 한 화학자가 어떤 자연의 물질을 고찰하고자 할 때 그의 머릿속에는 우선 그 물체의 세 요소가 들어온다.[3] 아리스토텔레스주의자는 우선 4원소와 기본적 네 가지 성질[4]을 생각하고, 다른 철학자는 이 모두를 다른 원리들에 연관시킨다. 그래서 범하기 쉬운 오류들에 무절제하게 물들지 않고 오류의 수를 증가시키지 않는 그 무엇도 인간 정신 속에 들어설 수 없다.

---

3 [옮긴이] 연금술사들의 세 가지 원리는 황, 수은, 소금이었는데, 17세기까지 더없이 진지한 화학자들도 이 점을 받아들였다.

4 [옮긴이] 물, 불, 공기, 흙의 네 가지 원리를 말한다.(*De la génératon et de la corruption*, liv. II, ch. 2~3)

두뇌 섬유가 이렇게 단단해질 때 특히 더 나이가 든 사람들에게 나쁜 결과가 생긴다. 성찰이 불가능해지는 것이다. 그들은 알고자 하는 대부분의 문제들에 주의를 기울일 수 없기에, 충분히 드러나지 않은 진리를 깊이 통찰하지 못한다. 그들은 나이가 들면서 많은 경험을 쌓은 일들에 대해서는 대단히 현명하지만, 자기들에게 새로워 보이는 원리들에 의지해서는 가장 이성적 생각을 음미할 수 없다. 그러나 내가 여기서 하는 모든 말은 전부 정신을 활용하지 않고 노력하지 않은 채 젊은 시절을 지낸 사람들에게만 납득될 뿐이다.

이 문제들을 명확히 밝히려면 그것이 무엇일지라도 주의를 기울이지 않는다면 배울 수 없고, 그것을 상상하지 않는다면 어떤 것에도 주의를 기울일 수 없고, 그것을 우리 두뇌 속에 생생히 그려 볼 수 없음을 알아야 한다. 그런데 우리가 어떤 대상을 상상할 수 있으려면 우리 두뇌의 어떤 부위에 부담을 주어 누르거나, 그 부위에 새로운 움직임을 일으켜 그 대상들을 우리 머릿속에 재현하는 관념들과 결부된 흔적들을 형성해야 할 필요가 있다. 그래서 두뇌 섬유가 약간 굳어졌다면, 그 섬유가 예전에 가질 수 있었을 성향과 운동만이 가능할 것이다. 그래서 영혼은 상상할 수 없을 것이고, 그 결과 영혼이 원했던 것이 아니라, 단지 영혼에게 익숙한 것들에만 주의를 기울일 수 있을 것이다.

이로부터 원하는 것에 대해 수월하게 생각할 수 있는 능력을 얻으려면 모든 종류의 주제를 사유하는 연습을 하는 것이 대단히 유익하다는 결론을 내려야 한다. 손가락으로 악기를 연주할 때 연습을 빈번히 한다면 모든 방식으로 수월하게 대단히 빠르게 움직일 수 있게 되는 것과 마찬가지로, 원하는 것을 상상하려면 운동을 필요로 하는 우리 두뇌를 이루는 부분들도 계속된 연습으로 이를 수월히 따를 수 있게 된다. 그럴 때 대단히 쉽고, 빠르고, 심지어 정확하게 원하는 것을 상상하게 된다.

그런데 한 재사才士와 다른 재사의 주요한 차이를 만들어 내는 이 습관을 얻는 가장 훌륭한 수단은 어렸을 때부터 정말 어려운 주제들의 진리를 찾아 나서는 데 익숙해지는 것인데, 어린 나이에는 두뇌 섬유가 마음대로 휘어질 수 있는 까닭이다.

그렇지만 내가 이런 수월성이 흔히 연구자라고들 하는 사람들을 통해 획득될 수 있다고 주장하는 것은 아니다. 그런 이들은 성찰하지 않고 책을 읽는 데나 전념하고, 문제들의 해답을 스스로 찾지 않고 다른 사람들의 책에서 찾는다. 이러한 길을 통해서라면 우리는 이미 읽었던 사실들을 수월히 기억하는 능력만 갖추게 된다는 점은 대단히 명백하다. 엄청난 독서를 한 사람들은 그들이 듣게 되는 새로운 사실들에 주의를 기울일 수 없으며, 그들은 자기가 박식하다는 것을 뽐내면서 이해는 미뤄두고 판단을 앞세우고자 하므로 다른 사람들은 빠질 수 없는 정말 터무니없는 오류를 범하고 있음을 매일같이 보고 있다.

그러나 그들이 범하는 오류의 주요한 원인이 주의력 부족에 있더라도 그들만이 갖는 특별한 다른 원인도 있다. 자기 기억에서 셀 수 없이 많은 모호한 상들espèces을 발견함으로써 그것들 중 어떤 것을 문제가 되고 있는 일로 고려하여 취하게 되기 때문이다. 우리가 말하는 문제들이 그것에 부합하지 않으므로 그들은 우스꽝스럽게도 우리가 잘못 생각한다고 판단한다. 잘못 생각한 사람들은 오히려 바로 그들이고, 그들은 그저 문제의 상황밖에 모른다는 점을 그들 머릿속에 그려주고자 하면, 그들은 바로 화를 내고, 그들에게 해준 말을 이해 못하고, 그들의 기억이 제시했던 그릇된 상에 계속 집착하게 된다. 그들이 틀렸음을 너무도 명백하게 보여 준다면, 그것을 간혹 진리의 외관과는 반대로, 심지어는 자기들의 양심에 어긋나도 두 번째, 세 번째의 것을 옹호하고, 그것으로 대체한다. 그들은 진리를 사랑하지도 존중하지도 않고, 자기들보다 우리가 더 잘 아는 사실들이 있음을 인정하는 일을 정말 부끄럽고 수치스러운 일이라고 생각하기 때문이다.

III. 노인의 상상력에 대하여

마흔에서 쉰 살의 사람들에 대해 말했던 모든 것을 좀 더 분명한 근거를 통해 노인들에게도 역시 적용해야 한다. 노인들의 두뇌 섬유는 훨씬 더 굳어 있는 데다가, 그곳에 새로운 자취를 새길 동물정기가 없으므로 노인들의 상상력은 완전히 활력을 잃어버리기 때문이다. 또 보통 노인들의 두뇌 섬유는 잉여분의 체액과 섞이므로 그들은 지나간 일들의 기억을 점차 잃고, 아이처럼 일상적 무력함에 빠지게 된다. 그래서 고령의 나이에 그들이 갖는 결함들은 두뇌 섬유의 구성에 달린 것이다. 그런 결함은 아이들과 성인들에게도 있을 수 있다. 노인들이 동물정기가 흥분함으로써 생기는 정념에 더 이상 묶여 있지 않으므로 아이들과 성인들보다 더 지혜롭다고 말할 수 있을지라도 말이다.

이 문제들은 더 설명하지 않기로 한다. 우리가 앞에서 이미 언급했던 다른 문제들을 통해 이 나이대를 쉽게 판단할 수 있고, 그것으로 노인은 사람들이 한 말을 이해하는 데 다른 모든 이들보다 더 어려움을 겪고, 자기들이 간직한 편견 및 과거부터 가졌던 생각에 더욱 집착하고, 그 결과 오류와 나쁜 습관, 또 비슷한 다른 것들을 굳게 갖고 있음을 쉽게 판단할 수 있기 때문이다. 대신 우리가 지적해 두어야 할 점은 노령의 상태가 정확히 예순이나 일흔의 나이에 오는 것이 아니고, 모든 노인들이 허튼 소리를 늘어놓는 것은 아니고, 예순을 넘긴 모든 사람들이라고 항상 젊은이들이 빠지는 정념을 벗어난 것은 아니니, 우리가 세운 원칙으로부터 지나치게 일반적 귀결을 끌어내서는 안 된다는 것뿐이다.

2장

동물정기는 통상 우리에게 가장 친숙한 관념들의 흔적으로 침투하여 우리는 사물들을 올바르게 판단할 수 없다

나는 이전 장들에서 다양한 나이대에 따라 동물정기와 두뇌 섬유들의 구성에서 일어나는 다양한 변화를 충분히 설명했다고 생각한다. 그래서 내가 그 점에 대해 했던 말을 조금만 성찰해 본다면 상상력이란 무엇인지에 대한 대단히 뚜렷한 지식과, 정기들에서 확인되는 차이들을 가장 예사롭게 일으키는 신체적 원인들을 바로 알 수 있다. 상상력과 정기에서 발생하는 모든 변화는 동물정기 및 두뇌를 구성하는 섬유들 속에서 생기는 변화의 결과이기 때문이다.

그러나 인간의 상상력에 일어나는 변화들에 대한 여러 개별적 원인들이 있는데 우리는 이를 정신적 원인이라고 부른다. 그것은 사람들이 갖는 상이한 신분, 사람들이 수행하는 상이한 직무, 한마디로 말해서 사람들의 상이한 삶의 방식으로, 이 점들을 고려하는 데 몰두해야 한다. 이런 유의 변화들이 무한한 수의 오류를 일으키는 원인이며, 각자는 자신의 조건과 관련해서 사물을 판단하는 것이다. 두뇌에 대단히 강렬한 자극을 일으키고, 심지어는 정신을 송두리째 뒤집어 버리는 무시무시한 질병이며, 놀랄 만한 불행이며, 그 외에도 불시에 발생하는 다른 사건들을 오래 설명해야 한다고는 생각지 않는다. 그런 일들은 드물게 일어나는 데다, 이런 유의 사람들이 빠지는 오류는 대단히 조잡해서 누구나 어렵지 않게 알 수 있으므로 전염성이 없다.

상이한 조건들이 상상력에서 만들어 내는 모든 변화를 완벽히 이해하려면, 우리가 대상을 상상하는 것은 오직 그 대상의 이미지를 형성하면서일 뿐이며, 그 이미지는 동물정기가 두뇌에 새긴 흔적임을 기억하는 일이 절대적으로 필요하다. 그 흔적이 더 깊고 더 선명하게 새겨져 있을수록, 동물정기가 더 자주, 더 강렬하게 두뇌로 흘러갈수록 사물들을 더욱 강력하게 상상하게 된다. 정기가 여러 번 지나갔으면, 한 번도 지나가지 않았거나 그리 자주 지나가지 않았던 가까운 다른 장소들보다 그곳에 훨씬 더 수월히 들어간다. 이것이 우리 관념을 혼란과 오류에 빠뜨리는 가장 일상적 원인이다.

두뇌에 어떤 흔적을 새기기 위해 외부 대상의 작용이나 심지어는 영혼의 명령으로 인도된 동물정기는 종종 다른 흔적들을 새기기도 한다. 사실 이렇게 새겨진 흔적들은 먼젓번 흔적들을 닮고는 있지만, 완벽하게 동일한 대상들의 흔적은 아니고, 영혼이 머릿속에 그려보고자 바랐던 흔적들도 아니다. 동물정기는 거쳐 가야 했던 두뇌의 장소들마다 저항을 받게 되면 방향을 바꿔 우리가 가장 익숙한 관념들의 깊은 흔적 속에 무리를 지어 쉽게 들어간다. 이 모든 것을 보여 주는 대단히 조잡하되 분명한 몇몇 사례들을 아래에 제시한다.

약간 근시인 사람들이 달을 볼 때 거기서 보통 두 눈, 코 하나, 입 하나를 본다. 한마디로 말해서 그들은 얼굴 하나를 보는 것 같다. 그러나 달에는 그들이 본다고 생각하는 것이 전혀 없다. 또 여러 사람들은 거기서 완전히 다른 것을 본다. 그리고 달이 자기들에게 보이는 모습 그대로라고 믿는 사람들도 아무리 작은 것이라고 해도 망원경으로 달을 보고, 에벨리우스, 리콜리 및 다른 이들이 공개한 묘사를 참조한다면 쉽게 잘못을 인정할 것이다. 그런데 보통 달에서 그곳의 불규칙한 얼룩이 아니라 얼굴 같은 모습을 보는 이유는 우리 두뇌에 존재하는 얼굴의 흔적들이 대단히 깊게 나 있기 때문이다. 우리는 자주, 그리고 깊은 주의를 기울여서 여러 얼굴을 바라보니 말이다. 그래서 동물정기는 두뇌의 나머지 다른 곳에서 저항을 받게 되니, 달을 볼 때 달빛이 동물정기를 자극하는 방향을 쉽게 바꾸어, 정기는 얼굴의 관념들과 자연스럽게 결합된 흔적으로 들어가게 된다. 겉으로 보이는 달의 크기가 어느 정도 거리에 놓인 보통 사람의 머리의 크기와 별 차이가 나지 않을 뿐 아니라, 그것의 자극으로, 코, 입, 눈의 생각을 머릿속에 떠올리게 하는 흔적들과 대단히 관련이 많은 흔적들이 생기게 되고, 그런 식으로 정기는 얼굴의 흔적 속으로 흘러가게 된다. 달에서 말을 탄 남자나 얼굴이 아닌 다른 어떤 것을 보는 사람들도 있다. 그것은 그들의 상상력이 어떤 대상에 강렬히 자극되었기 때문에 이들 대상의 흔적과 조금이라도 관계가 있는 것을 볼 때 드러나는 것이다.

그 흔적이 바로 이런 이유로 구름에서 곰,[1] 사람, 사자 혹은 다른 동

---

1 [옮긴이] 《퀴르티에르 사전》에 따르면 이 단어(chariot)는 수레를 닮았기 때문에 민중이 그런 이름으로 부르는 유명한 성좌를 가리킨다. 천문학자들은 이를 '작은 곰자리'로 부른다.

물들을 본다고 상상하는데, 이는 구름의 형상들과 이들 동물들 사이에 다소 관계가 있는 경우이다.[2] 모든 사람, 특히 습관적으로 그림을 그리는 사람들이 간혹 여러 불규칙한 흔적들이 있는 벽에서 사람의 머리를 보는 것도 이와 마찬가지이다.

또한 에틸알코올이 의지의 방향과는 무관하게 가장 친숙한 흔적으로 들어가면서 더없이 중대한 비밀들을 누설케 하는 것이며, 잠잘 때 보통 낮 동안 보았던 대상들의 꿈을 꾸는 것도 이런 이유에서이다. 낮에 본 대상들이 두뇌에 커다란 흔적을 남긴 것이다. 영혼은 항상 더 크고 더 깊은 흔적을 가진 사물들을 머릿속에 그려보기 때문이다. 아래에 더욱 복잡한 다른 사례를 제시한다.

어떤 새로운 질병이 나타났다. 모든 사람을 갑작스럽게 덮치는 참화가 벌어진다. 그것이 두뇌에 대단히 깊은 흔적을 새기게 되어 이 질병이 머릿속을 떠나지 않는다. 예를 들어 이 질병을 괴혈병으로 부른다면, 모든 질병은 괴혈병이 될 것이다. 괴혈병이 새로이 나타났다면, 모든 새로운 질병은 괴혈병이 될 것이다. 괴혈병에는 열두 가지 증상이 있는데, 그중 상당수가 다른 질병과 동일하다. 아무래도 좋다. 어떤 환자에게 이 증상들 중 어떤 한 가지가 나타난다면 그는 괴혈병을 앓는 것이다. 증상이 동일한 다른 질병들은 생각하지 않을 것이고, 우리가 본 괴혈병 환자들에게 일어난 모든 증상이 그 환자에게 일어나리라고

---

2 [옮긴이] 가파렐은 숫양, 황소 및 동일한 이름의 성좌들 사이에 유사점이 거의 없다는 것을 인정한다. "그 성좌들은 우리의 상상력을 통해 하늘에 그렇게 배치되었다."(*Curiosités inouïes*, chap. VI, §20, 1629, p. 295)

예상할 것이다. 똑같은 약을 처방할 것이고, 다른 환자들에게 보았던 것과 동일한 약효가 나타나지 않는다는 데 놀랄 것이다.

한 저자가 어떤 종류의 연구에 전념한다. 그가 몰두하는 주제의 흔적은 대단히 깊게 새겨지고 그의 두뇌 전체에 대단히 강하게 퍼지게 되어, 정말 상이하기까지 한 사물들의 흔적을 뒤섞고 간혹 지울 때도 있다. 예를 들어 그들 중 십자가에 대한 여러 권의 책을 썼던 사람이 있다. 그래서 그는 어디에서나 십자가를 보았다. 메달에 아주 다른 것이 새겨져 있는데도 그는 십자가가 새겨졌다고 믿었음을 모랭 신부[3]가 비웃는 것도 옳다. 길버트와 다른 몇몇 사람들이 자석磁石을 연구하고 자석의 속성에 탄복하여 '자기磁氣'의 성질을 그것과 전혀 관계가 없는 대단히 많은 수의 자연적 결과들에 관련시키고자 했던 것도 상상력이 벌이는 동일한 마술이다.[4]

방금 제시한 사례들은 상상력은 익숙한 대상은 머릿속에 대단히 쉽게 그려 보고 새로운 대상을 상상하는 것은 어려워하므로, 이로써 정신은 사람들이 거의 항상 흔히 혼합되었다거나 순수하지 않다고 부르는 관념을 형성하고, 자신과 자신의 최초의 사유들과 관련해서만 사물

---

3 [옮긴이] 오라토리오회 신부 장 모랭(Jean Morin)을 가리킨다. 말브랑슈는 모랭 신부의 작품 *Diatribe elenctica de sinceritate hebraei graecique texteus digno scenda*(Paris 1639)을 장서에 갖추고 있었다.

4 [옮긴이] 말브랑슈는 키르허의 여러 책을 소장하고 있었는데, 그중 자기설과 점성술 및 자연의 신비한 성질의 유비를 논한 자기설에 관한 책을 여러 권 갖추고 있었다. 그러나 말브랑슈의 비판과는 달리 길버트는 이런 유비론보다는 과학적 현상을 논한다.

을 판단한다는 점을 충분히 증명해 준다. 그래서 사람들의 상이한 정념들, 성향들, 조건들, 직무들, 특성들, 연구들, 서로 다른 삶의 방식들이 관념들을 서로 너무도 상이하게 만들어, 사람들은 무수한 오류를 범하게 된다. 우리는 나중에 이런 오류에 대해 설명할 것이다. 또 이로부터 국새상서Lord Keeper of the Great (옥새를 지키는 관직) 베이컨은 대단히 분별 있게 다음과 같은 말을 했다.

"정신과 감각의 모든 지각은 세계가 아니라 인간을 닮았다. 사물 앞에서 인간의 지성은 표면이 고르지 않은 거울을 닮았다. 그것이 자기 본성과 사물들의 본성을 섞고, 사물들의 본성을 훼손하고, 그것을 자기의 색으로 물들인다."[5]

5 [옮긴이] 베이컨, 《신기관》, 1권 41절.

3장

사람들의 삶의 방식들에서 보이는 차이들은 거의 무한에 가깝다. 신분, 직무, 책무, 속한 공동체가 서로 다르며, 이 차이들로 인해 거의 모든 사람들은 서로 다른 의도에 따라 행동하고, 서로 다른 원칙에 따라 추론하게 된다. 개별자들이 동일한 정신과 동일한 의도만을 가진 공동체일지라도, 전적으로 동일한 시각을 갖춘 여러 사람을 발견하기란 대단히 어려운 일일 것이다. 그들이 상이한 직무를 수행하고, 그들이 상이한 관계들을 맺기에, 그들이 합의하는 문제들을 실행하기 위해 취하고자 하는 표현과 태도에 필연적으로 차이가 생긴다. 이 점은 오류의 정신적 원인들을 세부적으로 설명하는 것이 불가능한 일을 시도하는 것임을 명백히 보여 준다. 그렇지만 여기서 그런 시도를 하는 것은 너무도 불필요한 일일 것이다. 여기서 언급하고자 하는 것은 단지 무한한 수의 오류들과, 대단히 큰 오류들을 범하게 만드는 삶의 방식이다. 그 오류들을 설명하려 할 때 폭넓은 이해력을 가져야 한 걸음 더 나아갈 수 있으며, 각자는 수많은 시간과 수고를 들여서야 설명할 수 있을 여러 개별 오류들을 일으키는 완전히 숨은 원인들을 한 가지 시각으로, 대단히 수월하게 알 수 있을 것이다. 정신은 명확하게 볼 때 기쁘게 진리를 따르고, 표현할 수 없는 속도로 진리로 달려간다.

I. 연구자들이 가장 쉽게 오류에 빠지게 된다

사람들의 상상력의 대단한 변화는 오류에 빠지게 만들 가능성이 높기 때문에 이 자리에서 반드시 언급해야 할 직업은 정신보다 기억을 더 많이 사용하는 연구자의 직업이다. 독서와 진리의 탐구에 더욱 맹렬히 전념했던 사람들이 우리를 수많은 오류에 빠뜨리게 만들었던 바로 그들이라는 점은 경험으로 알려진 사실이다.

여행하는 사람들이나 연구하는 사람들이나 사정은 같다. 한 여행자가 불행히 이 길을 저 길로 착각하게 되면 그는 앞으로 나아갈수록 가고자 하는 장소에서 더욱 멀어진다.[1] 그는 목적하는 곳에 이르고자 더

---

1 [옮긴이] "두 번째 격률은 행동에서 가능한 확고하고 결연한 태도를 취하고, 아무리 의심스러운 의견이라도 일단 그것을 취하기로 결정했다면 아주 확실한 것인 양 따라야 한다는 것이었다. 이 점에 있어 나는 숲에서 길을 잃은 나그네가 우왕좌왕하면서 이 방향 저 방향으로 왔다 갔다 하거나 혹은 한자리에 그냥 머물러 있는 것이 아니라, 처음에는 비록 그저 우연하게 한 방향을 선택했을지라도 특별한 이유가 없으면 그 방향으로 계속 걸어가는 태도를 본받으려고 했다. 이렇게 하면 나그네는 자신이 원했던 장소로 곧장 가지는 못할지라도 적어도 숲 한가운데 있는 것보다는 확실히 나은 어떤 장소에 결국 도착할 것이기 때문이다."(데카르트, 《방법서설》 3, t. VI, pp.24~25)

부지런하게 더 서두르므로 그만큼 더 길을 잃게 된다. 그래서 진리를 위해 사람들이 갖는 이 뜨거운 욕망이 그들이 진리를 찾았다고 믿는 책에 빠져 버리게 만들거나, 알고자 바라는 일들의 공상적 체계를 만들고 고집스럽게 그 체계를 고수한다. 그들은 정신의 헛된 노력으로써 그 체계를 다른 사람들에게 알려주고자 노력하여 체계의 창안자라는 영예를 받고자 한다. 이 두 결함을 설명해 보도록 하자.

재기才氣를 가진 사람들이 진리를 탐구할 때 어떻게 신에게서 받은 것보다 다른 사람들의 정신을 이용하기를 더 좋아하는지 이해하기란 대단히 어렵다. 분명 다른 사람들의 눈보다 제 자신의 눈을 통해 보이는 길로 걸어가는 것이 무한히 더 즐겁고 더 영예롭다. 또 눈이 밝은 사람이 인도자를 갖게 되리라는 희망에 제 눈을 감거나 눈을 뽑아낼 생각을 했던 것은 아니다.

"현자의 눈은 그의 머리에 있고 광인은 암흑 속을 걷는다."[2] 왜 광인은 암흑 속을 걷는가? 그것은 그가 타인의 눈으로만 보고, 그런 방식으로만 보기 때문이니, 엄밀하게 말해서 그는 아무것도 보지 않는 것이나 같다. 정신을 사용하는 일과 눈을 사용하는 일의 관계는 정신이 눈과 갖는 관계와 같다. 마찬가지로 정신은 눈보다 무한히 높은 곳에 있고, 정신을 사용할 때 만족은 훨씬 더 견고해지며, 빛과 색色이 시선을 만족시키는 것과는 완전히 다르게 정신을 만족시킨다. 그러나 인간은 자신의 눈을 사용해서 걸어가면서도, 진리를 발견하는 데는 정신을 거의 사용하지 않는다.

---

2 〈전도서〉, 2장 14절.

II. 자신의 정신을 사용하는 것보다 권위를 따르는 것을 더 좋아하는 이유

그런데 정신의 이런 전도轉倒를 일으키는 여러 원인이 있다.

첫째, 수고스럽게 성찰하려 들지 않는 사람이 자연적으로 가진 나태함이다.

둘째, 두뇌 섬유가 어느 쪽으로든 굽어질 수 있었던 유년기부터 노력하지 않았던 탓에 생긴 성찰 능력의 결여이다.

셋째, 이 세상에서 알 수 있는 모든 것의 토대가 되는 추상적 진리에의 사랑이 적다는 것이다.

넷째, 사실임 직한 것의 지식이 주는 만족감이다. 사실임 직한 것들은 감각을 통해 얻는 개념들에 의지하므로 대단히 쾌적하고 대단히 자극적이다.

다섯째, 박식하다는 존경을 받고 싶다는 어리석은 허영이다. 가장 독서량이 많은 사람을 학식 있다고 하기 때문이다. 의견들의 지식은 성찰하면서 익히는 진정한 철학의 지식보다 대화에서 더 많이 사용되고 보통 사람들의 정신을 마비시킨다.

여섯째, 고대인들은 우리가 앞으로 개화될 수 있는 이상으로 양식을 갖추었으며, 고대인들이 성공하지 못한 일은 할 필요가 전혀 없는 것이라는 이유 없는 믿음이다.

일곱째, 어리석은 호기심과 존경심이 뒤섞였을 때 우리와 아주 멀리 떨어진 것들, 가장 오래된 것들, 더 멀리서 더 알려지지 않은 고장에서 온 것들, 더없이 모호하기 짝이 없는 서적들에 더욱 감탄하게 된다. 그래서 예전에 헤라클레이토스는[3] 난해했던 바람에 더 높이 평가되었던 것이다. 녹슬어 부식되었어도 고대의 메달을 찾고, 좀에 쓸렸어도 고대의 등燈과 실내화를 정성들여 간직한다. 오래될수록 값이 나가는 것이다. 랍비의 책을 몰두해서 읽는 사람들이 있는데 그 책들은 퇴폐적이고 모호한 외국어로 쓰였기 때문이고, 가장 오래된 의견을 더 높이 평가하는 것은 우리와 대단히 멀리 떨어져 있기 때문이다. 그리고 노아의 손자 니므롯이 자기 치세의 역사를 썼다면 분명 더없이 섬세한 정치 전체와 심지어 다른 모든 학문이 들어갔을 것이다. 어떤 이들이 호메로스와 베르길리우스가 자연에 대한 완벽한 지식을 가졌다고 생각하는 것도 마찬가지이다.

고대를 존경해야 한다고들 한다. 아리스토텔레스, 플라톤, 에피쿠로스와 같은 이런 위인들이 잘못 생각했을 수 있을까? 그들도 우리와 같은 사람들이며, 같은 종에 속해 있다는 고려들을 안 한다. 더욱이 우리가 살고 있는 시대에 세계의 시간은 이천 년이 더 흘렀고, 더 많은 경험을 했고,[4] 더 양식을 갖추었음이 틀림없으며, 진리를 발견케 하는 것은 오래된 세계의 역사와 경험이라는 고려들을 안 한다.

여덟째, 어떤 새로운 의견과 그 시대의 한 저자를 높이 평가할 때는 그 의견과 저자에 부여하는 영광이 우리의 영광과 지나치게 가까워서 후자를 지우는 것 같다. 그런데 고대인들에게 바치는 영광과 비슷한

---

3 Clarus ob obscuram linguam(Lucèce). "그의 모호한 혀로 인해 유명해진"(《사물의 본성에 대하여》, IV, 639).

4 "진리는 시대의 딸이지 권위의 딸이 아니다."

것은 전혀 두려워하지 않는다.

아홉째, 진리와 새로움은 신앙의 문제에서 항상 함께 자리할 수 있는 것은 아니다. 사람들은 이성에 좌우되는 진리들과, 전통에 좌우되는 진리들 중에서 판별하고자 하지 않으므로 완전히 다른 방식으로 교육해야 한다는 점을 고려하지 않는다. 사람들은 새로움과 오류를 혼동하고, 고대와 진리를 혼동한다. 루터, 칼뱅 및 다른 사람들은 혁신했지만, 오류들도 범했다. 갈릴레이, 하비, 데카르트는 그들이 새로운 것으로 말한 내용에서 잘못을 범했다. 루터의 양체공존兩體共存, impanation은 새로운 것이지만 거짓이다. 또 하비의 혈액순환은 그것이 새로운 것이므로 거짓이다. 바로 이런 이유로 사람들은 혁신자라는 가증스러운 이름으로, 이단자들과 신新철학자들을 구별 없이 부른다. '진리'와 '고대', '거짓'과 '새로움'이라는 관념과 단어들은 서로 연결되어 있다. 이렇게 되었으니 보통 사람들은 그 둘을 더는 구분하지 않고, 재사들은 그 둘을 올바로 구분하는 일을 어려워한다.

열째, 우리가 고대 의견들의 학문이 여전히 유행 중에 있는 시대에 있고, 고대의 정신을 사용하고, 이성의 힘으로써 해로운 관습 위에 군림할 수 있을 사람들밖에 없기 때문이다. 발 디딜 틈 없이 모인 군중 속에 있을 때 우리를 휩쓸어가는 급류에 저항하기란 어려운 일이다.

마지막으로 인간은 이해관계를 따져야만 움직이는 존재이다. 그 때문에 스스로 잘못을 깨닫고, 이런 종류의 연구가 공허함을 인정하는 사람들조차 그 연구에 전념하게 된다. 영예, 위엄, 심지어 이득이 결부되어 있고, 그런 것들을 모르는 사람들보다 자기 연구에서 뛰어난 사람들이 그 모든 것을 항상 독점하기 때문이다.

내가 보기에 이 모든 이유로써 왜 사람들이 맹목적으로 고대의 의견들을 진실한 것으로 따르는지, 새로운 모든 의견들은 분별없이 거짓인 것으로 거부하는지, 자기 정신은 사용하지 않거나 거의 사용하지 않는 것인지 충분히 이해할 수 있다. 분명 이 점을 뒷받침하는 더욱 개별적 다른 수많은 이유들이 있다. 그러나 우리가 언급한 내용을 주의 깊게 고려한다면 어떤 이들이 고대인들의 권위에 열중하는 것을 보고도 놀랄 이유가 없다.

4장

상상력에 대한 독서의 두 가지 나쁜 결과

사람들이 고대인들에게 갖는 저 거짓되고 비열한 존경[1]이 대단히 해로운 수많은 결과들을 빚어내는데, 이 점을 반드시 지적해야 한다.

첫째, 그들은 정신을 사용하지 않는 데 습관이 들어 정신을 이용하는 데 실제로 조금씩 무능해지게 된다. 아리스토텔레스와 플라톤의 책을 읽으며 늙은 사람들이 정신을 훨씬 많이 사용한 이들이라고 생각해서는 안 된다. 그들은 보통 이 두 저자의 생각을 파고들기 위해서 독서에 많은 시간을 들였을 뿐이고, 그들의 주요한 목적은 어떤 의견을 가져야 할지는 전혀 걱정하지 않고 그들이 이미 갖고 있었던 의견들을 진실로 여기는 것이다.

우리는 다음 장에서 이 점을 증명할 것이다. 그래서 그들이 배운 철학과 과학은 말 그대로 기억의 학문이지 정신의 학문은 아니다. 그들은 역사와 사실들만을 알지 명백한 진리는 모른다. 그들은 진정한 철

1 앞 장의 첫 번째 항목을 참조.

학자라기보다는 역사가이고, 생각하는 사람이 아니라, 다른 이들의 생각을 이야기할 수 있는 사람이다.

고대인들의 책을 읽는 일이 상상력에 만들어 내는 두 번째 결과는 그 일에 전념하는 대부분의 사람들의 모든 관념에 괴상한 혼란을 가져온다는 것이다. 저자들의 책을 읽는 방법에는 두 가지가 있다. 하나는 대단히 올바르고, 대단히 유용하지만, 다른 하나는 정말 쓸모없고 심지어 위험하기까지 하다. 독서가 대단히 유용한 경우는 읽은 것을 성찰할 때이다. 그러니까 정신이 노력을 기울여 심지어 독서를 시작하기도 전에 장들의 제목에서 보는 문제들을 해결하고자 노력할 때, 사물의 관념들을 나란히 배치하고 대조할 때, 한마디로 말해서 자신의 이성을 사용할 때이다. 반대로 무슨 내용을 읽는지 이해하지 못할 때 독서는 전혀 유용하지 않다. 특히 이해한 것을 기억하는 데 충분한 기억력을, 그 점에 동의하는 데 충분한 경솔함을 가졌는지 올바로 판단할 만큼 충분히 검토하지 않을 때 그러하다. 첫 번째 방식은 정신을 밝히고 강화하고 그 폭을 확장한다. 두 번째 방식은 그 폭을 줄이고, 점점 더 정신을 약하고 모호하고 혼란스럽게 만든다.

그런데 다른 사람들의 의견을 안다는 점을 자랑으로 삼는 대부분의 사람들은 위에서 말한 두 번째 방법으로밖에 공부하지 않는다. 그래서 그들이 독서를 많이 할수록 정신은 약해지고 혼란스러워진다. 그 이유는 그들 두뇌에 새겨진 흔적들의 수가 너무 많아서 서로 섞이는 바람에 이성理性이 이들을 순서대로 배치하지 못하기 때문이다. 이렇게 되면 정신은 자기가 필요로 하는 것을 상상해서 머릿속에 명확히 그려볼 수 없게 된다. 정신이 어떤 흔적들을 열고자 할 때 더욱 친밀한 다른 흔적들이 옆에서 비스듬히 마주치고 다른 흔적을 쫓게 된다. 두뇌의 능력이 무한하지 않고, 질서 없이 형성된 이 수많은 흔적들이 섞이면서 관념에 혼란을 일으키지 않기란 불가능에 가깝다. 바로 이러한 이유로 대단한 기억력을 가진 사람들은 보통 엄청난 주의를 기울여야 하는 문제들을 올바로 판단할 줄 모른다.

그러나 무엇보다 주목해야 할 점은 성찰하지는 않고 그저 다른 사람들의 의견만을 기억하기 위해 독서하는 사람들이 얻은 지식들, 한마디로 말해서 기억에 의존하는 모든 학문은 엄밀하게 말하자면 '부풀려진'[2] 학문이다.[3] 그 지식들은 눈부시게 화려하고 그것을 가진 사람들에게 허영심을 불어넣기 때문이다. 그래서 이런 식으로 지식인들은 보통 교만과 자만에 가득 차 있어서 설령 그들이 능력이 없어도 자기들이 모든 것을 판단할 권리가 있다고 주장한다. 이 때문에 그들은 수많은 오류에 빠지게 된다.

그런데 이 거짓 학문은 더 큰 악을 만들기도 한다. 그들만 오류에 빠지는 것이 아니라 자기들과 함께 보통의 정신을 가진 거의 모든 사람들도 오류로 끌고 가기 때문이다. 또 엄청나게 많은 수의 젊은이들은 그들의 판정을 고스란히 금과옥조로 믿는다. 이 거짓 학자들이 깊은 박학의 무게로써 젊은이들을 압도하고, 기상천외한 이론에다 고대의 알려지지 않은 저자들의 이름을 들먹이며 그들의 얼을 빼놓기 때문에

---

2 Scienta inflat. (I cor. VIII, I)

3 [옮긴이] "우상의 제물에 대하여는 우리가 다 지식이 있는 줄을 아나 지식은 교만하게 하며 사랑은 덕을 세우나니."(〈고린도전서〉, 8장 1절)

젊은이들의 정신에 대단히 강력한 권위를 얻게 되어, 그들 입에서 나오는 모든 말을 젊은이들은 신탁神託처럼 경탄하고 감탄하며, 그들의 생각에 맹목적으로 끌려들어가게 된다. 더 종교적이고 더 분별 있는 사람들이라면 그들을 단 한 번도 만나본 적이 없을 것이며 다른 한편 그들이 어떤 사람들인지 모를 수 있을 것이다.

그들은 그 거짓 학자들이 대단히 단호한 방식으로, 대단히 거만하고 강압적이고 심각한 태도로 말하는 것을 본다면 그들이 하는 말에 존경과 감탄을 하지 않기 어려울 것이다. 풍채와 기교에 무심하기란 대단히 어려운 일이니 말이다. 마찬가지로 거만하고 과감한 어떤 이가 자기보다 더 강하면서도 더 분별 있고 더 신중한 다른 사람들을 혹평하는 일이 종종 생긴다. 그래서 진실하지도, 심지어는 사실임 직하지도 않은 의견들을 옹호하는 사람들은 종종 그들의 적들에게 강압적이고 거만하고 근엄한 방식으로 말하면서 그들을 침묵하게 한다.

그런데 우리가 말하는 사람들은 엄숙함과 거짓 신중함이 섞인 어떤 거만한 태도를 굳힐 만큼 제 자신에 높은 평가를 내리고 다른 사람들은 대단히 경멸한다. 그런 태도가 그들의 말을 듣는 사람들에게 선입관을 심어주고 그들의 마음을 빼앗는 것이다.

다양한 신분의 사람들이 보이는 다양한 모든 태도는 각자 타인들에 비해 제 자신에게 높은 평가를 부여할 때 생기는 자연스러운 귀결에 불과하다는 점에 주목해야 한다. 조금만 깊이 생각해 본다면 그 점을 쉽게 인정하게 된다. 그래서 긍지와 난폭함의 태도는 자신을 대단히 높게 평가하고, 다른 사람들의 평가를 무시하는 사람의 태도이다. 신중한 태도는 자신에게 높은 평가를 내리지 않고 다른 사람들을 높이 평가하는 사람들의 태도이다. 근엄한 태도는 자신을 높이 평가하고 또 높이 평가받기를 원하는 사람의 태도이다. 단순한 태도는 자기에게도, 다른 사람들에게도 거의 신경을 쓰지 않는 사람의 태도이다. 그래서 거의 무한에 가까운 이 모든 다양한 태도들은 단지 자신에 대해서, 또 함께 대화하는 사람들에 대해서 갖는 다양한 단계의 평가가 우리 얼굴과 우리 신체의 모든 외적 부분들에 자연스럽게 만들어 내는 결과일 뿐이다. 우리는 이미 제 2권 1부 4장에서 우리 내부에서 정념을 자극하는 신경과, 얼굴에 새겨진 표정을 통해 외부로 나타나는 신경들 사이에 존재하는 이런 상응에 관해 언급했다.

5장

연구자들은 통상 어떤 저자에게 몰두하여, 믿어야 하는 것은 젖혀 둔 채 그가 믿는 것을 아는 것을 주된 목적으로 삼는다

연구하는 사람들이 보통 가지는 결함이 또 있는데 이는 대단히 큰 결과를 초래한다. 그것은 그들이 어떤 저자에 열중한다는 것이다. 어떤 책에 진실하고 올바른 어떤 것이 있다면 그들은 이내 극단주의에 빠진다. 모든 것이 진실이고, 모든 것이 올바르고, 모든 것이 감탄스러운 것이다. 그들은 이해도 못하는 것에 기꺼이 감탄하고, 모든 사람이 그들처럼 그 저자에게 탄복하기를 바란다. 그들은 이 난해한 저자들에게 찬사를 보내면서 자신의 영광을 끌어낸다. 그들은 이로써 다른 사람들에게 자기들이 그 저자들을 완벽히 이해했음을 설득하는 것인데, 이 점이 그들에게 허영의 대상이다.

그들은 한 고대 저자나 아마 제 스스로도 이해하지 못한 한 사람의 방약무인한 말을 이해했다고 믿기에 자기들이 다른 사람들보다 우위에 있다고 평가한다. 얼마나 많은 학자들이 철학자들과 심지어 고대 몇몇 시인들의 난해한 대목들을 해석하기 위해 땀을 흘렸으며, 얼마나 많은 재사들이 한 작가가 쓴 한 단어, 그의 생각을 고증함으로써 희열을 느꼈는가. 그렇지만 지금은 내가 말한 바의 증거를 제시할 때이다.

분명 영혼 불멸은 대단히 중요한 문제이다. 몇몇 철학자들이 이 문제를 해결하려고 온갖 노력을 기울인다고 그들을 비난할 수 없는 일이다. 철학자들이 비록 몇 마디 말로, 혹은 몇 페이지로 증명할 수 있는 진리를 대단히 어설프게 증명하는 데 두꺼운 책들을 쓰더라도 그들은 용서받을 수 있다. 그러나 그들이 아리스토텔레스가 그 점에 대해 어떻게 생각했는지 확정하기 위해 그 고생을 하는 것은 정말 별난 일이다. 내가 보기에 지금 시대에 살아가는 사람들이 아리스토텔레스라는 이름을 가진 사람이 있었는지, 그 사람이 자기가 쓴 책 이러저러한 곳에서 이러저러한 것을 이해했는지 아는 것은 대단히 불필요하다. 그런다고 사람이 더 현명해지고 더 행복해지지 않는 것이다. 그렇지만 아리스토텔레스가 말한 것이 그 자체로 진리인지 거짓인지 아는 것은 대단히 중요하다.

그러므로 영혼이 불멸하다는 것을 아는 일은 대단히 유용하지만, 아리스토텔레스가 영혼 불멸에 대해 어떻게 생각했는지 아는 일은 정말 불필요하다. 그러나 사물 그 자체의 진리보다 이 주제에 대해 아리스토텔레스가 어떻게 생각했는지 알고자 애쓰는 여러 학자들이 있다고 주저 없이 확신할 수 있다. 아리스토텔레스가 어떻게 생각했는지 설명할 목적으로 일부러 책을 썼던 학자들이 있는데, 그들은 그중 무엇을 믿어야 했는지 알기 위해서는 그만큼 노력하지 않았다.

그런데 정말 많은 사람들이 아리스토텔레스가 어떻게 생각했는지의 문제를 풀기 위해 정신을 혹사했지만 이런 우스꽝스러운 문제에 동의를 받지 못하니 그것은 불필요한 일이었다. 불행한 일이지만 아리스토텔레스의 추종자들은 아리스토텔레스가 알렉산드로스에게 쓴 편지[1]에서 그 점을 밝혔듯이 그들의 생각을 밝혀 주기에는 너무나 난해하고 심지어는 일부러 난해한 척하는 저자를 가진 셈이다.

그러므로 영혼불멸에 대한 아리스토텔레스의 생각은 여러 시대를 거치는 동안 대단히 중요한 문제였고, 연구자들 사이에서 정말 무시 못 할 문제였다. 그렇지만 내가 그의 생각을 경솔하고 근거 없이 말한다는 생각을 불식하고자 나는 라 체르다의 약간 길고 약간 지루한 한 대목을 여기 옮기지 않을 수 없다. 이 대목에서 라 체르다는 대단히 중요한 문제로서 이 주제에 대한 여러 권위 있는 의견들을 모았다. 다음이 테르툴리아누스의《육신의 부활에 대하여*De ressurectione carnis*》2장에 대해 그가 언급한 내용이다.

스콜라 학파에서 '아리스토텔레스는 영혼이 불멸이라고 했는가, 불멸이 아니라고 했는가'의 문제가 양쪽이 견고한 가설을 내세워 토론되었다. 확실히 여러 철학자들과 명성이 높은 사람들은 아리스토텔레스가 인간의 영혼은 죽음을 모른다고 생각했음을 확신했다. 그리스어와 라틴어 주석자들 가운데 두 명의 암모니우스, 올림피오도로스, 필로포노스, 심플리키오스, 아비체나가 그들로, 라 미란돌라가 이 점을 지적(*Dissertation sur la vanité*, liv. IV, chap. ix)했고, 테오도로스 메토키테스, 테

---

1 [옮긴이] 이 텍스트는 아울루스 겔리우스의《아티카의 밤》에 아리스토텔레스의 책으로 등장하며, 플루타르코스 역시 알렉산드로스의 생애(chap. XI)에서 이를 언급한다.

미스티오스, 토마스 아퀴나스(*Somme contre les Gentils*, liv. II, chap. lxxix; *Commentaires sur la physique*, lecture 12; *sur la métaphysique*, lecture 3, *Questions quodilbétiques*, liv. X, quest. 5, art. 1), 알베르투스(*De l'âme*, liv. III, sur le chapitre iv), 뒤랑(*Distinctions*, II, 18, quest. 3), 프란키스쿠스 실베스터 페라리엔시스[*Commentaire*(*Somme contre les Gentils*에서 인용)], 에우구비누스(*De la philsophie éternelle*, liv. IX, chap. xviii) 및 더욱 의미 있는 아리스토텔레스의 제자 테오프라스토스가 있다. 테오프라스토스는 스승의 정신과 스승의 말과 스승의 글을 깊이 알 수 있었던 인물이다.

반대파에는 몇몇 교부들, 대단한 권위를 가진 철학자들이 포진했다. 유스티니아누스는 《권고*Exhortation*》에서, 오리게네스는 《철학적 설명*Propos philosophiques*》에서, 그레고리오스 나지안제노스가 에우노미우스와의 논쟁에서 언급한 내용, 니사의 그레고리오스(*De l'âme*, II, chap. IV), 키로스의 테오도레토스(*Des soins à donner aux maladies des Grecs*, liv III), 갈레노스(*Recueil philosophique*), 폼포나치(*De l'immortalité de l'âme*), 시모네 포르치오(*De l'esprit humain*), 카예타노(*De l'âme*, III, chap. II)가 있다. 이 텍스트들 대부분의 방향은 아리스토텔레스가 우리의 영혼이 소멸하는 것이라고 생각했으리라는 것이다. 이는 아리스토텔레스의 제자로서 스승의 정신을 그렇게 해석했던 알렉산드로스 아프로디시우스의 의견이다. 그러나 에우구비누스(chap. XXI, XXII)는 이 의견을 반박한다. 확실히 알렉산드로스에게서 영혼의 가멸성에 대한 이 결론은 《형이상학*Métaphysique*》의 12권에서 나온 것 같다. 반면 토마스 아퀴나스와 메토시테스는 이 부분으로부터 영혼 불멸의 결론을 끌어냈다.

게다가 나는 테르툴리아누스가 전자와 후자의 의견을 포괄했다고 생각하지 않는다. 그러나 그는 아리스토텔레스가 이 점에서는 모호했다고 생각했다. 바로 그런 이유로 그는 전자와 후자에 유리하게 그를 인용한다. 그는 여기서는 아리스토텔레스가 영혼의 가멸성을 인정하고는, 《영혼론》 6장에서 그는 영혼의 불멸성에 반대되는 의견으로 인용한다. 플루타르코스도 동일한 생각이었다. 그는 아리스토텔레스가 두 의견을 제시했다는 점을 내세운다(*Opinions des philosophes* 5장에서), 왜냐하면 1장은 영혼의 가멸성을, 25장은 영혼의 불멸성을 제시하니 말이다. 마찬가지로 아리스토텔레스가 두 입장 중 어떤 것도 단호히 취하지 않았고, 의심하고 주저한다고 판단하는 스콜라 철학자들 가운데 둔스 스코투스(Distinctions, IV, 43, quest. 2, art. 2), 에르베(Questions quodibétiques, II; Sentences, I, dist. I, quest 1), 니푸스(Opusculo de immoralitate aimae cap. I) 및 다른 최근의 해석자들이 있다. 내가 가장 진실하다고 생각하는 것이 이 매개적 평가이다. 그러나 스콜라 철학은 법을 내세워 권위들의 무게로 균형을 맞추도록 충고하기 위해 침묵을 강요한다.

이 주석자를 믿고 인용 전체를 사실로 제시한다. 이들 인용이 사실인지 증명하는 일은 시간 낭비인 것 같고, 인용문을 발췌한 저 훌륭한 책을 모두 갖고 있지 않으니 말이다. 또한 새로운 인용도 추가하지 않을 텐데, 주석자가 그 인용들을 훌륭히 모아 보았다는 영광이 부럽지 않고, 아리스토텔레스의 책에 주석을 붙였던 사람들의 목록을 훑어보기만 하면 될 터인데 이를 또 해보려고 하는 것은 시간 낭비일 테니 말이다.

그러므로 라 체르다의 이 대목을 보면 학식을 가졌다고 간주된 연구자들은 아리스토텔레스가 영혼 불멸을 어떻게 생각했는지 알 목적으로 엄청난 수고를 들였고, 피에트로 폼포나치처럼 이 주제에 대해 일부러 여러 권의 책을 쓸 수 있었던 사람들이 있었음을 알 수 있다. 라체르다가 자신의 책에서 주목적으로 삼은 것은 아리스토텔레스가 영혼은 가멸적이라고 생각했음을 보여 주는 것이었다. 아마 아리스토텔레스가 이 주제에 대해 어떻게 생각했는지 알기 위해 수고를 들일 뿐 아니라, 예를 들어 테르툴리아누스, 플루타르코스, 또는 다른 사람들이 영혼은 가멸적이라고 생각했던 아리스토텔레스를 믿었는지의 여부를 아는 것이 대단히 중요한 문제라고 간주하는 사람들도 있을 것이다. 위에서 인용한 대목의 마지막 부분 "게다가 테르툴리아누스Porro Tertullianum" 이하를 성찰해 본다면 충분히 그렇게 믿을 이유가 있다.

아리스토텔레스가 영혼 불멸을 어떻게 생각했는지, 테르툴리아누스와 플루타르코스가 아리스토텔레스가 어떻게 그렇게 믿었다고 생각했는지 아는 일이 정말 유용하지 않은 것이라도, 적어도 문제의 핵심인 영혼 불멸은 반드시 알아야 하는 진리이다. 그러나 알아봤자 전혀 불필요한 수많은 일들이 있고, 그 결과 고대인들이 그 주제를 놓고 어떻게 생각했는지 아는 것보다 훨씬 더 불필요한 일들이 있다. 그러나 비슷한 주제에 대해 철학자들이 어떻게 생각했는지 짐작해 보기 위해 대단한 수고들을 한다. 이 우스꽝스러운 검토들로 가득한 여러 책을 찾고, 그 별것도 아닌 것들로 엄청난 박학博學의 전쟁이 일어났다. 이 헛되고 어리석은 문제들, 쓸모없는 의견들의 이 우스꽝스러운 계보학이 학자들에게는 중요한 고증의 주제들이다.

학자들은 이런 어리석은 짓을 경멸하는 사람들을 경멸하고, 그것을 모르는 것을 긍지로 삼는 사람들을 무지한 자로 취급할 수 있다고 믿는다. 그들은 실체 형상의 계보학의 역사를 완벽히 알고 있다고 생각하고, 그들의 공적을 인정하지 않는 세기는 배은망덕한 세기로 여긴다. 이런 일들은 인간 정신이 얼마나 무력하고 허영으로 가득한지 정말 잘 보여 준다. 그리고 연구를 해결하는 것이 이성이 아닐 때, 연구는 이성을 완벽하게 하지 못할 뿐 아니라 이성을 둔하게 만들고, 타락하게 만들고, 완전히 부패시킨다.

지금이 신앙의 문제에서 예를 들어 성 아우구스티누스나 다른 교부 철학자가 그 점에 대해 어떻게 생각했는지 연구하는 것이나, 성 아우구스티누스가 그보다 앞선 사람들이 생각했던 것을 믿었는지 연구하는 일은 오류가 아니라는 점에 주목해야 할 때다. 신앙의 문제들은 전통에 의해서만 교육되므로, 이성으로는 이를 발견할 수 없다. 가장 오래된 신앙이 가장 진실하다면 고대인들의 신앙은 어떠했는지 알도록 노력해야 하는데, 이는 서로 다른 시대에 이어진 여러 사람들의 생각을 검토하면서만 가능한 일이다. 그런데 그것과 이성에 좌우되는 문제들은 완전히 상반된다. 그리고 무엇을 믿어야 했는지 알기 위해 고대인들이 무엇을 믿었는지 알아보는 수고를 들일 필요가 없다. 그러나 철학 분야에서 아리스토텔레스와는 다른 방식으로 하는 말을 들을 때 어떤 사람들은 얼마나 정신의 혼란을 일으켜 겁을 집어 먹는지 모른다. 신학 분야에서 복음서, 교부 철학자, 공의회의 의견과는 다른 방식으로 말할 때는 신경도 쓰지 않으면서 말이다.

내가 보기에 그 사람들은 보통 우리가 높이 평가해야 하는 새로운 철학에 가장 반대하고, 혐오해야 하는 어떤 새로운 신학을 고집스럽게 옹호하는 것 같다. 우리가 승인하지 않는 것은 그들의 언어가 아니니 말이다. 고대에 전혀 알려지지 않은 것이라도 해도 관례는 이를 허용하며, 모호하고 혼란스러운 언어를 옹호할 목적으로 그런 오류들을 확산하고 지지한다.

신학의 분야에서라면 고대를 사랑해야 한다. 진리를 사랑해야 하고, 진리는 고대에 있기 때문이다. 일단 진리를 손에 넣고 나면 호기심은 완전히 중단되어야 한다. 그러나 철학의 분야에서는 반대로, 항상 진리를 사랑하고, 진리를 탐구하고, 진리에 대한 호기심을 가져야 하는 것과 같은 이유로 새로움을 사랑해야 한다. 아리스토텔레스와 플라톤이 과오를 범하지 않는다고 믿었다면 아마 그들을 이해하는 데나 전념하면 그만일 것이다. 그러나 이성은 그렇게 믿도록 가만두지 않는다. 반대로 이성은 우리가 신新철학자들 이상으로 아리스토텔레스와 플라톤이 무지했다고 판단하기를 바란다. 우리가 살아가는 시대에 세상은 이천 년 이상이 더 흘렀고, 이미 말한 대로 우리가 가진 경험은 아리스토텔레스와 플라톤의 시대 이상이기 때문이다. 신철학자들은 고대인들이 우리에게 남겨준 모든 진리를 알 수 있고, 여전히 여러 다른 진리를 찾을 수 있다. 그러나 이성은 또한 우리가 고대인들보다 이 신철학자들의 말을 믿기를 바라지 않는다. 반대로 이성은 우리가 주의 깊게 그들의 사유를 검토하고, 그들의 대단한 과학에도, 그들 정신의 다른 자질들에도 터무니없이 사로잡히지 않고, 오로지 더 이상 의심할 수 없게 되었을 경우에만 그들을 따르기를 바란다.

6장

주석가들의 선입견에 대하여

이런 과도한 집착은 어떤 저자의 책에 주석을 붙이는 사람들에게서 더욱 이상하게 보인다. 재사에게는 어울리지 않아 보이는 이 작업을 시도하는 사람들은 그들이 주석을 붙이는 작가들이 모든 사람의 찬탄을 받아 마땅하다고 생각한다. 그들은 자신과 자신의 저자들이 한 몸이라도 되듯 생각하고 이런 관점에서 이기심l'amour-propre은 임무를 충실히 수행한다. 그들은 자기들이 연구하는 저자들에게 아낌없이 찬사를 보내고, 그들을 빛과 광채로 둘러싸고, 영광으로 가득 채우는데, 그 영광이 그들 자신에게 파급되리라는 점을 잘 알기 때문이다. 이런 위대함의 생각은 아리스토텔레스나 플라톤을 많은 사람들의 정신 속에 드높일 뿐 아니라, 이들 철학자에게 주석을 붙인 모든 사람들에게 존경심을 새긴다. 그런 사람이 자신이 똑같이 영광을 받는다고 생각하지 않았다면 그가 연구하는 저자를 그렇게 신격화하지 않았을 것이다.

그러나 나는 모든 주석가가 자신의 저자에게 찬사를 보내는 것은 그 찬사가 제게 되돌아오기를 희망해서라고 주장하는 것은 아니다. 그들 중 몇몇은 그렇게 생각했다면 끔찍해했을지 모른다. 그들의 찬양은 선의로 이루어지고, 저자를 곡해할 양이면 생각하지도 않는다. 그러나 이기심은 그들을 위해서, 그들도 그런 줄 알지도 못하면서 자신의 저자를 생각한다. 심장의 열이 신체의 모든 부분에 생명과 운동을 제공할지라도 사람들이 그 열을 느끼는 것은 아니다. 이 점을 확신하려면 제 몸에 손을 대어보고 만져보아야 한다. 그 열은 자연적인 것이기 때문이다. 교만도 마찬가지이다. 교만은 인간에게 대단히 자연스러운 것이라 느껴지지도 않는다. 교만이 말하자면 대부분의 사유와 의도에 생명과 운동을 부여하더라도 지각할 수 없는 방식으로 그렇게 하는 것이다. 우리가 헛된 존재임을 알기 위해서는 더듬어 보고, 만져 보고, 내부를 헤아려 보아야 한다. 대부분의 행동을 일으키는 것이 허영심임을 우리는 잘 모른다. 그리고 이기심은 이 점을 알지라도 이렇게 아는 것은 다른 나머지 인간에게 이를 감추기 위해서일 뿐이다.

그러므로 주석가는 그가 주석을 다는 저자와 어떤 관련을 갖고 관계를 맺으므로 그의 이기심은 틀림없이 이 저자를 찬양해야 하는 대단한 이유를 발견하여 그것을 스스로 이용하게 된다. 이 과정이 얼마나 교묘하고 섬세하고 세련된 방식으로 이루어지는지 느껴지지도 않는다. 그렇지만 이곳은 이기심이 얼마나 유연한지 찾아야 할 자리는 아니다.

주석가들은 그들이 연구하는 저자들에게 큰 존경심을 품었기 때문에 자신의 저자들을 찬양하기도 하지만, 그것이 관례이고, 관례를 따라야 할 것 같기 때문에 찬양하기도 한다. 어떤 학문들도, 어떤 저자들도 대단히 존경하지 않지만 그래도 직업, 우연, 혹은 심지어 변덕스러운 마음으로 그 작업을 시작해서 이들 저자의 책에 주석을 붙이고,

그 학문에 전념하는 사람들이 있다. 그런데 이들은 자기가 연구하는 저자들이 어리석고, 그들의 학문이 천賤하고 쓸모없는 것이라도 과장하지 않으면 안 된다고 믿는다.

어떤 이가 자기는 어리석다고 생각하는 저자의 책에 주석을 붙이고자 하고, 쓸모없다고 생각하는 주제에 대해 진지하게 글을 쓰는 데 전념하는 모습은 대단히 우스꽝스러워 보일 것이다. 그러므로 자기 평판을 유지하려면, 저자와 책의 주제가 마땅히 무시되어도 좋을 만한 것일지라도 이를 찬양해야 하고, 보잘것없는 책에 손을 대고 만 과오를 다른 과오로써 변상해야 한다. 바로 이런 이유로 여러 저자들의 책에 주석을 붙이는 박식한 사람들이 종종 모순되는 주제에 대해 말하게 되는 것이다.

또 바로 이런 이유로 거의 모든 머리말들은 진리에도 양식에도 부합하지 않는다. 아리스토텔레스의 주석자는 아리스토텔레스를 '자연의 천재'라고 하고, 플라톤에 대한 글을 쓸 때는 '신성한 플라톤'이라고 한다. 그는 그저 인간의 책에 주석을 다는 것이 아니라, 신성한 인간의 책, 그들이 살았던 세기의 찬탄의 대상이자, 신으로부터 특별한 빛을 받은 인간의 책에 주석을 다는 것이다. 다루는 주제도 마찬가지여서, 그 주제는 항상 가장 아름답고 고상하고 반드시 알아야 하는 것으로 제시된다.

그러나 내가 한 말만 듣고 나를 믿지 않으려면 학자들 중에서도 한 유명한 주석가가 자신이 주석을 붙인 저자에게 어떤 방식으로 말하는지 보자. 아리스토텔레스에 대해 말하는 이븐 루시드의 경우인데, 그는 아리스토텔레스의《자연학*Physique*》머리말에서 이 철학자가 논리학,

도덕, 형이상학의 창안자로, 그 학문들을 완성했다고 말했다.

> 그는 이들 학문을 완벽하게 만들었다. 오늘날까지 천오백 년 동안 그의 뒤를 따른 사람들 중 누구도 덧붙인 것이 없다. 또 그의 말에서 아주 사소한 오류조차 발견할 수 없다. 한 개인이 그런 힘을 갖는다는 것은 기적이며 예외적으로만 일어나는 일이다. 이런 자질을 단 한 사람에게서 찾을 때 그는 인간이라기보다는 신이라고 해야 마땅하다.[1]

그는 다른 곳에서 훨씬 더 화려하고 훨씬 더 장엄하게 찬양한다.

> 완전함에 있어서 그를 다른 사람들과 구분했던 신을 찬양하도록 하자. 신은 그에게 가장 높은 위엄을 부여하셨으며, 어떤 시대가 되었든 그의 위엄에 이를 수 있는 자는 아무도 없다. (…) 아리스토텔레스의 교의는 지고한 진리Summa Veritas이다. 그의 지성은 인간 지성의 극한을 표시하기 때문이다. 그래서 우리가 알 수 있는 것을 모르지 않게 하려고 신의 섭리는 그를 창조하여 우리에게 보냈다고 말해야 옳다.

정말이지 광인狂人쯤은 되어야 그런 식으로 말할 수 있지 않을까? 저자의 고집이 부조리와 광기로까지 변해야 하지 않을까?

---

1 [옮긴이] Averroès, *Commentaire sur la Physique*, cité notamment dans le *Syntagma philosophicum* de Gassendi, Opera, t. I, p. 7.

> 아리스토텔레스의 교의는 지고한 진리이다. 누구도 그의 학문에 필적할 수 없고 가까이 갈 수도 없다. 신께서는 알려질 수 있는 모든 것을 가르치기 위해 그를 우리에게 보내셨다. 그로 인해 모든 사람이 지혜로워졌고 그의 사유를 더 잘 이해하는 만큼 더 박식해진다.

다른 곳에서는 이렇게도 말한다.

> 아리스토텔레스는 모든 현자들이 그의 뒤를 따랐던 군주였다. 물론 현자들이 그의 글을 해석하고 그의 글에서 귀결을 끌어낼 때 서로 의견이 다르기는 했다.

이 주석가의 책은 전 유럽은 물론 더 멀리 떨어진 다른 나라에도 퍼졌다. 이 책이 아랍어에서 히브리어로, 히브리어에서 라틴어로 번역되었고, 아마 다른 많은 언어로도 번역되었을 것이다. 이 점은 지식인들이 그를 얼마나 존경했는지를 충분히 보여 준다. 그러니 연구자들의 집착에 대해 이보다 더 분명한 예를 제시할 수 없다. 주석가들은 종종 어떤 저자에게 끈기 있게 매달릴 뿐 아니라, 그런 태도는 주석가들이 세상에서 얼마나 존경받느냐에 따라 다른 사람들에게 전염되고, 그래서 주석가들이 거짓 찬사를 늘어놓을 때 전혀 양식을 갖지 않은 사람들이 그 책을 열심히 읽고 집착하게 되어, 무한히 많은 수의 오류를 범하게 만드는 원인이 된다는 점을 볼 수 있다. 아래는 다른 사례이다.

옥스퍼드대학에서 기하학과 천문학 강의를 열었던 한 저명한 학자는 유클리드의 첫 여덟 명제를 다룬 책을 쓰겠다면서 자신의 책의 서두를 다음과 같이 시작했다.

"독자 여러분, 내 힘과 건강이 충분하다면 내 의도는 정의, 공준, 공리 및 유클리드《원론》의 첫 번째 여덟 명제를 설명하고, 그 나머지는 후세의 학자들에게 남겨주는 데 있습니다."[2]

그리고 다음과 같은 말로 끝맺는다.

"독자 여러분, 신의 가호로 나는 약속을 실행했고, 약속을 지켰고, 내 방식으로 정의, 공준, 공리 및 유클리드《원론》의 첫 여덟 명제를 설명했습니다. 여러 해 동안 지쳐서 나는 교제도 방법도 방치했습니다. 아마 더욱 강건한 신체를 갖고 더욱 활력 넘치는 정신을 가진 다른 분들이 내 뒤를 이을 것입니다."

평범한 정신의 소유자라도 혼자서, 혹은 존재할 수 있는 가장 형편없는 기하학자의 도움으로 정의, 공준, 공리 및 유클리드의 첫 여덟 명제가 있음을 배우는 데는 한 시간도 필요 없다. 무슨 설명도 거의 필요 없다. 그런데 저자는 마치 그 시도가 대단히 위대하고 대단히 어려운 것이라도 되는 양 이에 대해 말한다. 그가 "힘과 건강이 충분하다면"이라고 말할 때 그는 힘에 부칠까 두렵고, "그 나머지는 후세의 학자들에게 남겨둔다"고 말하면서 후세의 학자들이 이 문제를 한층 더 밀고 나가기를 바란다. 그는 "신의 가호로 나는 약속을 실행했고, 약속을 지켰고, 내 방식으로 설명했다"고 말하면서 특별한 은총을 통해 자신의 약속을 실행할 수 있었다고 신에게 감사한다. 무엇에? 원적 문제인가? 입방배적 문제인가? 저 위대한 인물은 정의, 질문, 공리, 유클리드《원

---

2 Praelectiones 13, in principium *Elementorum Euclidis*.

론》의 첫 여덟 명제를 "그의 방식으로" 설명했다. "아마 그의 뒤를 이을 사람들 중에 저 훌륭한 책을 계속하기 위해 그보다 더 건강하고 더 많은 힘을 가진 사람이 있을 것이다." 그런데 그는 "이제 쉬어야 할 때"이다.

유클리드는《원론》을 쓸 때 정의, 공리, 질문 및 첫 여덟 명제를 설명하는 데 300쪽에 달하는 책[3]을 쓸 필요가 있을 정도로 대단히 난해하게 쓰려는 생각도 없었고, 대단히 기상천외한 문제에 대해 말하겠다는 생각도 없었다. 그런데 이 영국 학자는 유클리드의 과학을 돋보이게 할 줄 알았다. 나이가 허락하고 계속 동일한 정력으로 일할 수 있었다면 기초 기하학만을 다룬 열두 권에서 열다섯 권 분량의 책이 생겼을지 모른다. 그 책은 이 학문을 공부하고자 하는 모든 사람에게 대단히 유용했을 것이고, 유클리드에게도 대단한 영예가 되었을 것이다.

이상이 거짓 박학이 우리에게 품게 할 수 있는 기이한 의도들이다. 그는 그리스어를 알았으니, 그가 요한네스 크리소스토무스의 책을 우리가 그리스어로 읽을 수 있도록 해주었던 점에 감사한다. 그는 아마 고대 기하학자들의 책을 읽었을 것이다. 그는 고대 기하학자들의 역사적 계보만큼이나 그들이 제시한 명제들을 알았다. 그는 진리에 대해 품어야 하는 경의를 고대를 위해 품었다. 그래서 이렇게 정신이 배치되고 무엇이 생겼는가? 명사의 정의, 질문, 공리 및 유클리드의 첫 여덟 명제의 주석이 오히려 이해하고 기억하기가 훨씬 더 어렵게 되었다. 나는 이 주석가가 주해를 붙인 이들 명제가 아니라 유클리드가 기

---

3 4절 판.

하학에 대해 썼던 모든 것을 말하는 것이다.

허영 때문에 그리스어를 말하고, 심지어 간혹 이해하지 못하는 언어로 말하는 사람들이 많다. 사전은 목차와 일반 논거만큼 많은 저자들에게 큰 도움을 준다. 그러나 그리스어를 사용할 필요가 없는 주제에 그리스어를 무더기로 사용할 생각을 하는 사람은 없다. 이 때문에 나는 그것을 집착이며, 유클리드에 대한 과도한 존경이라고 생각한다. 그런 것이 저자의 상상 속에서 그 책의 의도가 되었으니 말이다.

그 사람이 오직 이성만을 사용해야 할 주제에서 기억력만큼 이성을 사용했다면, 또 그가 주석을 붙인 저자를 숭배하는 만큼 진리를 존중하고 사랑했다면, 대단히 하찮은 주제에 수많은 시간을 들이지 않고 유클리드의 평면각과 선분들의 정의에 결함이 있어서, 그것들의 본성을 충분히 설명하지 못하고 있고, 두 번째 명제를 증명하기 위해서는 그 두 번째 명제보다 먼저 동의할 수 없을 세 번째 질문을 통해서만 증명될 수 있다고 하므로 이는 엉뚱한 것이라는 점에 동의했을 것이다.

각각의 점으로부터 원하는 거리를 가진 원을 그릴 수 있다는 세 번째 질문에 동의한다면, 한 점으로부터 한 선과 동일한 다른 선을 긋게 된다 — 유클리드가 이 두 번째 명제에서 크게 우회하여 실행한 것이다 — 는 점에 동의할 뿐 아니라, 각각의 점으로부터 원하는 길이를 가진 무수한 선을 긋게 된다는 점에도 동의하는 것이니 말이다.

그러나 주석가들 대부분의 의도는 저자들의 생각을 밝히고 진리를 찾는 것이 아니라, 자신들의 박학을 과시하고, 그들이 주석을 붙인 저자들이 범한 오류조차 맹목적으로 옹호하는 데 있다. 그들은 자기 스스로 이해하거나 저자들을 이해시키기 위해서 말하는 것이 아니라, 그

저자를 숭배하게 만들고, 그 저자와 함께 자신도 숭배받기 위해서 말한다. 우리가 언급하는 사람이 책을 그리스어 문단으로, 누구도 아는 사람이 없는 여러 이름으로, 통념, 명사의 정의, 기하학의 질문들을 이해하는 데 불필요한 지적들로 가득 채웠다면 도대체 그 책을 누가 읽을 것이며, 누가 그 사람을 숭배할 것이며, 누가 저자에게 학자와 재사의 자질을 부여할 수 있을 것인가?

저자들의 책을 조심성 없이 읽는 것으로 정신을 사로잡을 수 있을까를 의심할 수 없다고 생각한다. 그런데 정신이 사로잡히자마자 상식이라고 하는 것을 더는 완전히 갖지 못하게 되고, 집착의 주제와 어떤 관계가 있는 것을 더 이상 올바르게 판단할 수 없게 되고, 사유하는 모든 것에 전념하게 하고, 그렇게 되면 정신을 사로잡은 주제들과 전적으로 멀리 떨어진 주제에 몰두할 수 없게 된다.

그래서 아리스토텔레스를 고집하는 사람은 아리스토텔레스만 음미하게 된다. 즉 모든 것을 아리스토텔레스와 관련하여 판단하고자 하며, 아리스토텔레스에 반反하는 것은 그에게 거짓으로 보인다. 그는 항상 아리스토텔레스의 어떤 대목을 입에 달고 살 것이며, 어떤 종류의 경우라도, 어떤 종류의 주제라도 그 대목을 인용함으로써 난해해서 아무도 이해하지 못하는 몇몇 문제들을 증명하고, 아이들조차 의심할 수 없을 대단히 명백한 문제들을 증명할 것이다. 아리스토텔레스와 그의 관계는 이성과 명백성이 다른 사람들과 맺는 관계와 같기 때문이다.

마찬가지로 어떤 이가 유클리드와 기하학을 고집한다면 여러분이 그에게 무슨 말을 해도 유클리드의 선과 명제와 관련시키고자 할 것이다. 그는 여러분에게 기하학과의 관계에 따라서만 말할 것이다. 전체가 부분보다 더 이상 크지 않게 된다면 그것은 유클리드가 그렇게 말해서일 뿐이고, 내가 간혹 그 점을 지적했듯이 이를 증명하기 위해 유클리드를 거명하는 일도 전혀 부끄러워하지 않을 것이다. 그렇지만 이는 기하학의 저자들이 아닌 다른 저자들을 추종하는 사람들에게는 훨씬 더 흔한 일이다. 그들의 책을 보면 그리스어, 히브리어, 아랍어로 된 중요한 대목들이 아주 자주 발견되는데, 그것으로 이미 더없이 명백한 사실들을 증명하려는 것이다.

이 모든 일이 일어나는 이유는 전념하는 대상들이 두뇌 섬유에 새긴 흔적들이 대단히 깊어서, 그 흔적들은 항상 반쯤 벌어져 있고, 동물정기가 끊임없이 그리로 지나가다 보니 그 흔적들이 닫히지 못하게 되어 계속 벌어진 상태로 유지되기 때문이다. 그래서 영혼은 이 흔적들과 연관된 사유들을 항상 떠올리지 않을 수 없어서, 그 사유의 노예가 된다. 또한 영혼은 자신의 미망迷妄을 알고 이를 고쳐 보고자 할 때도 그로 인해 항상 혼란스럽고 불안해한다. 그래서 영혼이 경계를 게을리해서, 이 책의 첫머리에서 말했던 규칙을 준수하여, 오직 완전히 명백한 문제들에만 동의한다는 결심을 확고히 굳히지 않는다면 수많은 오류를 범할 위험에 항상 놓여 있다.

내가 여기서 말하는 것은 그들이 전념하고 있는 대부분의 유형의 연구가 잘못된 선택을 내린다는 것이 아니다. 그것이 방금 전념에 대해 말한 것과 관련이 있다고 해도 도덕의 문제로 다루어져야 한다. 어떤 이가 유대 율법학자들의 책을 읽고 전혀 알려지지 않았으므로 전혀 유용하지 않은 모든 종류의 언어로 쓴 책에 필사적으로 뛰어들어, 이런 방법으로 결코 진정한 학문을 획득할 수 없을 텐데도 그의 전 생애를 바친다면 그는 분명 전념함으로써, 학자가 되려는 상상의 희망을 품고 그렇게 하는 것이다.

그러나 이렇게 불필요한 연구에 몰두한다고 우리가 숱한 오류를 범하는 것이 아니고, 어리석은 허영심을 채우느라 우리의 가장 소중한 재산인 시간을 잃는 것이므로, 여기서는 천하고 쓸모없는 이런 모든 종류의 학문들을 앞장서서 연구하는 학자가 되려는 사람들에 대해서는 말하지 말도록 하자. 그런 학문들의 수는 대단히 많고, 그런 학문들은 흔히 지나친 열정을 담아 연구된다.

7장

I. 새로운 체계의 창안자들

우리는 방금 어떤 저자들의 권위를 무엇보다 가장 중시하는 연구자들의 상상력의 상태를 보여 주었다. 또 그들과 아주 반대되는 다른 연구자들도 있는데, 그들은 학자들 사이에서 아무리 높은 평가를 받는 저자들이라고 해도 그들을 전혀 존경하지 않는다. 그들이 저자들을 존경했다면 그때부터 아주 마음이 변한 것이어서 이제는 그들 스스로 그런 저자들로 자처한다. 어떤 새로운 의견의 창안자가 되어 그것으로써 세상에서 어떤 명성을 얻고자 하는 것이다. 그리고 그들은 아직 한 번도 언급된 적이 없던 무언가를 말하면서 틀림없이 찬미자들을 얻게 되리라 확신한다.

이런 유의 사람들은 보통 대단히 강한 상상력의 소유자이다. 그들은 그런 본성의 두뇌 섬유를 가졌으므로 거기 새겨진 흔적들을 오랫동안 보존한다. 그래서 그들이 일단 어떤 사실임 직한 체계를 상상하고 나면 누구도 그들의 잘못을 더 이상 깨닫게 할 수 없다. 그들은 어떤 방식으로든 그 체계를 확고하게 만들어 줄 수 있는 모든 것들을 정말 소중히 기억하고 보존한다. 반대로 그들은 그 체계와 대립하는 반박들은 거의 보려 들지 않거나 어떤 사소한 차이를 두어 그 반박으로부터 벗어난다.

그들은 자기가 쓴 책과, 그 책으로 인해 자기가 받을 수 있었으면 희망하는 높은 평가를 생각하며 내심 즐거워한다. 그들은 자기들의 사실임 직한 의견들이 품고 있는 진리의 이미지를 고려해 보려는 데 전력을 다한다. 그들은 그 고정된 이미지를 눈앞에서 응시하지만 그들 생각의 다른 모습들을 확고한 시선으로 바라보는 일은 없다. 그런 다른 모습들로 인해 자칫 그들 생각이 거짓임이 밝혀질 수 있을지 모르니 말이다.

어떤 진실한 체계를 발견하는 데는 여러 대단한 자질이 필요하다. 대단한 민첩함과 통찰력을 갖는 것으로는 충분하지 않다. 그것에 더해 대단히 많은 문제를 동시에 바라볼 수 있을 상당히 위대하고 큰 폭의 정신이 필요하다. 편협한 정신을 가진 사람들은 민첩하고 섬세하지만 시야가 너무 좁아서 어떤 체계를 수립하는 데 필요한 모든 것을 볼 수 없다. 그들은 자기가 부딪힌 사소한 난점들이나 그들의 눈을 흐리는 희미한 빛에 집착하므로, 어떤 방대한 주제의 전체 구조를 동시에 볼 정도로 시야의 폭이 충분히 넓지 않다.

그러나 정신의 폭이 아무리 넓고 통찰력이 아무리 뛰어나더라도, 이와 더불어 정념과 편견의 힘을 막지 못한다면 아무것도 기대할 것이 없다. 편견은 정신의 한 부분을 점하고는, 그 나머지 부분을 오염시킨다. 정념은 수많은 방식으로 관념이란 관념은 모두 혼동하고, 우리로 하여금 대상들 속에서 거의 항상 우리가 찾고자 바라는 모든 것을 보게끔 한다. 진리에 대한 우리의 정념 자체도 그것이 지나치게 뜨겁다면 간혹 우리를 속인다. 그렇지만 학자인 체하는 허영심과 욕망이 우리가 진정한 학문을 얻는 데 가장 방해가 된다.

그러므로 새로운 체계들을 수립할 능력을 갖춘 사람들을 찾는 것은 너무도 드문 일이지만, 자신의 변덕에 따라 누군가를 교육했던 사람들은 어디에나 널렸으니 이들을 찾는 것은 너무도 흔한 일이다.

공부를 많이 한 사람들 중 통념에 따라 추론하는 사람들은 정말 적다는 것을 알고 있다. 그들의 관념에는 항상 어긋나는 지점이 있는데, 그것으로 그들에게 우리가 몰랐던 어떤 특별한 체계가 있음을 잘 볼 수 있다. 그들이 쓴 모든 책들에서 그 점이 느껴지지 않는다는 것도 사실이다. 대중을 위해 글을 쓰는 것이 문제가 될 때 자기가 한 말에 더 주의를 기울이게 되니 말이다. 그리고 주의를 기울여 보는 것으로도 충분히 우리의 잘못을 깨달을 수 있다. 자기 책의 첫머리부터 스스로 어떤 새로운 체계를 창안했노라고 밝히는 것으로 영광을 삼는 사람들도 있는 것이다.

새로운 체계를 창안한 사람들의 수가 한 저자에게 전념했던 사람들을 통해 더욱 증가하게 된다. 자기가 읽은 저자들의 의견에서 진실하고 견고한 것을 찾지 못했으므로 처음에는 모든 종류의 책에 엄청난 혐오감을 일으켜 결국 대단히 무시하게 된다. 그다음에 그들은 사실임직한 의견을 생각하고 열성을 다해 그 의견을 신봉하고, 방금 설명한 방식으로 그 의견을 굳히는 것이다.

그러나 그들의 의견에 가졌던 저 대단한 열정이 약화되거나, 그 의견을 독자에게 공개하려는 의도에 따라 그것을 더욱 엄밀하고 더욱 진지하게 주의를 기울여 검토하지 않을 수 없게 되면 그들은 그 의견이 거짓임을 발견하고 그 의견을 떠나 버린다. 이런 조건으로 그들은 다른 의견들은 취하지 않을 것이고, 무슨 진리를 발견했다고 주장하는 사람들을 단호히 비판할 것이다.

II. 연구자들의 중대한 오류

그래서 여러 연구자들이 빠지곤 하는 마지막이자 가장 위험한 오류는 우리가 아무것도 알 수 없다고 주장하는 것이다. 그들은 고대와 현대의 책을 숱하게 읽었어도 진리를 전혀 찾지 못했다. 그들은 멋진 여러 사유를 접하고는 더욱 주의 깊게 검토한 뒤 그것이 거짓임을 발견했다. 그들이 이로부터 내린 결론은 모든 사람이 그들을 닮았으므로 어떤 진리를 발견했다고 믿는 사람들이 더 진지하게 성찰했다면 자기들과 마찬가지로 잘못을 깨달으리라는 것이었다. 그들은 이 점만 갖고도 더 자세히 검토하려 들지도 않으면서 충분히 비판할 수 있다. 그들이 비판하지 않았다면 그들이 더 뛰어난 재기를 가졌다는 점에 어떤 식으로든 동의하는 것일 텐데, 그것은 그들에게 사실임 직한 것으로 보이지 않는다.

그러므로 그들은 무언가를 확실한 것으로 확신하는 모든 사람들을 고집쟁이로 간주한다. 그들은 학문을 명백한 진리처럼 말하는 것을 원치 않는다. 그 진리들은 이성적으로 의심할 수는 없지만 그저 모르지 않는 것이 좋은 의견들일 뿐이다. 그러나 이 사람들은 엄청나게 많은 책을 읽었더라도 모든 책을 읽은 것은 아니고, 그 책들을 올바로 이해할 만큼 온 정신을 집중해서 읽은 것도 아니며, 수많은 멋진 사유들을 가졌다가 나중에 그것이 거짓임을 깨닫게 된다면, 다른 사람들이 그들보다 더 잘 진리와 마주칠 수 있게 되리라고 볼 것임에 틀림없다.

또 일반적으로 말해서 그들에게 이 점이 충격적이라고 해도 이 다른 이들이 그들보다 반드시 더 큰 재기를 가져야 하는 것은 아니다. 운이 더 좋았던 것으로 충분하기 때문이다. 전자가 모르는 것을 명확히 안다고 말하더라도 전자에게 피해를 입히는 것은 아니다. 여러 세기 동안 동일한 진리를 몰랐다고 한목소리로 말하는 것은 분별심이 없어서가 아니라, 애초에 그런 분별심을 제대로 만난 적이 없기 때문이다.

그러므로 명확하게 보고, 그렇게 보는 것처럼 말한다고 해도 그들은 전혀 놀라지 않는다. 그들이 들은 말에 전념하는 것은 그들의 정신이 혼란이란 혼란을 모두 겪고도 다시 전념할 수 있기 때문이다. 그다음에 그들은 판단한다. 그렇게 할 수 있다. 하지만 아무것도 검토하지 않고자 한다면 침묵해야 한다. 그들이 대부분의 질문을 받고 그것을 모른다는 대답을 내놓으면 그들은 다소 성찰을 한 것이다.

어떻게 그렇게 되는지, 그것이 어떻게 전혀 분별없는 대답이 아닌지 아는 사람은 아무도 없다. 그런 대답을 하려면 사람들이 아는 모든 것을 알고 있다고 믿어야 하거나, 사람들이 알 수 있는 모든 것을 알고 있다고 믿어야 하니 말이다. 그들 스스로 이렇게 생각하지 않았다면 그들의 대답은 더욱 어리석었을 것이다. 또 그들은 어떤 경우에는 자기들이 아무것도 모른다는 데 동의하면서도 왜 자기는 그 점에 대해 아무것도 모른다는 말을 하기가 그토록 어려운가? 또 모든 사람은 마음 속으로는 스스로 무지하다고 확신하므로 그들 모두 무지한 사람들이라는 결론을 내려야 할까?

그러므로 연구에 몰두하는 사람들은 세 가지 부류로 나뉜다. 어떤 이들은 까닭 없이 어떤 저자나, 유용성이라고는 없을 뿐 아니라 거짓인 어떤 학문에 전념하고, 다른 이들은 그들만의 변덕에 몰두하고, 보통 앞의 다른 두 부류의 사람들로부터 나온 또 다른 이들은 알려질 수 있는 모든 것을 안다고 생각한다. 이 마지막 부류의 사람들은 확실히 아는 것이 아무것도 없다고 확신하면서 일반적으로 우리는 어떤 것도 명백히 알 수 없다는 결론을 내리고, 자기가 들은 모든 주제들을 그저 단순한 의견으로 간주한다.

이 세 부류의 사람들의 모든 결함들은 우리가 먼젓번 장들에서 설명했던 상상력의 속성에 달려 있고, 이 모든 일은 그들의 정신을 가로막고 그들이 전념하는 대상과는 다른 대상들을 지각할 수 없게 만드는 여러 편견들을 통해서 그들에게 일어난다는 점을 쉽게 알 수 있다. 그들이 가진 편견들이 그들의 정신 속에서 행하는 일이나 대신大臣들이 군주에 대해서 행하는 일이나 모두 같다고 말할 수 있다.

이 사람들은 자기들이 할 수 있는 만큼 자신과 이해관계에 놓였거나, 이해관계를 박탈할 수 없는 사람들만이 군주에게 말할 수 있는 것과 같다. 그래서 군주의 편견은 완전히 순수하고 아무것도 섞이지 않은 대상들의 관념을 주시하지 못하게 만든다. 그렇지만 그들은 그 관념들을 감추고, 그것을 제복으로 덮고, 완전히 가면을 쓰고 군주에게 제시하고 있으니, 그래서 군주가 잘못을 깨닫고 자신의 오류를 인정하기가 그렇게 어려운 것이다.

8장

내가 보기에 방금 언급한 것으로 연구자들의 상상력의 결함은 무엇인지, 그들이 가장 쉽게 빠지는 오류들은 무엇인지 일반적으로 충분히 알 수 있다. 그런데 진리를 찾고자 애쓰는 사람들은 대개 이들뿐이며, 모든 사람은 그들을 믿고 그 일을 맡기는 것이므로 제 2부를 여기서 끝낼 수 있을 것 같다. 그러나 여기에 더해 다른 사람들이 범하는 오류들을 얼마간 말해야 한다. 그 점을 잘 아는 일이 불필요한 일은 아닐 것이기 때문이다.

I. 여성화된 정신에 대하여

감각을 즐겁게 하는 모든 것은 우리를 극단적으로 자극하고, 우리를 자극하는 모든 것은 자극의 정도에 따라 우리를 집중시킨다. 그래서 대단히 감각적이고 대단히 쾌적한 모든 종류의 여흥에 빠진 사람들은 상당히 어려운 진리를 파고들 수 없다. 무한하지 않은 그들 정신의 능력은 즐거움으로 가득 차 있거나 적어도 뚜렷이 즐거움을 공유하는 까닭이다.

위인들, 궁정인들, 부자들, 젊은이들, 재사才士라고 불리는 이들 대부분은 계속 여흥을 즐기고 사욕과 감각을 즐겁게 하는 모든 것을 동원해서 즐거움을 주는 기술만을 연구할 뿐이므로, 그들은 이런 일들로 인해 조금씩 그런 세심함, 혹은 나약함을 얻는다. 그들이 주장하듯이 나약함은 세심한 정신이라기보다는 여성화된 정신이라고 말할 수 있다. 정신의 진정한 섬세함과 나약함은 보통 혼동되지만 이 둘 사이에는 대단한 차이가 있다.

섬세한 정신은 이성을 통해 사물들의 가장 작은 차이까지 눈여겨보고, 일상적이지 않고 보이지 않는 숨겨진 원인들에 좌우되는 결과들을 내다보고, 자기가 고려하는 주제들을 더 깊이 파고드는 사람이다. 그렇지만 나약한 정신의 섬세함은 가짜일 뿐이다. 그 정신은 생생하지도 예리하지도 않다. 그들은 그보다 더 조잡할 수 없고 그보다 더 명백할 수 없는 원인들로부터 비롯한 결과조차 인정하지 않는다. 결국 그 정신은 전혀 전체를 포괄할 수도 없고 전혀 깊이 파고들 수도 없고, 격식les manières에 극단적으로 민감하다. 그들은 나쁜 말, 지방 악센트, 작은 찡그림을 보고 듣는 것만으로 기분이 상한다. 무더기로 뒤섞인 고약한 이유들은 그대로 두고서 말이다. 그들은 추론에 결함이 있음을 인정할 수 없지만, 거짓 절도節度와 부정확한 몸짓은 완벽하게 느낀다. 한마디로 말해서 그들은 자신의 감각을 계속 사용했으므로 감각으로 느낄 수 있는 것들은 완벽하게 이해한다. 그러나 그들은 지성을 사용해 본 적이 거의 없으므로 이성에 의존하는 것들은 실제로 이해하지 못한다.

그러나 바로 이런 유의 사람들이 세상에서 가장 높은 평가를 받고, 재사의 명성을 더 손쉽게 얻는다. 누가 자유롭고 거리낌 없는 태도로 말하고, 순수하고 선별된 표현을 하고, 감각이나 즐겁게 할 뿐 어리석은 말들만 할지라도, 지각되지 않는 방식으로 정념을 자극하는 비유들figures을 사용하고, 그런 멋진 말들 뒤에는 선善하고 진실한 것이 아무것도 없다면, 그런 사람은 중론衆論을 따라서나 재사이고, 섬세한 정신이고, 예민한 정신이다. 자신이 희미한 가짜 빛에 의해서만 빛날 뿐, 결코 빛을 밝히지 못하는 나약하고 여성화된 정신일 뿐임을 알아차리지 못하는 것이다. 그 정신이 우리를 설득한다면 그것은 우리가 이성을 가져서가 아니라 눈과 귀를 가졌기 때문이다.

게다가 우리는 모든 사람이 방금 우리가 그들 중 몇몇에게서 주목했던 이 결함을 느낀다는 것을 부정하지 않는다. 감각과 정념의 인상을 통해 자극되지 않는 이는 없으며 그래서 이들은 격식에 집착한다. 모든 사람은 이런 점에서 단지 많고 적고의 차이밖에 갖지 않는다. 그러나 이 결함을 몇몇 개별적 사람들에게 부여했던 이유는 그것을 결함이라고 보고, 그것을 고치고자 노력하는 사람들이 있기 때문이다. 반면 우리가 방금 말한 사람들은 이를 대단히 이로운 자질로 간주한다. 그들은 이 거짓 섬세함이 여성화된 나약함의 결과이자, 정신에 일어나는 무수히 많은 질병의 원인임을 알기는커녕 그들의 천재의 결과이자 아름다움의 흔적이라고 상상한다.

II. 피상적 정신에 대하여

방금 언급한 사람들에 피상적 정신을 가진 수많은 사람들을 더할 수 있다. 후자는 결코 깊이 파고드는 일이 없고 사물들의 차이를 모호하게만 지각할 뿐이다. 앞에서 말했던 사람들과 마찬가지로 이는 그들의 잘못 때문이 아니다. 그들의 정신을 편협하게 만드는 것은 여흥이 아니라, 그들이 자연적으로 편협한 정신을 가져서이기 때문이니 말이다. 이런 정신의 편협함은 흔히들 생각하듯 영혼의 본성에서 온 것이 아니다. 간혹 동물정기가 아주 결여되었거나 아주 느리게 움직여서 그렇기도 하고, 또 간혹 두뇌 섬유가 경직되어서 그렇기도 하고, 또 간혹 정기와 피가 과도할 정도로 풍부하거나, 알 필요가 없는 어떤 다른 원인 때문에 그렇기도 하다.

그러므로 정신에는 두 종류가 있다. 하나는 사물의 차이를 쉽게 포착하는데 이들이 재사才士이다. 다른 하나는 사물들 사이에 유사성이 있음을 상상하고 그렇게 가정하는데 이들이 피상적 정신을 가진 이들이다. 전자는 자기들이 고려하는 대상들의 뚜렷하고 분명한 흔적들을 수용할 수 있는 두뇌를 갖고 있다. 또 그들은 이 흔적들의 관념에 대단히 깊은 주의를 기울이므로 그들은 이들 대상이 가까이 있는 것처럼 보고, 아무것도 놓치지 않는다. 그러나 피상적 정신을 가진 사람들은 그저 약하고 혼란스러운 흔적만을 수용할 뿐이다. 그들은 이들 흔적을 지나치면서, 거리를 두고, 대단히 모호하게만 볼 뿐이다. 그래서 그들은 아주 멀리서 사람들의 얼굴을 바라볼 때처럼 이 흔적들이 다 똑같아 보인다. 이 정신은 차이와 불균등을 찾아서는 안 되는 곳에서 유사성과 균등을 전제하니 말이다. 그 이유는 제 3권에서 말하겠다.

대중 앞에서 말하는 대부분의 사람들, 우리가 대大연설가라고 부르는 모든 사람들, 비록 아주 적게 말할지라도 대단히 수월하게 자기 생각을 표현하는 많은 사람들이 이런 유에 속한다. 진지하게 성찰하는 사람들이 성찰의 주제들을 올바로 설명할 수 있기란 참으로 드물다. 보통 그들은 그 주제에 대해 말하려고 할 때 주저한다. 그들은 다른 사람들에게 거짓된 관념을 일으키는 용어들을 사용하는 일을 망설이기 때문이다. 모든 주제들에 대해 무례하게 말하는 많은 사람들과 같이, 그들은 그저 말하기 위해 말하는 것을 수치스러워하므로 흔하지 않은 생각들을 올바로 표현하는 말들을 찾는 일을 대단히 어려워한다.

III. 권위적인 사람들에 대하여

신앙심을 가진 사람들, 신학자들, 노인들, 일반적으로 다른 사람들에 대해 많은 권위를 공정하게 획득한 이들은 대단히 존경받지만, 모든 사람이 존경하는 마음으로 그들의 말을 듣게 되니 그들이 자신은 과오를 범하지 않는다고 믿어 버리고, 사변적 진리를 발견하기 위해 그들의 정신을 거의 사용하지 않고, 그들이 즐겨 비판하는 모든 것을 충분한 주의를 기울여 고려하지도 않고 너무도 자유롭게 비판한다고 말하지 않을 수 없다. 그들이 반드시 필요하지 않은 수많은 학문들에 전념하지 않는다고 걸고넘어지는 것이 아니다. 그들은 그런 학문에 전념하지 않고 그런 학문을 무시할 수 있다. 그러나 그들은 변덕스럽게, 이유

없이 의심하여 그렇게 판단하는 것은 아니다. 그들이 심각하게 말하는 방식, 그들이 다른 사람들의 정신에 행사하는 권위, 성경의 몇몇 구절을 들어 자기들이 말한 것을 확고히 하고자 하는 습관으로 인해 그들의 말을 존경하는 마음으로 듣게 되지만, 사물을 철저히 검토할 능력이 없으므로 격식과 외관에 사로잡히는 사람들을 틀림없이 오류에 빠뜨리게 된다는 점을 고려해야 한다.

오류가 진리의 제복을 입을 때 종종 진리 자체보다 더 존중받게 된다. 그리고 이 거짓 존중이 대단히 위험한 결과들을 가져온다.

"오류의 신격화는 모든 것들 중 최악인 것이고, 여기에 근거 없는 숭배가 더해지면 그것을 지성의 페스트로 간주해야 한다."[1]

그래서 어떤 사람들이 거짓 열의에 의해서나 그들만의 사유에 가졌던 사랑에 의해서나 자연학이나 형이상학의 거짓 원리를 세우기 위해 성경을 이용했을 때 그들의 말이면 믿어 버렸던 사람들에게 그것은 신탁神託처럼 들렸다. 그들이 성스러운 권위를 존중하는 까닭이다. 그러나 이 때문에 어떤 불완전한 정신들이 종교를 무시하게 되는 일도 생긴다. 그래서 기이한 전복顚覆을 통해 성경이 어떤 이들이 범하는 오류의 원인이 되고, 진리는 어떤 다른 이들이 갖는 무신앙의 동기이자 기원이 되었던 것이다. 그래서 우리가 방금 인용한 저자가 말하기를 죽은 것을 살아 있는 것을 갖고 찾지 말고, 자신의 정신으로 성경에서 성령이 밝히고자 하지 않은 것을 발견했다고 주장하지 않도록 주의해야 한다.

---

1 Novum organum, liv. I. aphor. 65.

"신적인 것과 인간적인 것을 유해하게 뒤섞으면서 상상의 철학은 물론 이단異端의 종교가 나온다. 이것이 왜 신앙에는 오직 신앙에 속한 것만을 신중하게 부여하는 일이 대단히 이득이 되는가의 이유이다."[2]

그러므로 다른 사람들에게 권위를 행사하는 모든 사람은 그들의 결정이 더욱 일관적인 만큼 반드시 그 점을 깊이 생각해 본 후에야 결정 내려야 한다. 특히 신학자들은 거짓 열의로써나, 남에게 존중받고 자기들의 의견을 널리 퍼뜨리기 위해서 종교를 무시하게 하지 않도록 주의해야 한다. 그러나 그들이 무슨 일을 해야 하는지 그들에게 말할 사람은 내가 아니기에, 그들은 어떤 조항들을 어떻게 생각하는지 알기 위해 교구장의 질문을 받고서는 성 아우구스티누스의 다음의 말로 교구장에게 답한 그들의 스승 토마스 아퀴나스의 말을 들어야 한다.

어떤 주제들은 신앙에 속한 것이 아님에도 그것이 마치 신앙에 속하기라도 했던 것처럼 단호하게 말하는 것은 대단히 위험한 일이다. 성 아우구스티누스는《고백》5권에서 이 점을 우리에게 가르쳐 주었다. 그가 말하기를 하늘, 별, 태양과 달의 운동에 관련한 철학자들의 생각을 모르고, 이를 혼동하는 한 기독교인을 볼 때, 나는 그 사람이 자신의 의견과 자신의 의심에 머물도록 남겨둔다. 나는 물체들의 상황 및 물질의 다양한 배치에 무지하다고 해도 주님에 대해 부당한 생각을 갖지 않는 한 그에게 해로울 수 있다고 보지 않기 때문이다. 오, 우리 모두를 창조하신 주여! 그러나 이 문제들이 종교와 관련된다는 점을 확신하고, 자신이

---

2 [옮긴이] 베이컨,《신기관》, liv. I, aphor. 65.

모르는 것을 고집스럽게 확신할 정도로 무모한 사람이라면 그는 과오를 범하는 것이다.

이 성인聖人은 또한《창세기의 문자 그대로의 설명》의 1권에서 이런 말들로 자신의 생각을 더욱 명확하게 설명했다. 기독교인이라면 그 문제들이 성경에 들어 있더라도 그 점에 대해 말하지 않도록 주의해야 한다. 진리의 허울이라는 것도 갖지 않은 기상천외한 말들을 하는 것을 들은 무신앙자가 비웃을 것이 틀림없기 때문이다. 그렇게 되면 기독교인은 혼란만을 얻게 되고 무신앙자의 교화는 실패하게 될 것이다. 그러나 이런 경우에 가장 유감스러운 점은 한 사람이 잘못 생각했다는 것을 알게 되는 것이 아니라, 우리가 교화하고자 노력하는 무신앙자들이 우리 저자들 역시 기상천외한 생각을 했다고 잘못 생각하고 저버리게 된다는 것이다. 그래서 그들은 우리의 저자들을 비판하고 무지한 자로서 경멸한다. 그러므로 내가 보기에 철학자들이 공히 받아들이는 의견들이 우리의 신앙에 반反하지 않아도 그것을 신앙의 신조로 확신해서는 안 된다. 비록 우리가 간혹 그 의견들을 수용하게끔 하고자 철학자들의 권위를 사용하지만 말이다. 또한 이 세상의 현자들에게 기독교 종교의 성스러운 진리를 경멸할 구실을 주지 않기 위해 그 의견들을 우리 신앙에 반하는 것으로 거부해서는 안 된다.

대부분의 사람들은 대단히 태만하고 대단히 분별력이 없으므로 신의 말과 인간의 말이 서로 섞였을 때 이 둘을 전혀 구분하지 않는다. 그래서 그들은 이 둘을 모두 인정하면서 오류에 빠지거나, 구별 없이 이 둘을 무시하면서 불경不敬에 빠진다. 이 마지막 오류의 원인과, 그 오류가 제 5장에서 설명한 관념들의 관계에 달려 있음을 알기란 대단히 쉬운 일이니, 이를 설명하는 데 시간을 더 들일 필요가 없다.

IV. 실험하는 사람들에 대하여

이참에 화학자들 및 일반적으로 그들의 시간을 실험을 하는 데 쓰는 모든 사람들에 대해 말해 보자. 이들은 진리를 탐구하는 사람들이다. 사람들은 보통 그들의 의견을 검토하지 않고 따르곤 한다. 따라서 그들의 오류는 다른 사람들에게 더 쉽게 전달되기 때문에, 그만큼 더 위험하다.

분명 책보다는 자연을 연구하는 편이 낫다. 가시적이고 뚜렷한 경험들은 인간의 추론보다 훨씬 확실하게 증명하고, 조건에 따라 자연학 연구에 들어선 사람들이 계속 경험을 쌓아 능숙해지고자 노력하는 것을 뭐라고 비난할 수 없다. 그 연구자들이 자기들에게 훨씬 더 필수적 학문에 더욱 전념하기만 한다는 조건에서 말이다. 그러므로 실험철학을 비난하는 것도, 실험철학의 연구자를 비난하는 것도 아니고, 단지 그들의 결점을 비난하는 것이다.[3]

3 [옮긴이] 베이컨, 《신기관》, 1권 64절. 로오는 《자연학》(*Physique*) 머리말에서 경험 없는 추론이나 "모든 것을 경험으로 환원"하는 두 상반된 결함을 지적하면서, 화학자들의 경험을 비판한다(liv. I, chap. xx, §7). 데카르트는 《방법서설》에서 "아주 어려운 것을 증명하기 위해 기하학자가 흔히 사용하는 아주 단순하고 쉬운 근거들의 긴 연쇄"가 그에게 "인간이 인식할 수 있는 모든 것은 그와 같은 방식으로 서

첫째, 보통 그들의 실험 순서는 이성의 빛에 의해서가 아니라 그저 우연에 의해서이다. 이런 이유로 그들은 많은 시간과 재산을 써놓고도 양식이며 학식을 더 갖추지도 못한다.

둘째, 그들은 가장 일반적인 경험들보다는 기이하고 괴상한 경험들에 더 신경을 쓴다. 그러나 가장 일반적인 경험들이 가장 단순한 것이므로 우선 그 경험들에 신경을 쓰고, 다음에 더 복잡하고 가장 많은 수의 원인에 의존하는 경험들에 몰두해야 한다는 점이 분명하다.

셋째, 그들은 이득을 가져오는 경험들은 열렬하고 세심하게 찾으면서 정신을 밝혀줄 뿐인 경험들은 무시한다.

넷째, 그들은 시간, 장소, 그들이 쓰는 약제藥劑의 품질처럼 개별적 상황들 전체를 정확히 바라보지 않는다. 아무리 작은 상황들의 변화라도 우리가 기대하는 결과를 얻지 못하게 하는데도 말이다. 자연학자들이 쓰는 용어들치고 모호하지 않은 것이 없다는 점에 주목해야 한다. 예를 들어 포도주라는 말은 상이한 토양, 계절, 포도주를 빚고 보존하는 다양한 방식을 의미하고 있으니 그만큼 다양한 문제들을 가리킨다. 그래서 일반적으로 완전히 똑같은 두 술통은 없다고까지 말할 수 있다. 그래서 한 자연학자가 그런 실험을 하는데 "포도주를 넣으시오"라고 말할 때 그 말의 의미를 정말 모호하게 알 수밖에 없다. 이것이 왜 실험할 때 조심에 조심을 기해야 하며, 가장 단순하고 일반적인 것의

로 연결되어 있고, 참이 아닌 어떤 것으로 참된 것으로 간주하지 말며, 어떤 것을 다른 것에서 연역(演繹)할 때 항상 필요한 순서를 지키기만 하면, 아무리 멀리 떨어져 있어도 결국 도달할 수 있고 또 아무리 숨겨져 있어도 결국 발견할 수 있다"(t. VI, pp. 18~19)는 것을 깨닫게 했음을 인정한다.

비율을 정확히 알아야만 복합적인 것으로 내려갈 수 있는 이유이다.

다섯째, 그들은 한 가지 경험에서 지나치게 많은 결과들을 끌어낸다. 반대로 단 하나의 문제를 끌어내는 데는 거의 항상 여러 경험이 필요하다. 단 하나의 경험으로 여러 결론을 끌어내는 데 도움이 될 수 있더라도 말이다.

마지막으로 대부분의 자연학자들과 화학자들은 자연의 개별적 결과들만을 고려한다. 그들은 물체들을 구성하는 사물의 첫 번째 개념들로 결코 거슬러 오르는 일이 없다. 그러나 가장 일반적인 것을 갖지 않고, 형이상학까지 올라가지 않는다면 자연학의 개별적 문제들을 명확하고 뚜렷하게 알 수 없음은 의심할 여지가 없다. 결국 그들에게는 종종 용기와 끈기가 부족한 데다, 피로가 심하고 비용이 많이 들어 결국 싫증이 나게 된다. 지금 언급한 사람들에게는 다른 결함도 많지만, 이를 전부 늘어놓지는 않겠다.

우리가 주목했던 결함들의 원인은 열의의 부족, 상상력의 속성이다. 후자는 이 책 1부 5장과 2부 2장에서 설명했으며, 제 1권에서 이미 설명했듯이 신체들의 차이와 신체에 일어나는 변화를 판단하는 것은 오직 그것의 감각작용을 통해서이다.

3부

강한 상상력의 전염성 교류에 대하여

1장

I. 다른 사람들을 모방하는 우리의 성향에 대하여

앞서 상상력의 본성은 무엇이고, 상상력은 어떤 결함에 쉽게 빠지고, 우리 자신의 상상력으로 어떻게 오류에 빠지는지 설명했고, 이제 이 책의 제 2권에서 남은 것은 강한 상상력들의 전염성 교류, 다시 말하자면 어떤 사람들이 다른 사람들을 같은 오류에 빠지게끔 행사하는 힘의 문제이다.

강한 상상력은 전염성이 극히 강해서 약한 상상력을 압도한다. 강한 상상력은 약한 상상력에 작용해서 조금씩 동일한 표현을 갖추게 하고 동일한 특징을 새긴다. 그래서 상상력이 강하고 힘찬 사람들은 완전히 사리에 어긋나게 행동하기 마련이므로[1] 인간에게 상상력의 위험

---

1 [옮긴이] 라 로슈푸코는 "전염성 질환처럼 간주되는 광기가 있다"고 썼다.(*Bibliothèque de la Pléiade*, p. 444)

한 교류 이상으로 오류를 범하게 만드는 보편적 원인은 없다.

이렇게 전염된다는 것이 무엇인지, 또 어떻게 전염이 한 사람에게서 다른 사람에게 전해지는지 이해하려면 사람들은 서로를 필요로 하며, 모든 부분이 상호 긴밀한 조화를 이루는 여러 신체를 구성하기 위해 태어났다는 점을 알아야 한다. 신이 사람들에게 명하기를 서로 애덕愛德을 가지리라 한 것은 바로 이 결합을 유지하기 위해서였다. 그런데 이기심l'amour-propre 때문에 애덕의 불이 조금씩 꺼지면서 그렇게 시민사회를 잇는 매듭을 끊을 수 있었으므로 신이 시민 사회를 보전하기 위해 애덕이 없어도 살아남고 이기심도 채워주는 자연적 관계를 통해 사람들을 다시 묶어주었던 것은 바람직한 일이었다.

우리와 짐승들이 모두 함께 가진 이 자연적 관계들은 두뇌의 어떤 배치라고 하겠는데 이는 인간이라면 누구나 갖는 것으로서, 함께 대화를 나누는 몇몇 사람들을 모방하고, 그들과 동일하게 판단하고, 그들이 자극받은 것과 동일한 정념을 겪게 된다. 두뇌의 이런 자질은 이성에 기반을 둔 상당히 드문 애덕보다 사람들을 훨씬 긴밀하게 결합한다.2

---

2 [옮긴이] 말브랑슈는 성 아우구스티누스의 이기심과 진정한 애덕의 대립을 유지한다. 성경에서 말하는 이 "계명"은 "이성에 근거"한 것이지만, 이기심은 신이 미리 명령한 모방적 메커니즘 덕분에 결합에 유리하게 작용한다. 이 생리학적 설명을 제외한다면 이 관념은 데카르트가 엘리자베스 공주에게 보낸 편지(1645년 10월 6일, t. IV, p. 316)에서 발견된다. "신은 사물의 질서를 세우셨고 사람들 모두를 긴밀한 사회로 결합시키셨으니 각자가 모든 것을 제 자신을 위해 결부시키고 다른 이들에게 애덕을 갖지 못했더라도 다른 사람들을 위해 힘쓰는 것입니다."

어떤 이가 두뇌에 이런 배치를 갖지 못해 우리의 감정과 정념을 이해하지 못할 때 그는 본성상 우리와 교분을 나눌 수 없고 하나의 단체를 구성할 수도 없으니, 그는 다른 돌들과 결합될 수 없어서 건물 안에 제자리를 찾지 못하는 저 모난 돌石을 닮았다.

> 슬퍼하는 자는 웃는 자를, 즐거워하는 자는 슬픈 자를 증오하고,
> 활기 넘치는 자는 냉정한 자를, 해이한 자는 활동적이고 부지런한 자를 증오한다.
>
> —호라티우스, 《서한시*Epitres*》, I, 18, v. 89~90

우리의 정념을 참작하지 않고, 우리의 정념에 반反하는 감정을 가진 사람들과 관계를 끊지 않기 위해서는 우리가 생각하는 이상의 미덕이 필요하다. 그리고 이 점이 아주 터무니없지 않은 것이, 누가 슬프거나 기뻐할 충분한 이유가 있을 때 그 사람과 감정을 나누지 않는 것은 어떻게 본다면 그를 모욕하는 일이기 때문이다. 누가 슬프다면 그의 앞에서 기쁘거나 명랑한 티를 내서는 안 된다. 기쁨을 드러내는 그런 태도는 상상력에 그런 기쁨의 움직임을 새기기 어려운 것이 그를 가장 적합하고 쾌적한 상태에서 제거하려는 것이니 말이다. 슬픔조차 어떤 비참을 견디는 사람에게는 정념 중에서 가장 쾌적한 정념이 될 수 있다.

II. 우리가 다른 사람들을 모방하는 자질을 증가시키는 두 가지 주요 원리

그러므로 모든 사람은 두뇌에 어떤 배치가 마련되어 있어서 이를 통해 함께 살아가는 몇몇 사람들과 동일한 방식으로 자연스럽게 하나가 된다. 그런데 이 두뇌의 배치에는 두 가지 주요 원리가 있어서 그것으로 유지되고 증가하게 되는데, 그중 하나는 영혼에 있고 다른 하나는 신체에 있다. 전자는 무엇보다 모든 사람이 갖는 위대함과 고양高揚에 품는 성향으로, 다른 사람들의 정신에 명예로운 자리를 얻기 위한 것이다. 바로 이 성향이 우리를 은밀하게 자극하여 말하고, 걷고, 옷을 입고, 훌륭한 사람의 풍채를 보이게끔 한다. 그러니 이 성향은 새로운 유행, 현재 쓰이는 언어들의 변동, 심지어 전반적 풍속의 타락의 원천이기도 하다. 결국 그것은 이성이 아니라 사람의 변덕에 근거한 모든 과도하고 기이한 새로움의 주요한 기원이다.

우리가 특히 여기서 말해야 할 것은 다른 사람을 모방하는 자질을 증가시키는 다른 원인에 대한 것인데, 그것은 상상력이 강한 사람들이 정신이 나약한 사람들과 두뇌가 무르고 섬세한 사람들에게 가하는 자극이다.

III. 강한 상상력이란 무엇인가

나는 강하고 힘찬 상상력을, 극단적으로 깊은 흔적과 자취가 남을 수 있는 두뇌의 구조로 이해한다. 그 흔적과 자취로 영혼의 능력이 포화되어 버리므로 그 이미지들이 재현하는 것과 다른 것들에 주의를 기울일 수 없다.

IV. 강한 상상력에는 여러 종류가 있다

이런 의미에서 상상력이 강한 사람들은 두 부류로 나뉜다. 첫 번째 사람들은 동물정기의 불수의적不隨意的이고 과도한 자극이 가해져 그렇게나 깊은 흔적을 수용하는 이들이고, 두 번째 사람들은 두뇌의 실질에 마련된 배치를 통해 흔적을 수용하는 이들로, 우리는 특히 이 두 번째 사람들을 언급하고자 한다.

첫 번째 사람들이 완전히 광인狂人이라는 점은 분명하다. 자기들의 관념과 이 흔적을 연결하는 자연적 결합 때문에 그들은 함께 대화를 나누는 다른 사람들은 상상도 하지 않는 것을 생각할 수밖에 없기 때문이다. 이렇게 되면 그들은 적절하게 말할 수도 없고, 그들이 받는 질문에 정확히 답변할 수도 없다.

많고 적고의 차이뿐인 무한한 종류들의 사례가 있으며, 어떤 강렬한 정념에 자극된 모든 사람이 이런 부류에 속한다고 말할 수 있다. 그들의 정념에 흥분3이 일어나는 동안 동물정기가 정념의 흔적과 이미지를 다른 것은 생각할 수 없을 정도로 강력히 새기니 말이다.

그런데 이런 유에 속한 모든 사람이 정신이 가장 나약하고 두뇌가 가장 무르고 가장 섬세한 사람들의 상상력을 타락시킬 수 있는 것은 아니라는 두 가지 주요한 이유가 있음에 주목해야 한다. 첫째는 그들이 다른 사람들의 관념에 부합하여 대답할 수 없는 까닭에 전혀 설득할 수 없다는 점이고, 둘째는 그들의 정신이 완전히 난맥亂脈에 빠져버렸음이 두말할 것 없이 분명하므로 그들이 무슨 말을 하든 사람들은 경멸의 태도로 듣기 때문이다.

그렇지만 열정에 사로잡힌 사람들은 우리도 열정에 빠뜨리고, 우리의 상상력에 그들이 받은 것과 유사한 자극을 새긴다는 점은 사실이다. 그들이 너무도 확실히 흥분에 빠졌을 때 우리는 이 자극에 저항하게 되며, 보통은 다소 시간이 지나면 그 자극으로부터 벗어나게 된다. 자극은 그것을 일으킨 원인이 유지되지 않으면 지워진다. 즉 흥분에 빠진 사람들이 우리 눈앞에서 사라지고, 정념으로 인해 그들의 얼굴에 드러난 특징들이 우리 두뇌 섬유에 더 이상 어떤 변화도 주지 않고, 우리의 동물정기에 더 이상 어떤 동요agitation도 일으키지 않을 때 저절로 지워진다.

이곳에서 나는 이런 유의 강하고 힘찬 상상력만을 검토할 텐데, 그것은 가장 약하고 가장 덜 활동적인 대상이 정말 깊게 새긴 흔적들을 수용하는 데 적합한 두뇌의 자질이다.

---

3 [옮긴이] 《퓌르티에르 사전》에서는 이 흥분(émotion)라는 말을 "신체나 정신을 자극하고 기질이나 평정을 혼란에 빠뜨리는 기이한 운동"으로 정의한다.

영혼이 항상 상상력을 통제할 수 있고, 가장 작은 대상들의 이미지가 순서대로 새겨졌다가 알맞을 때 지워지기만 한다면 그 대상들의 대단히 뚜렷하고 생생한 이미지를 수용하고 사물을 강력하게 상상하기에 적합한 두뇌를 가졌다는 것이 결함은 아니다. 오히려 그것은 섬세함과 정신의 힘의 기원이다. 그런데 상상력이 영혼을 압도하고, 이 흔적들이 의지의 명령을 기다리지 않고 두뇌의 배치 및 대상과 정기의 활동을 통해 형성될 때 그것은 특징이라고는 형편없는 일종의 광기라는 점이 확실하다. 우리는 앞으로 이런 유의 상상력을 가진 사람들의 성격을 보여 주기 위해 노력할 것이다.

이를 위해서 정신의 능력이 대단히 제한되어 있고, 영혼의 감각작용 및 일반적으로 우리를 강하게 자극하는 대상들의 모든 지각만큼 정신을 강력히 채울 수 있는 것이 없고, 두뇌에 깊이 새겨진 흔적들은 항상 감각작용이나, 우리를 강력히 집중시키는 그런 다른 지각들을 동반한다는 점을 기억해야 한다. 이를 통해 상상력이 강한 사람들의 정신의 실제 성격을 깨닫기란 쉬운 일이다.

V. 강한 상상력을 가진 사람들의 두 가지 중대한 결함

첫 번째 결함은 이런 사람들은 주제가 약간 어렵고 복잡한 경우 올바르게 판단할 수 없다는 것이다. 그들 정신의 능력은 본성상 지나치게 깊은 흔적들과 이어진 관념들로 채워져 있기에 동시에 여러 가지를 자유롭게 생각하지 못한다. 그런데 정신은 복합적 문제들을 마주할 때 신속하고 재빠르게 움직여 많은 사물들의 관념을 두루 거쳐야 하고, 이 문제들을 해결하려면 필요한 모든 관계들과 연관들을 단번에 가려내야 한다.

누구든 어떤 정념의 자극을 받거나 다소 강한 고통을 느낄 때 어떤 진리 탐구에 전념할 수 없다는 점을 제 자신의 경험으로 알고 있다. 그때 두뇌에는 깊은 흔적들이 새겨져 정신의 능력을 가득 채우고 있기 때문이다. 그래서 우리가 언급하는 사람들은 우리가 가정한 대로 똑같은 대상이라고 할지라도 다른 사람들보다 흔적이 더 깊으므로 정신의 폭도 그들만큼 못 되고, 그들만큼 사물들을 전체적으로 파악할 수 없다. 그러므로 이들의 첫 번째 결함은 정신이 편협하다는 데 있고, 더욱이 그들의 두뇌가 아주 사소한 대상들을 더 깊은 흔적으로 받아들이므로 그만큼 더 정신이 편협하다는 데 있다.

두 번째 결함은 그들이 망상가les visionnaires[4]이기는 하지만, 섬세하고 가려내기 대단히 어려운 방식의 망상가라는 점이다. 평범한 사람들은 망상가들을 높이 평가하지 않는다. 공정하고 양식 있는 정신을 가진 사람들만이 그들의 망상이며, 상궤를 벗어난 상상력을 알아차린다.

이 결함의 기원을 이해하려면 우리가 제 2권 첫 부분부터 언급한 내용을 다시 한번 기억해야 한다. 두뇌에서 일어나는 일과 비교해 본다

---

4 [옮긴이] 《퓌르티에르 사전》은 이 용어를 "환각, 괴상한 일, 그릇된 추론에 쉽게 빠지는 사람"이라고 정의한다. 말브랑슈의 이론을 반박하는 사람들은 데마레 드 생 소를랭의 《망상가》(*Les Visionnaires*, 1638) 및 니콜의 《몽상가와 망상가》(*Les Imaginaires et les visionnaires*, 1667)를 언급한다. 반면 말브랑슈는 환각에 빠진 사람들과 변형된 상상력을 가진 사람들을 구분한다.

면 감각과 상상력은 많고 적고의 차이뿐이며, 영혼은 흔적들의 크기와 깊이를 통해서 대상을 느끼고, 그때 영혼은 그 흔적들을 눈앞에 현전하듯 만질 수 있으며, 즐거움과 고통을 느낄 수 있을 만큼 충분히 영혼에 가깝다고 판단한다는 점 말이다. 어떤 대상의 흔적들이 작을 때 영혼은 그저 그 대상만을 상상한다. 영혼은 그 대상이 눈앞에 현전한다고 판단하지 않으며, 심지어 그 대상이 더욱 크고 더욱 대단한 것이라고 간주하지도 않는다. 그런데 이 흔적들이 더 커지고 더 깊어짐에 따라 영혼은 그 대상이 더 크고 더 대단하며, 우리에게 더 가까워지고, 우리를 자극하고 상처를 입힐 수 있다고 판단하는 것이다.

내가 언급한 망상가들은 부재하는 대상들이 그들 눈앞에 보인다고 믿는 극단적인 광기 상태에 있는 것이 아니다. 그들 두뇌의 흔적은 아직 충분히 깊지 않고, 그들은 반쯤만 광기에 빠져 있을 뿐이다. 더욱이 그들이 완전히 광기에 빠졌다면 우리가 이 자리에서 그들을 언급할 필요가 없을 텐데, 누구나 그들이 상궤를 벗어났다고 느끼므로 이 점을 잘못 생각할 수 없을 것이니 말이다. 그들은 감각의 망상가가 아니라 그저 상상력의 망상가일 뿐이다. 광인들을 감각의 망상가로 보는 것은 그들이 존재하는 사물들은 보지 않고 종종 존재하지 않는 사물들을 보기 때문이다. 반면 내가 이 자리에서 말하는 사람들은 상상력의 망상가이다. 그들은 사물들을 실제 존재하는 것과 완전히 다른 방식으로 상상하고, 심지어는 존재하지 않는다고 상상하니 말이다.

그런데 감각의 망상가들과 상상력의 망상가들은 정도의 차이뿐이고, 한쪽의 상태에서 다른 쪽의 상태로 종종 이동한다는 점이 명백하다. 그렇기 때문에 후자의 정신질환이 어떠한 것인지 생각해 보려면 전자의 정신질환과 비교해 보아야 한다. 전자의 것이 더욱 두드러지고, 정신에 더 많은 자극을 준다. 많고 적고의 차이밖에 없는 문제들에서는 항상 가장 두드러진 것을 통해 가장 덜 두드러진 것을 설명해야 한다.

그러므로 상상력이 강하고 힘찬 사람들의 두 번째 결함은 그들이 상상력의 망상가들, 혹은 그저 망상가들이라는 데 있다. 감각의 망상가들은 광인狂人이라고 부른다. 망상에 사로잡히는 사람들의 못난 특질들은 아래와 같다.

망상에 사로잡히는 사람들은 모든 경우에 극단적이다. 그들은 저급한 문제들을 들추고, 사소한 문제들을 키우고, 관계가 적은 문제들을 근접시킨다. 그들에게는 어떤 것도 있는 그대로의 모습으로 보이지 않는다. 그들은 무엇에든 감탄하거나, 무엇이 됐든 소리를 지르며 마구잡이로 분별이라고는 없이 반대만 한다. 자연적으로 두려움을 잘 느끼는 기질의 사람들은 두뇌 섬유가 극단적으로 예민해서 동물정기가 양이 적고 맥脈이 없고 동요하지도 않아서 반드시 필요한 운동을 신체의 다른 나머지 부분들로 전달할 수 없으므로 그들은 별것 아닌 일에도 무서워하고, 나뭇잎 떨어지는 것만 봐도 벌벌 떠는 것이다.

그런데 이보다 더 흔한 일은 정기와 피가 풍부한 사람들이 헛된 희망에 골몰한다는 것이다. 그들은 많은 관념을 낳는 상상력에 빠져 흔한 말로 공중누각空中樓閣을 대단히 즐겁고 만족스럽게 쌓아 올린다. 정념에 사로잡히면 격렬하고, 자기 의견을 내세울 때는 고집스럽고, 항상 제 자신에 대단히 만족하고 자기 생각만 한다.

세상에는 망상가들과 그렇지 않은 온갖 종류의 저자들이 있으니, 망상에 사로잡히는 사람들이 자신을 재사로 자처하고 스스로를 저자로 추켜세우는 일은 도대체 얼마나 괴상한 일일 것이며, 얼마나 분격할 일일 것이며, 얼마나 터무니없는 감정일 것인가! 그들은 자연을 결코 모방하지 않으니 무엇 하나 가식적이지 않은 것이 없고, 무엇 하나 부자연스럽지 않은 것이 없다. 그들은 껑충껑충 가다가 박자를 맞추어 걷는다. 그러니 비유이자 과장일 뿐인 것이다.5 그들 스스로 신앙심을 갖고자 하면서도 변덕스럽게 행동하고자 할 때 그들의 정신은 전적으로 유대인이면서 동시에 바리새인처럼 되는 것이다.6 그들은 보통 외관이며, 외적인 의식儀式이며, 사소한 일들을 반복하는 데 집중하고 그런 일에 완전히 몰두한다. 그러면서 대범하지 못하고 소심하고 맹신하

---

5 [옮긴이] 말브랑슈는 바로크에 반대하고 고전주의의 이상을 옹호한다. 부알로의 《시학》은 1672년 이후에 데카르트주의자들이 모인 살롱에서 낭독되었다. 부알로가 내세운 "기교를 부려 단순하게 하라"(I, v, 101)나 "결코 자연에서 벗어나서는 안 된다"(III, v. 414), "그저 껑충껑충 뛰어오르는 자유분방한 뮤즈"(v. 317~318) 같은 표현들에 주목하자.

6 [옮긴이] 마태복음 23장은 예수가 서기관들과 바리새인들을 비판하는 내용이다. "화 있을진저 외식하는 서기관들과 바리새인들이여 너희가 박하와 회향과 근채의 십일조는 드리되 율법의 더 중한 바 정의와 긍휼과 믿음은 버렸도다/ 그러나 이것도 행하고 저것도 버리지 말아야 할지니라/ 맹인된 인도자여 하루살이는 걸러내고 낙타는 삼키는도다/ 화 있을진저 외식하는 서기관들과 바리새인들이여 잔과 대접의 겉은 깨끗이 하되 그 안에는 탐욕과 방탕으로 가득하게 하는도다/ 눈 먼 바리새인이여 너는 먼저 안을 깨끗이 하라 그리하면 겉도 깨끗하리라/ 화 있을진저 외식하는 서기관들과 바리새인들이여 회칠한 무덤 같으니 겉으로는 아름답게 보이나 그 안에는 죽은 사람의 뼈와 모든 더러운 것이 가득하도다/ 이와 같이 너희도 겉으로는 사람에게 옳게 보이되 안으로는 외식과 불법이 가득하도다."(〈마태복음〉 23장 23~28절)

게 된다.

그들에게는 신앙 아닌 것이 없고, 본질적이지 않은 것이 없는데, 정작 진정으로 신앙에 달려 있고, 본질적인 것은 거기서 제외된다. 그들은 복음서에서 가장 중요한 정의, 긍휼, 믿음은 꽤 자주 무시하면서 훨씬 덜 본질적인 의무에 몰두하는 것이다. 그러나 전부 지적하려면 한도 끝도 없을 것이다. 그들에게 결함이 있음을 확신하고 몇 가지 다른 결함들을 지적하려면 일상적 대화에서 무슨 일이 벌어지는지 조금만 성찰해보는 것으로 충분하다.

상상력이 강하고 힘찬 사람들은 다른 특질들도 갖추고 있는데, 이를 반드시 제대로 설명해야 한다. 우리는 지금까지 그들의 결함에 대해서만 말했지만, 이제는 당연히 그들의 장점을 말해야 한다. 그들은 특히 우리 주제에 관련되어 한 가지 다른 장점이 있는데, 바로 이런 장점으로써 그들은 보통 사람들에 군림하고, 보통 사람들이 그들의 생각에 동의하게 하고, 자기를 자극한 모든 거짓 인상들을 보통사람들에게 전달하는 것이다.

VI. 상상력이 강한 사람들은 쉽게 설득한다

이 장점은 자연스럽지는 않더라도 강하고 힘찬 방식으로 자신을 쉽게 표현한다는 데 있다. 사물들을 강력하게 상상하는 사람들은 엄청난 힘으로 그것들을 표현하므로, 이성의 힘에 의해서보다는 뚜렷한 인상과 표정으로써 사람들을 설득하여 납득하게 한다. 이미 말한 것처럼 상상력이 강한 사람들의 두뇌가 그들이 상상하는 주제들의 깊은 흔적을 수용할 때 이 흔적들의 뒤로 자연적으로 정기의 엄청난 흥분이 동반되며, 이렇게 흥분함으로써 신체 전체를 힘차고 신속하게 작용하여 사유를 표현하게 된다. 그래서 그들의 얼굴 표정, 목소리의 어조, 표현이 생생해지는 말투가 그들의 말을 듣고 보는 사람들로 하여금 주의를 기울이고, 이들을 기계적으로 동요시키는 이미지의 자극을 받아들이게끔 한다. 결국 자기가 한 말에 확신이 선 사람은 보통 다른 사람들의 마음도 파고들며, 열정에 사로잡힌 사람은 언제나 감동을 불러일으키는 것이다.

그의 수사학이 종종 반듯한 것은 아닐지라도 대단히 설득적이라면 그의 태도와 방식이 느껴지고, 더없이 강력한 담화라도 냉정하게 발언되면 감각을 즐겁게 하지도 못하고 상상력을 자극하지도 않으니, 그런 담화들보다 그의 담화가 사람들의 상상력을 더욱 힘차게 동요시킨다.

그러므로 상상력이 강한 사람들은 생각을 대단히 힘차고 뚜렷한 이미지로 표현하므로 그들의 장점은 사람들을 즐겁게 하고, 감동을 주고, 설득한다는 데 있다. 그렇지만 그들이 정신을 수월하게 사로잡을 수 있게 해주는 다른 원인들도 있다.

그들은 보통 평범한 사람들이 이해할 수 있는 쉬운 주제들에 대해서만 말한다. 그들이 쓰는 표현과 용어로는 감각의 혼란스러운 개념들만을 일깨울 뿐이지만 그 개념들은 항상 강력하고 감동적이다. 그들이 원대하고 까다로운 주제들을 논할 때는 일반논거들을 사용해서 모호하게 다루는 경우뿐이다. 그들은 세부사항으로 들어가는 위험을 무릅쓰지 않고 원칙에 집착하지도 않는데 그 이유는 그들이 그 주제들을 이해하지 못하고 있든지, 용어 선택을 잘못하면 어쩌나, 횡설수설하면 어쩌나, 주의를 집중할 수 없는 사람들의 정신을 피곤하게 하면 어쩌나 두려워하기 때문이다.

방금 언급한 문제들을 통해서 상상력이 난맥에 빠질 때 전염성이 극도로 강해서, 대부분의 사람들에게 쉽게 스며들고 확산된다는 점을 쉽게 판단할 수 있다. 그러나 상상력이 강한 사람들은 보통 이성과 양식良識의 적敵으로, 그들의 정신은 편협하고 쉽게 망상에 빠지게 되므로 상상력의 난맥과 질환의 전염성 교류 이상으로 우리가 범하는 오류들의 일반적 원인은 거의 없다는 점을 인정할 수 있다. 그러나 이 진실들은 모든 사람이 잘 알고 있는 여러 사례들과 경험들을 통해 증명해야 한다.

2장

상상력의 힘의 일반적 사례들

상상력이 아버지에서 아이들로, 그보다 더 어머니에서 딸로, 주인에서 하인으로, 교사에서 학생으로, 왕에서 신하로, 또 일반적으로 상급자에서 하급자들로 전달되는 사례들은 대단히 흔하다. 그렇지만 이 경우에는 아버지, 선생, 다른 상급자들이 어느 정도 상상력의 힘을 갖추고 있어야 한다. 그렇지 않은 경우, 아이들과 하인들은 아버지나 선생의 약한 상상력에서 큰 자극을 전혀 받지 못할 것이다.

또한 신분이 동일한 사람들 사이에서도 이런 교류로 인한 결과들이 생긴다. 그렇지만 이런 일이 대단히 흔한 것은 아닌데, 이들에게는 강력한 상상력이 마련하는 자극을 검토 없이 수용할 수 있도록 정기를 배치해 주는 상당한 존경심 같은 것이 발견되지 않기 때문이다. 끝으로 하급자들에서 상급자들로 교류가 이루어진 결과들도 있다. 간혹 하급자들은 대단히 힘차고 탁월한 상상력을 갖기도 하므로 그들이 원할 때 주인과 상급자들의 정신을 다른 쪽으로 바꾸기도 한다.

아버지와 어머니가 어떻게 아이들의 상상력에 대단히 강력한 자극을 새기는지 이해하기란 이제 어려운 일이 아닐 것이다. 우리 두뇌의 자연적 배치로 인해 우리와 함께 살아가는 사람들을 모방하고, 그 사람들의 감정과 정념을 고스란히 경험하게 되는데 그 자질이 모든 다른 사람들보다 부모에서 아이로 전달될 때 더욱 강하다는 점을 고려한다면 말이다. 이에 대해서는 여러 가지 이유를 들 수 있다. 첫째, 같은 피를 물려받았다는 점이다. 마찬가지로 부모는 통풍, 요로결석, 광기 및 일반적으로 사고로 인해 일어나지 않은 어떤 유전적 질병의 기질을 아이들에게 전달한다. 또는 상호 전달될 수 없음이 틀림없는 명백한 열熱이나 어떤 다른 질환처럼 체액에서 발생하는 특별한 방식의 발효가 단일하고 유일한 원인이 아닌 질병의 기질도 마찬가지이다. 그래서 부모는 자신의 두뇌의 배치를 아이들에게 새기고, 부모와 완전히 동일한 감정을 느낄 수 있게 해주는 어떤 표현법을 아이들의 상상력에 제공하게 된다.

두 번째 이유는 흔히 아이들은 부모를 제외한 다른 사람들과 거의 교류하지 않는다는 데 있다. 다른 사람들이 아이들의 두뇌에 간혹 다른 흔적들을 그려내면서, 말하자면 부모가 계속 일으키는 자극을 끊을 수도 있다. 마찬가지로 자기 고장을 한 번도 벗어나 본 적 없는 사람은 외국인들의 풍속과 관습이 자기 도시의 관습에 반反하며, 그를 실어가는 격류를 거스르므로 보통 이성에 완전히 반反한다고 생각한다. 그래서 부모의 집을 한 번도 떠난 적이 없는 아이는 부모의 감정과 태도를 보편적 이치라고 생각하거나, 더 정확히 말하면 그 아이는 부모를 모방하는 것 이외에 어떤 다른 이치나 미덕은 없으리라고 생각한다. 그러므로 그 아이는 부모의 이야기를 고스란히 믿고 부모가 하는 행동을 보고 이를 고스란히 따라 한다.

부모가 전하는 이러한 자극은 대단히 강력해서 아이들의 상상력에서는 물론 신체의 다른 부분들에서도 작용한다. 한 소년이 아버지와 똑같은 방식으로 걷고 말하고 몸짓을 취하는 것과 마찬가지로 한 소녀는 어머니처럼 옷을 입고 어머니처럼 걷고, 어머니처럼 말한다. 어머니가 '에르r'를 목구멍에서 불명확하게 발음하면 딸도 그렇게 한다. 어머니가 바르지 못하게 고갯짓을 하면 딸도 그렇게 한다. 결국 아이들은 부모들을 고스란히 모방한다. 부모의 오류와 악덕은 물론 부모의 결점과 얼굴 표정까지 말이다.

이 자극의 효과를 높이는 여러 다른 원인들이 또 있다. 가장 주된 원인들은 부모의 권위, 아이의 복종, 부모와 아이가 서로 느끼는 상호적 사랑이다. 그런데 이것은 조신朝臣, 하인 및 일반적으로 아이들이나 모든 하급자들에게 공통된 원인이다. 우리는 궁정인의 예를 들어 설명하겠다.

보이는 것으로 보이지 않는 것을 판단하는 사람들이 있다. 그들에게 알려진 기품, 위엄, 부를 통해, 감추어진 위대함, 힘, 정신의 능력을 판단하는 것이다. 우리는 종종 어떤 것을 척도로 삼아 다른 것을 측정하곤 한다. 우리는 위인들을 의지하고, 위인들의 위대함을 함께 나누고자 욕망하고, 그들 주변을 선명한 광채가 비추므로, 이렇게 말할 수 있다면 신의 영광을 부여하면서 어떤 이들을 깊이 존경하게 되는 것이다. 신이 군주에게 권위를 부여한다면[1] 군주는 오류를 결코 범하지 않

---

1 [옮긴이] 말브랑슈는 이 문제를 《도덕론》에서 발전시킬 것이다. 군주는 신권(神

으리라고들 생각한다.

그런데 오류를 결코 범하지 않는다는 것은 어떤 주제나 어떤 경우에도 제한될 수 없고, 어떤 의식儀式과도 무관하다. 위대한 이들은 자연적으로 모든 일들을 알고 있다. 그들은 자기가 전혀 모르는 문제들에 대해 결정을 내리더라도 항상 옳다. 그들이 개진한 내용을 심의하는 것은 세상을 모르는 행동이고, 그 내용을 의심하는 것은 존경을 잃는 것이다. 그들을 비판한다면 그것은 반항하는 일이거나, 적어도 자신이 어리석고, 괴상하고, 우스꽝스러운 자임을 선언하는 일이다.

그런데 위대한 인물들이 영광스럽게도 우리를 사랑하는데도 그들이 제시하는 모든 의견에 맹목적으로 동의하지 않는 것은 더 이상 완고함, 고집, 반역이 아니라 배은망덕에 배신이며, 우리가 그들의 호의를 받을 자격이 없는 사람이 되는 돌이킬 수 없는 과오이다. 그렇기 때문에 궁정인들과, 당연한 결과로 인민 대부분이 주권자의 모든 생각에 망설임 없이 동의하게 되고, 심지어는 그들의 변덕과 환상에 따라 종교의 진리에 들어서는 일도 종종 있다.

영국과 독일의 사례를 보면 군주의 불경한 의지에 인민들이 터무니없이 복종했던 일이 대단히 많다. 특히 최근의 역사는 이런 사례들로 가득 차 있다. 간혹 나이가 아주 많이 든 사람들 중에는 군주가 여러 번 바뀌는 바람에 종교를 너덧 번 바꾸는 경우도 있었다.

權)으로 권위를 갖는다. 그러나 군주는 과오를 범할 수 있으니, 신의 의무가 우세하다면 군주에 불복종할 필요가 있을 때도 있다. 이로부터 주권자의 종교를 인민 전체가 따라야 하느냐의 문제에 대한 중요한 비판이 나온다.

영국 왕은 물론 심지어 왕비는 "왕국의 모든 신분들을 어떤 경우에도 종교적이거나 정치적으로 통치"[2] 한다.

왕이며 왕비는 전례典禮, 축일 제식, 성사聖事의 집행과 배령拜領의 방식을 승인한다. 예를 들어 그들은 영성체를 할 때 옛 관례에 따른다면 무릎을 꿇고 받아야 하지만 그렇게 하지 않고 예수 그리스도를 숭배하지 말 것을 지시한다. 한마디로 말해서 그들은 전례를 전부 바꿔 그들의 신앙의 새로운 조항에 전례를 끼워 맞추는 것이다. 또한 교황이 공의회를 열어 신앙의 조항들의 판결을 내리듯, 그들은 이들 조항을 의회에서 판결할 수 있다.

엘리자베스 여왕 치세 초기에 제정된 영국과 아일랜드의 법령에서 이 점을 볼 수 있다. 결국 영국 왕들은 신민에게 지상권地上權을 행사하는 이상으로 교권에 영향력을 행사한다고 말할 수 있다. 이 비참한 인민들과 지상의 아이들은 신앙의 보존은 뒷전이고 재산의 보존에 훨씬 더 신경을 쓰고 있으니 자기들이 기대하는 지상의 이득과 신앙의 이득이 대립하지 않는 한 군주의 모든 생각에 쉽게 동의한다.

스웨덴과 덴마크에서 일어났던 종교의 급변을 보면 어떤 이들이 다른 이들에게 힘을 행사하는 증거를 댈 수 있을 것이다. 그렇지만 이 모든 급변에는 대단히 중요한 여러 다른 원인도 있다. 이 놀랄 만한 변화들은 전염성이 심각한 상상력의 교류가 이루어진다는 것의 많은 증거들로서, 그것도 대단히 방대하고 대단히 중대한 증거들이다. 이 증거들은 양식을 갖추지 못한 사람들을 놀라게 하고 현혹시킨다. 이 엄청

---

2 영국 국교회 조항 37.

난 사건들이 일어나도록 하는 데는 너무도 많은 원인들이 협력하고 있으니 말이다.

궁정인들을 비롯한 많은 사람들은 종종 확실한 진리들, 본질적 진리들, 반드시 지켜야 하거나 영원히 잃게 되는 진리들을 방치한다. 그들이 추상적이고, 확실하지도 않고, 유용하지도 않은 진리들을 위험을 무릅쓰고 옹호하지 않을 것임이 분명하다. 군주의 종교가 신민의 종교가 된다면 군주의 이성은 신민의 이성이 될 것이고, 그런 식으로 군주의 생각, 즉 군주의 즐거움, 정념, 유희, 말言, 의복이 항상 유행이 될 것이고, 또한 일반적으로 군주의 모든 행동들도 항상 유행이 될 것이다. 군주는 그 자신이 유행의 표본이므로, 군주가 유행이 되지 않을 무언가를 행할 일은 없을 것이니 말이다. 유행이라는 변칙이 그저 장식이며 아름다움일 뿐일 때 군주들이 다른 이들의 상상력에 강력한 영향력을 행사한대도 놀라서는 안 된다.

알렉산드로스 대왕이 고개를 기울이면 그를 모시는 궁정인들도 그렇게 따라 한다. 시라쿠사에 플라톤이 도착했을 때 폭군 디오니시우스가 기하학을 공부하자 기하학이 곧 유행이 되었다. 플루타르코스가 말하듯이 이 왕의 궁에 당장에 도형을 그리는 수많은 사람들로 가득 찼다. 그런데 플라톤이 폭군에게 버럭 화를 내자 군주는 공부가 싫어져 다시 원래 누리던 즐거움에 탐닉했다. 그러자 궁정인들도 바로 똑같이 행동했다. 플루타르코스는 그들이 마법에라도 걸린 듯했고, 키르케 같은 마녀가 그들을 다른 사람들로 바꿔놓은 것 같다고 말했다.[3] 그 사람

3 Œuvres morales. 친구와 아첨꾼을 구분하는 법.

들은 철학의 성향에서 방탕의 성향으로, 방탕의 공포에서 철학의 공포로 나아갔다.

그래서 군주들은 악덕을 미덕으로, 미덕을 악덕으로 바꿀 수 있고, 그들이 말 한 마디만 하는 것으로도 그 모든 관념이 바뀌게 된다. 그들의 말 한 마디, 몸짓 하나, 눈이나 입술의 움직임만으로도 학문과 풍부한 학식을 천한 현학으로, 위대한 용기를 무모함, 난폭함, 잔혹함으로, 정신의 힘과 자유를 불경과 리베르티나주로 바꿔버리는 것임에 틀림없다.

그러나 내가 방금 언급한 모든 내용 못지않게 이러한 사실은 군주들의 상상력은 강하고 격하다는 점을 전제한다. 군주들의 상상력이 약하고 무기력했다면 자기들의 말言에 힘을 불어넣을 수 없고, 나약한 정신의 소유자들을 저항할 수 없도록 복종시키고 쓰러뜨리는 저 표현과 저 힘도 실어낼 수 없을 것이다.

이성의 도움을 전혀 받지 않고 오직 상상력의 힘만으로도 대단히 놀라운 결과들이 산출될 수 있다면, 상상력이 그럴듯한 근거로 뒷받침되는 경우 참으로 기이하고 기상천외한 것도 설득 못 할 것이 없다. 아래에 몇몇 증거들을 싣는다.

고대의 한 기록에 따르면 에티오피아의 궁정인들은 다리를 절게끔 자신을 기형으로 만들고 사지 일부를 자르고 군주와 같은 존재가 되기 위해서 목숨조차 버렸다.[4] 애꾸눈에 다리를 저는 왕을 수행하면서 두 눈을 갖고 똑바로 걷는 것을 수치스러워한 것이다. 마찬가지로 지금

---

4 Diodore de Sicile, *Bibliothèque historique*, liv. III.

시대에 주름 장식깃과 챙 없는 모자, 또는 흰 반장화와 황금빛 박차를 달고 감히 궁정에 모습을 드러낼 사람은 없을 것이다. 에티오피아 사람들의 이런 유행이 대단히 이상하고 대단히 거북하긴 해도 유행이란 그런 것이다. 사람들은 기쁘게 유행을 따랐다. 그들은 국왕을 위해 용기와 애정이 가득한 모습을 보여 줌으로써 얻는 명예만큼이나 자기들이 견뎌내어야 했던 고통을 생각하지 않았던 것이다. 기상천외한 유행을 뒷받침하는 이런 우정의 거짓 근거를 구실 삼아 이런 유행이 관습과 법이 되어 버려 대단히 오랫동안 지켜졌다.

근동近東 지역을 여행했던 사람들의 기록을 읽으면 이런 관습과, 양식과 이성에 어긋나는 어떤 다른 관습들이 여러 나라에 남아 있음을 알 수 있다. 그렇지만 비상식적 규범과 관습을 준수하는 것을 주의 깊게 보기 위해, 또는 불편하고 기이한 유행을 따르는 사람들을 찾기 위해 적도를 두 번 오갈 필요도 없다. 그런 목적으로 프랑스 밖으로 나가볼 필요도 없는 것이다.

정념에 민감한 사람들이 있고, 상상력이 이성을 지배하고 있는 곳이면 어디든 기이함이, 도무지 이해할 수 없는 기이함이 있는 법이다. 겨울의 혹독한 추위가 계속되는 동안 가슴을 내놓고, 여름의 가혹한 더위 동안 몸을 꼭 조이는 옷을 입는 것을 고통스러워하지 않는 만큼 눈目 하나를 파내거나 팔 하나를 자르는 것을 고통스러워하지 않는 사람이라면 훨씬 더 당황스러운 일도 참아낼 것임에 틀림없다. 대단히 큰 고통은 아니더라도 그것을 굳이 견디는 이유가 무엇인지 확실하지 않다. 적어도 이런 식으로 기이하다는 점에서는 동일하다고 해야겠다.

에티오피아 사람이라면 눈 하나를 파내는 것은 용기 있는 일이라고 말할 수 있다. 그러나 자연적 수치심은 물론 종교에서 감추라고 하는 것을 내보이는 기독교도 부인婦人에 대해서는 어떻게 말해야 할까? 그것은 유행일 뿐 전혀 그 이상이 아니다. 그렇지만 이 유행은 기이하고 불편하고 추잡하고 어느 면으로 보나 부당한 것이므로, 그런 유행의 원천은 오직 이성의 명백한 타락과, 마음 내면의 타락일 뿐이다. 유행을 따를 때 추문도 뒤따르기 마련이다. 그것은 이성에 반하는 무절제한 상상력, 순수함에 반하는 불순함, 신의 정신에 반하는 사람들의 정신을 공공연히 취하는 일이며, 한마디로 말해서 유행을 따르는 것은 이성의 법과 복음서의 계율을 위반하는 일이다. 어쩌겠는가. 그런 것이 유행이다. 신이 모세의 십계명 판석板石에 바로 그 자신의 손으로 직접 쓴 율법 이상으로, 신이 그의 정신으로 기독교인들의 마음에 각인한 법 이상으로 더욱 성스럽고 더욱 침해할 수 없는 법이 된 것이다.

사실 나는 프랑스 사람들이 절대적으로 에티오피아 사람들과 야만인들을 조롱할 수 있는지 모르겠다. 처음으로 애꾸눈에 절름발이였던 왕이 수행원으로 애꾸들과 절름발이들만을 들이는 것을 보았다면 웃음을 참을 수 없을 것임이 사실이다. 그렇지만 시간이 지남에 따라 그들을 더는 비웃지 않을 것이고, 그들의 나약한 정신을 조롱했던 것 이상으로 그들의 위대한 용기와 우정에 아마 감탄할 것이다.

프랑스의 유행은 이와 같지 않다. 우리 유행의 기이함은 어떤 그럴듯한 이유로도 정당화되지 않는다. 그리고 그 유행의 장점이라는 것이 정말 거북하지는 않다고 해도 그렇다고 항상 이성적인 것도 아니다. 한마디로 말해서 유행들은 그 무엇으로도 상상력의 난맥을 억제할 정도로 충분히 강하지 않았던 훨씬 더 타락한 세기의 성격을 띠고 있는 것이다.

우리가 방금 궁정인에 대해 한 말은 주인들에 대해 대부분의 하인들이, 주인마님들에 대해 대부분의 하녀들이 이해해야 하는 것이다. 또 정말이지 불필요한 열거를 늘어놓지 않으려면 상급자들에 대해 모든 하급자들이 이 점을 이해해야 한다. 그런데 특히 부모에 대한 아이들의 관계가 이러하다. 아이들은 부모에게 완전히 부속되어 있고, 부모는 다른 사람들에게는 찾을 수 없는 애정과 애착을 갖고, 아이들은 이성에 따라 복종과 존경을 하게 된다. 물론 바로 그 이성이 항상 해결책이 되는 것은 아니지만 말이다.

우리가 다른 사람들의 상상력에 영향을 미칠 때 항상 그들에게 권위를 가져야 하고 어떤 식으로든 그들이 우리에게 종속되어야 하는 일이 절대적으로 필요한 것은 아니다. 간혹 상상력의 힘만으로 충분하다. 종종 명성이란 것이 전혀 없고, 우리가 어떤 존경심도 품지 않았던 무명인들의 상상력이 상당히 강해서, 그 결과 대단히 생생하고 감동적인 표현으로 우리를 설득하는데, 정작 우리는 왜 설득이 되었는지, 정확히 무엇에 설득되었는지 모르는 일도 있다. 이 점이 대단히 기이해 보이는 것이 사실이지만, 그보다 더 흔한 일도 없다.

그런데 이 상상의 설득은 자기가 무슨 말을 하는지 모르는 채 힘차게 말하고, 그런 방식으로 그의 말을 듣는 사람들의 정신을 다른 쪽으로 돌려, 자기가 믿고 있는 것이 무엇인지 알지 못하면서 강력하게 그의 말을 믿게 만드는 망상가의 정신의 힘에서만 나올 수 있다. 사람들 대부분은 정신이 얼떨떨해지고 눈이 부셔 앞을 보지 못하게 하는 감각적 자극의 힘에 끌려가고 만다. 그 자극이 사람들이 그저 혼란스럽게

만 이해하는 것을 정념의 힘으로 판단하도록 밀어붙이는 것이다. 이 책을 읽는 독자들이 부디 이 점을 생각해서, 그들의 대화에서 발견되는 사례들에 주목하고, 그런 경우에 그들 정신에서 어떤 일이 일어나는지 성찰해 주시기를 부탁드린다. 그것이 상상하는 것 훨씬 이상으로 독자들에게 유용할 것이다.

그런데 다른 사람들이 우리에게 영향을 주는 상상력의 힘을 경이롭게 거드는 두 가지 태도가 있음에 주목해야 한다. 첫째는 신앙과 엄숙함의 태도이고, 둘째는 리베르티나주와 자만의 태도이다. 신앙에 끌리느냐 리베르티나주에 끌리느냐의 성향에 따라, 엄숙하고 경건한 태도로 말하는 사람들과 자만에 넘치고 리베르탱의 태도로 말하는 사람들은 우리에게 정말 다양한 방식으로 영향을 준다.

이들 가운데 한쪽 사람들이 다른 쪽 사람들보다 훨씬 더 위험하다는 점은 사실이다. 그러나 한쪽 사람들의 방식이나, 다른 쪽 사람들의 태도를 가지고 판단해서는 안 되고, 오직 이성의 힘으로 판단해야 한다. 어리석은 말이라도 근엄하고 신중하게 할 수 있는 일이고, 불경과 신성모독의 말이라도 독실한 표현으로 할 수 있다. 그러므로 사도 요한의 충고[5]에 따라[6] 정신이 신에서 나왔는지 검토해야 하고, 정신이라고 전부 신뢰해서는 안 된다. 악마는 간혹 빛의 천사로 변신한다. 자연스러운 신앙의 태도를 갖고 그로 인해 통상 확고부동한 명성을 쌓은 사

---

5 〈요한1서〉 4장.

6 [옮긴이] "사랑하는 자들아, 영을 다 믿지 말고, 영이 하나님께 속했는지 분별하라. 많은 거짓 선지자가 세상에 나왔음이라."(〈요한1서〉 4장 1절)

람들이 본질적 의무며, 심지어는 신과 이웃을 사랑해야 할 의무까지 지키지 않아도 된다고 하면서 우리를 어떤 계율을 지키는 노예로, 바리새인처럼 의식儀式의 노예로 만드는 것이다.

그러나 강한 상상력은 자극받지 않고 오염되지 않도록 세심히 피해야 하는데 이는 도처에 있는 자유사상가들의 특성을 보이는 사람들이 가진 것이다. 그들이라면 그런 상상력을 쉽게 얻을 수 있다. 요새는 자못 확실한 표정으로 윈죄며, 영혼불멸을 부정하거나, 교회에서 인정하는 어떤 생각을 조롱하기만 하면 보통 사람들 가운데서 자유사상가의 흔치 않은 특성을 얻을 수 있다.

이 편협한 정신을 가진 사람들은 보통 열정이 넘치고 그들의 표정은 무엇에도 구애받지 않고 자신만만하다. 그런 표정이 우세하니 상상력이 약한 사람들의 마음을 움직여 생생하고 그럴싸한 말에 넘어가도록 한다. 그렇지만 그런 것은 주의 깊은 정신들에게는 아무 의미도 없는 말이다. 편협한 이들은 이성은 형편없어도 표현만은 훌륭하다. 그런데 아무리 이성적인 사람들이라도 근거들을 검토하면서 피곤해지는 것보다는 태도와 표현에서 발견되는 감각적 즐거움에 자극되는 것을 더 좋아한다. 편협한 사람들은 그런 방식으로 다른 사람들을 압도하고, 그들의 오류와 악의를 다른 사람들의 상상력에 힘을 가해 전달하는 것임에 틀림없다.

3장

I. 몇몇 저자들의 상상력의 힘에 대하여

상상력이 서로 영향을 주고받는다는 가장 중요하고 가장 주목할 만한 한 가지 증거는 어떤 저자들은 전혀 근거도 없는데 설득력을 발휘하는 힘이 있다는 것이다. 예를 들어 테르툴리아누스, 세네카, 몽테뉴 및 다른 몇몇 사람들은 말을 표현하는 방식이 대단히 매혹적이고, 대단히 화려하여 비록 그것이 신통치 못한 그림이고, 저들 저자의 상상력의 반영反影에 불과할지라도 대부분의 사람들의 정신을 눈부시게 비춘다. 그들의 정말 냉담한 말조차 어떤 사람들이 제시하는 근거보다 더 강건하다. 그들의 말은 강압적으로 영혼에 들어가고 영혼을 관통하고 영혼을 지배하므로 이해되지 않아도 따르게 되며, 우리도 모르게 그들의 명령에 복종하게 된다.

그런데 우리는 믿고는 싶지만 무엇을 믿어야 할지 모른다. 정확히 무엇을 믿는지, 혹은 무엇을 믿고 싶은 것인지, 말하자면 이 환영幻影이 무엇인지 알고자 가까이 다가갈 때, 그들은 외관과 광채를 잃고 연기처럼 사라진다.

내가 방금 거명한 저자들의 책이 상상력의 힘의 작용을 지적하는 데 대단히 적합하여 그 책들을 사례로 제시하고 있기는 하지만, 그 책을 샅샅이 비판하고자 하는 것은 아니다. 나 역시 그들의 책에서 마주친 몇몇 아름다운 부분들에 존경심을 품지 않을 수 없고, 여러 세기 동안 그 책의 저자들이 만장일치로 받았던 존경에 경의를 표하지 않을 수 없다. 나는 맹세코 테르툴리아누스의 몇몇 책들, 그중에서도 특히 이교도들[1]에 대한 변론, 이단에 대한 규정을 담은 책을 깊이 존경했다.[2] 세네카 책의 몇몇 부분도 마찬가지이다. 그렇지만 나는 몽테뉴의 책은 그다지 높이 평가하지 않는다.

II. 테르툴리아누스에 대하여

정말이지 테르툴리아누스는 대단히 박식한 사람이었다. 그러나 그는 판단보다는 기억이, 정신의 폭과 통찰력보다는 상상력의 폭이 더 컸다. 결국 확신컨대 그는 내가 앞에서 설명한 의미의 망상가妄想家였으니, 내가 망상가적 정신을 가진 사람에게 제시한 거의 모든 특징들을

1 [옮긴이] 아카데미 프랑세즈 사전은 이 단어(les Gentils)가 이교도 및 우상 숭배자를 가리키는 말이었다고 설명한다.

2 주해를 참조.

갖고 있었다. 그가 몬타누스가 본 환영幻影과 그의 여성 예언자들3을 존경하고 있었다는 점은 그의 판단력에 결함이 있다는 이론의 여지 없는 증거이다. 그가 별것도 아닌 주제에 대해 저 불같은 성질, 격분, 열광을 보였다는 점을 보면 그의 상상력의 난맥상dérèglement이 뚜렷이 드러난다. 그가 과장하는 부분과 비유하는 부분에서는 표현이 얼마나 급격한가? 감각적 광채로써만 증명되고, 정신을 마비시키고 눈을 부시게 해 제대로 볼 수 없게 해서 설득하는 과장되고 화려한 논거들은 얼마나 많은가?

예를 들어 흔한 가운 대신 철학자의 외투를 걸쳤음을 증명하고자 하는 이 저자더러 그 외투는 과거 카르타고에서 입던 것이라고 말해봤자 무슨 소용인가? 우리 프랑스 선조들이 주름장식깃과 챙이 좁은 모자를 썼다고 지금도 그것을 써야 할까? 또 여성들은 가면으로 모습을 가리고 싶은데 사육제謝肉祭 때가 아니라면 고래 뼈로 된 테를 두르고 두건을 쓸 수 있을까?

사교계에서 일어나는 변화들을 이렇게 과장되고 화려하게 묘사함으로써 무슨 결론을 끌어낼 수 있으며, 그것으로 사교계가 정당화될

---

3 [옮긴이] 몬타누스와 그의 여성 예언자였던 막시밀리아와 프리스킬라는 환영들을 내세우면서 직접적으로 영감을 얻었다. 라팽 신부, *Comparaison de Platon et d'Aristote*, p.253에서는 몬타누스주의의 이단에 테르툴리아누스가 매혹되었고, 그래서 "그에게 엄격한 정신을 불러일으켜 주면서 그를 망친 스토아주의자들의 도덕에 집착"하게 되었다고 주장했다. 스토아주의에 우호적이지 않았던 말브랑슈는 무엇보다 그의 소책자 《외투에 대하여》(*De Pallio*)의 저자로서 테르툴리아누스의 판단을 비판했다.

수 있을까? 달은 상相마다 다르고, 태양은 계절마다 다르고, 들판은 겨울과 여름에 모습을 달리한다. 물이 범람해서 온 지방이 잠기고 지진이 발생하여 온 지방을 유린하는 일이 일어난다. 새로운 도시들이 세워지고, 새로운 식민지를 건설하고, 여러 민족들이 쳐들어와 온 나라를 홍수처럼 유린했다. 결국 자연 전체는 변화에 쉽게 노출된다. 그러므로 가운을 벗고 외투를 입는 것이 옳았다.

그가 입증해야 하는 것 사이에, 이 모든 변화들 사이에, 그가 세심히 연구해서 인위적이고 모호하고 부자연스러운 표현들로 묘사한 여러 다른 것들 사이에 어떤 관계가 있는가? 공작孔雀은 발걸음을 뗄 때마다 모습이 변하고,[4] 뱀은 어떤 좁은 구멍 속에 들어가 제 껍질을 벗고 새 모습을 갖는다. 그러니 옷을 바꿔 입는 것이 옳지 않은가? 냉철하고 냉정하게 같은 결론을 끌어낼 수 있을까? 이 저자가 자기 책을 읽는 독자들의 정신을 혼미하게 하고 혼란에 빠뜨리지 않았다면 그 결론을 끌어내는 것을 보고 비웃지 않을 수 있을까?

《외투에 대하여》라는 이 소책자의 거의 모든 나머지 부분은 이것만큼이나 주제에서 동떨어진 논거들로 가득 차 있다. 이 논거들은 우리의 정신이 혼미해질 수 있을 때 정신을 그런 상태로 만들지 않으면 증명되지 않는다. 그렇지만 여기서 이 이야기를 계속할 필요는 전혀 없다. 여기서는 담화에 명료성과 명증성이 나타나는 만큼 글로 쓴 모든 것에는 항상 정신의 정확함이 반드시 드러나는 것이라고 말하는 것으로 충분하다. 글을 써야 한다면 오직 진리를 알리기 위해서뿐이기 때

---

4 *De Pallio*의 2장과 3장.

문이니, 저 테르툴리아누스를 용서할 수 없는 것이다.

우리 시대의 가장 위대한 비평가 클로드 드 소메즈의 보고를 놓고 보면[5] 테르툴리아누스는 온갖 노력을 다해 자신의 글을 난해하게 만들었고, 그러한 자신의 목적을 철저히 완수했으니 우리의 주석가는 그 누구도 그의 글을 완벽하게 이해하지 못했음을 선언할 준비가 되어 있다. 그러나 국가의 천재, 이 시대를 풍미했던 변덕스러운 유행, 풍자 또는 조롱의 본성을 통해서라면 말하자면 자신의 글을 난해하고 이해할 수 없는 것으로 만들고자 했던 저 대단한 의도를 정당화할 수 있을지 모르겠지만, 그 무엇으로도 이 저작은 물론 다른 책들 곳곳에서, 머릿속에 떠오르는 모든 것을 말하는 저자의 사악한 논거들과 미망은 용서받을 수 없을 것이다. 그는 기상천외한 생각이 떠오를 때는 무엇이든 말했고, 자신을 과시할 수 있으리라고, 좀 더 정확하게 말하자면 자신의 상상력이 얼마나 타락했는지 과시할 수 있으리라 예상하면 무엇이든 과감한 표현을 썼기 때문이다.

---

5 "나는 그의 생각을 흥분하여 따른 뒤에 정신의 헛된 피곤과 땀 말고는 아무것도 얻지 못하고 독서를 중단했던 사람들을 많이 보았다. 그래서 '난해하다'는 이름을 얻은 사람에 마땅하거나 마땅해 보이고자 했던 사람은 이 소책자를 처음부터 끝까지 읽고 올바로 이해했다고 맹세할 수 있었던 이가 한 명도 없었음을 내가 감히 맹세할 수 있을 정도까지 그는 자신의 바람을 실현할 수 있었다."(Salm. inepist. dedic. comment. in Tert.)

4장

세네카의 상상력에 대하여

간혹 세네카의 상상력이 테르툴리아누스의 상상력보다 더 상궤를 벗어나는 경우도 있다. 세네카의 격렬한 기세는 그를 자기도 알지 못하는 세상으로 데려간다. 그런데도 그는 자기가 어디에 있는지, 어디로 가는지 알기라도 하듯 확신에 차 나아간다. 그가 성큼성큼 걷고, 정확한 박자에 맞추어 화려한 걸음을 내디딜 때 그는 앞으로 한참 나아가고 있다고 상상하는 것이다. 하지만 그때 그의 모습은 시작한 곳에서 항상 끝내는 춤추는 사람들을 닮았다.

말이 갖는 힘과 아름다움과 논거에 실린 힘과 명증성은 반드시 구분되어야 한다. 분명 세네카의 말에는 엄청난 힘과 상당한 아름다움이 실려 있다. 그러나 논거에는 힘과 명증성이 거의 없다.[1] 그는 자신의

---

1 [옮긴이] "세네카가 여기서 자신의 웅변을 장식하고자 애쓰는 동안 사유의 표현이 항상 정확했던 것은 아닙니다."〔데카르트가 엘리자베스 공주에게 보내는 편지(1645년 8월 18일), t. IV, p. 273〕

상상력의 힘으로 말에 어떤 표현법을 부여하여 감동시키고, 동요시키고, 깊이 설득시킨다. 그렇지만 그는 자신의 말을 환히 밝히고 명증하게 설득하는 저 뚜렷함을, 저 순수한 빛을 마련하지 않는다. 그는 마음을 뒤흔들어 마음 가는 대로 확신시킨다. 하지만 세네카가 그의 글을 냉정하게 읽고, 놀라움을 자제하고, 명료하고 명백한 논거만을 따르는 습관을 갖춘 사람들을 설득할 수 있으리라고 나는 생각하지 않는다. 한마디로 말해서 그가 말하고, 그것도 잘 말한다면 자기 말의 내용은 전혀 걱정하지 않는 것이다. 마치 무슨 말을 하는지 몰라도 말을 잘할 수 있기라도 하듯 말이다. 그래서 그의 설득은 종종 우리가 어떤 것을 분명하게 이해하지 않고서도, 또 그것을 증명하는 증거들을 검토하지 않고서도 설득될 수 있기라도 하듯, 우리가 무엇에 대해, 어떻게 설득되는지도 모르는 채 이루어진다.

그가 우리에게 현자賢者란 누구인지 제시하는 관념 이상으로 화려하고 장엄한 것이 있는가? 동시에 그보다 더 헛되고 더 공상적인 것이 또 있을까? 그가 카토를 묘사한 초상은 자연스럽기보다는 지나치게 아름답다. 그것은 자연을 연구하지 않고 자연을 모르는 사람들의 시선에만 보이는 연지臙脂며 분粉일 뿐이다. 카토는 사람들이 겪곤 하는 비참에 빠지기 쉬운 이였다. 그는 난공불락이 아니었다. 그는 그저 관념이었다. 그를 타격했던 사람들이 그에게 상처를 남겼다. 카토는 세네카의 주장처럼 철鐵이 쪼갤 수 없는 다이아몬드의 단단함도, 파도라도 뒤흔들 수 없는 꿋꿋함도 갖지 않았다. 한마디로 말해서 그는 무쇠심이 아니었다. 심지어 세네카 자신도 상상력이 조금 식은 상태에서, 자기가 한 말을 더 성찰한다면 그 역시 이 점에 동의할 수밖에 없다.

우리가 그에게 가한 모든 신랄한 말들도 소용없었다. 그 어떤 것도 그를 뚫고 들어가지 못했다. 어떤 보석들이 철도 뚫고 들어갈 수 없는 강도를 갖고 있는 것처럼 말이다. 예를 들어 잘려지지도 않고, 손상되지도 않고, 닳아 없어지지도 않는 다이아몬드가 그렇다. 다이아몬드를 타격하는 모든 것이 튕겨 나온다. (…) 마찬가지로 바다로 튀어나온 바위가 파도를 부수고 수많은 세기 동안 타격을 받았기에 이런 타격의 흔적을 보여 주지 않는 것과 마찬가지로 현자의 영혼은 견고하고, 내가 방금 언급한 타격을 피하듯 영혼 내부에 불의에도 끄떡없는 엄청난 에너지를 모은다.[2]

그런데 대체 그는 자신의 현자가 고통에 무감하지 않다는 점에 동의하고서는 그가 고통 때문에 비참해질 수 있다는 점에 어떻게 동의하지 않는 것일까? 분명 고통도 그의 현자에 상처를 입히지 않으며, 고통의 두려움에도 그는 불안해하지 않는다. 그의 현자는 인간의 행운과 간교 따위에는 개의치 않으며, 그는 그런 것들로 인해 불안해하지 않는다.

가장 강력한 요새를 방어하는 성벽과 탑이라도 파성추(고대·중세의 전투에서 성문이나 성벽을 부수는 데 쓰이던 무기 — 옮긴이)며, 다른 기계로 뒤흔들리고 시간이 지남에 따라 결국 무너지게 마련이다. 그러나 그의 현자의 정신을 뒤흔들 만큼 강력한 기계는 없다. 알렉산드로스 대왕이 돌파했던 바빌론의 성벽도, 한 사람의 손에 무너졌던 카르타고와 누만시아의 성벽도, 적의 지배 아래 떨어졌던 카피톨리움과 성채에

2 세네카, 《현자의 항상성》(*Quod in sapientem non cadit injuria*), ch. III.

여전히 흔적이 남아 있대도 이를 현자의 정신과 비교하지 말라. 태양을 향해 화살을 쏜들 그것은 태양에 닿지 못한다. 신전을 뒤엎고 성상聖像을 파괴하면서 저지르는 신성모독이라도 신에게 해가 되지 않는다. 신들조차 그들의 신전이 무너져 폐허가 되면 그것에 짓눌릴 수 있겠으나 그의 현자는 그것으로도 멀쩡할 것이다. 더 정확히 말하면 설령 짓눌린다 해도 그것으로 인해 상처를 입는 일은 없다.

여러분에게 그 점을 입증하기 위해 수많은 도시들이 파괴 명령을 받고 파성추의 타격에 무너지고, 높이 솟은 탑이 갱도와 지하 땅굴로 인해 갑자기 내려앉고, 더없이 높은 성채가 침략자가 높이 세운 노대露臺로 흔들린다는 점을 들겠다. 그러나 견고히 자리 잡은 영혼을 동요시키는 기계는 찾아볼 수 없다.

그리고 좀 더 아래에서는 이렇게 썼다.

현자를 안전하게 둘러싼 성벽과 알렉산드로스 대왕이 돌파하고, 단 한 부대의 공격으로 넘어가 버린 바빌론의 성벽, 단 한 부대에 점령당한 카르타고나 누만시아의 요새, 적의 흔적이 남은 카피톨리움과 성채를 비교하지 말라. (…)

무엇이? 저 몰상식한 왕 크세르크세스가 빛을 가리려고 쏘아댄 수많은 화살들 중 하나라도 태양에 닿은 것이 있다고 믿는가? (…)

하늘의 일들이 인간의 손을 벗어나고, 신전을 파괴하고 신들의 조각상을 무너뜨린대도 신은 털끝하나 다치지 않는 것과 마찬가지로 현자를 향한 모욕, 조롱, 거만한 태도는 헛된 시도에 불과하다. (…)

신들 위로 넘어지면서 신전이 무너지는 소리 한가운데 오직 한 명만이 평화롭다.

그러나 세네카는 내가 여러분에게 묘사하는 이 현자가 어디에도 존재하지 않는다고 믿지 말라고 말한다. 그 현자는 인간의 정신을 어리석게도 드높이기 위해 지어낸 허구가 아닌 것이고, 실재하지 않고 진실하지 않은 위대한 관념이 아닌 것이다. 아마 카토는 이 관념을 넘어선 것이리라.

습관대로 우리의 현자란 어디에도 존재하지 않는다고 말하지 말라. 그는 우리가 상상하는 인간 정신의 헛된 위엄도 아니고, 우리가 이해하는 상상의 실재의 대단한 재현인 것도 아니다. 우리가 존재한다고 확신하는 그런 이를 당신에게 이미 보여 주었고, 또 보여 줄 것이다. (…)

더욱이 저 카토가 (…) 우리의 모델을 훨씬 넘어서 있는 것은 아닐까 걱정이다.

그러나 세네카는 계속 이어서 독자의 정신이 자극되고 뜨거워지는 것을 자신이 보고 있는 것 같다고 말한다. 여러분은 믿을 수도, 바랄 수도 없는 일들을 약속하는 것이 자신을 비열한 자로 만드는 일이고, 스토아주의자들은 똑같은 진리라도 더욱 위대하고 더욱 장엄한 방식으로 말할 목적으로 단지 사물들의 이름만 바꾸고 있을 뿐이라고 말하고 싶으실 것이다. 그러나 여러분은 잘못 생각하는 것이다. 나는 그 현자를 저 장엄하고 그럴싸한 말로 드높여 볼 생각이 없다. 나는 단지 그가 닿을 수 없는 자리에 있고, 그곳에서 누구도 그를 상처 줄 수 없다고 주장하는 것이다.

나는 당신의 생각이 뜨거워지고 분노로 일어서는 것을 본다고 생각한다. 여러분은 이렇게 외칠 준비가 되셨다. 바로 그것이 당신의 가르침에서 모든 권위를 빼앗는 것이라고. 당신은 우리의 소망을 한참 넘어서는 대단한 약속을 하셨고, 우리는 약속을 믿을 수 없다고.

그리고 더 아래에서 이렇게 쓴다.

그렇게 당신은 눈썹을 치뜨면서 다른 사람들과 동일한 수준에 있으면서, 그저 말만 바꾸는 것이다. 그래서 첫눈에 보기에는 대단히 아름답고 대단히 화려한 당신의 표현에 어떤 비슷한 것이 있을까 의심한다. 현자는 불의로도, 모욕으로도 해를 입을 수 없다. (…)

나는 완전히 말로 된 상상의 권위로 그 현자를 장식하는 대신 불의가 그에게까지 이를 수 없는 곳에 그를 두기로 결심했다.

이상으로 세네카의 힘찬 상상력이 그의 허약한 이성을 어디까지 데려가는지 보았다. 그러나 끊임없이 스스로 비참과 결함을 느끼는 사람들이라도 그토록 자만하고 그토록 헛된 감정에 빠질 수 있지 않은가? 이성적인 사람이라면 고통이 자신을 자극하고 상처 줄 수 없다고 확신할 수 있을까? 또 카토가 아무리 현명하고 강한 사람이었을지라도 그는 어떤 걱정도 없이, 혹은 적어도 어떤 부주의도 없이 그 고통을 견뎌 낼 수 있었을까?

내 말은 그를 억지로 끌고 가서 그의 권리를 박탈하고 그를 함부로 다룬 격노한 인민의 끔찍한 모욕을 그가 견딜 수 있었는지가 아니라, 그가 그저 각다귀에 물린 상처를 견딜 수 있었는가 하는 것이다. 세네카의 이런 아름다운 논거 이상으로 우리 자신이 경험으로 얻은 강력하고 설득력 있는 증거에 반反하는 약한 논거가 어디에 있는가? 그럼에도 그의 논거는 그가 내세우는 주된 증거 중 하나가 아니던가?

그는 상처를 주는 사람은 상처를 입은 사람보다 더 강함에 틀림없다고 말한다. 그러나 악덕은 미덕보다 더 강하지 않다. 그러므로 현자는 상처받을 수 없다. 모든 사람이 죄인이므로, 그 결과 마땅히 비참한 상황에 처해 이를 견뎌야 한다거나, 악덕이 미덕보다 더 강하지는 않더라도 악인들은 간혹 선인들보다 더 큰 힘을 가질 수 있고, 이는 경험으로 알 수 있는 것이라고 대답하기만 하면 되기 때문이다.

> 결국 손해를 가져온 자는 손해를 입은 자보다 더 강한 것임에 틀림없다. 그런데 악덕은 미덕보다 더 강하지 않고, 그러므로 현자는 손해를 입을 수 없다. 오직 악인들만이 선인들을 부당하게 다루고자 한다. 선인들은 서로 평화롭게 살아간다. (…) 가장 약한 사람만이 손해를 견딜 수 있고, 악인이 선인보다 더 약하고, 불의가 선인들이 그들에게 필적하지 못하는 자들만을 두려워하게 만든다면 그 불의는 현자를 해칠 수 없다.

에피쿠로스가 "현자는 모욕을 감당할 수 있다"고 말했을 때 그는 옳았다.[3] 그렇지만 세네카가 "현자들은 모욕조차 당할 수 없다"고 말했을 때 그는 틀렸다. 스토아주의자들의 미덕도 그들을 상처입지 않도록 할 수는 없었다. 진정한 미덕으로도 우리가 곤궁해지고, 누군가 무언가에 아파할 때 동정하는 것을 막지 못하기 때문이다.

사도 바울과 초기 기독교인들의 미덕은 카토와 스토아주의자들의 미덕보다 더 컸다. 그렇지만 전자는 비록 영원한 보상의 희망을 가지면서 행복할지라도 그들이 견디는 고통 때문에 비참하다는 점을 인정했다. 사도 바울은 "예수 그리스도 안에서 우리의 희망이 그저 이 생生에만 가치 있더라도 우리는 모든 사람 중에서 가장 불행한 자들"[4]이라고 말했다.

은총을 통해 우리에게 진정하고 흔들림 없는 미덕을 부여할 수 있는 존재는 신뿐인 것처럼, 우리에게 흔들림 없는 진정한 행복을 누릴 수 있게 할 수 있는 존재도 신뿐이다. 그러나 신은 이 생生에서는 그 행복을 약속하지 않고 선사하지도 않는다. 우리가 신에의 사랑을 위해 견뎠던 비참의 보상으로 그 행복을 신의 의로움으로써 기대할 수 있는 것은 다른 생에서이다.[5] 우리는 그 무엇으로도 혼란에 빠질 수 없는 이

---

3 "에피쿠로스에 따르면 현자는 불의를 견딜 수 있다. 우리의 의견에 따르면 불의란 존재하지 않는다."(chap. XV)

4 [옮긴이] 〈고린도전서〉 15장 19절.

5 [옮긴이] 존 바클레이는 세네카가 "선물이 모든 사람에게 주어질 때 가장 완벽한 것인지, 다시 말해 최고의 자선에는 경계도, 사전 조건도 없는 것인지에 관하여 질문"하면서 "신들이 자신들의 무한한 자원을 통해 모든 사람에게 항상 후하게 베풀어 줄 것을 기대"하며 "신들이 베푸는 이런 관대함의 본질은 완전한 무차별성"임을 확증한다고 말한다.(존 바클레이, 《바울과 선물》, 송일 역, 새물결플러스, 2019,

평화와 휴식을 지금은 갖고 있지 못하다.

예수 그리스도의 은총조차 우리에게 무엇에도 굴하지 않는 힘을 주지는 못한다. 다만 예수 그리스도의 은총은 우리가 스스로 우리 자신의 결함을 느끼게 하여 우리로 하여금 세상에 우리를 상처 줄 수 없는 것은 아무것도 없음을 깨닫게 해 주고, 당당한 카토의 의연함과 같은 자만하고 교만한 인내가 아니라 겸손하고 검소한 인내로 우리가 받는 모든 모욕을 견딜 수 있게끔 해주는 것이다.

카토는 뺨을 맞았을 때[6] 전혀 화내지 않았다. 그는 복수하지 않았지만 용서하지도 않았다. 그는 의연하게 사람들에게 무슨 모욕을 당했다는 점을 부정했다. 그는 자기를 때린 사람들보다 자기가 무한히 더 우월한 사람으로 인정받기를 바랐다. 그러니 그의 인내는 오만이고 긍지일 뿐이다. 그를 함부로 했던 사람들은 그의 인내에 충격을 받았고, 그것이 그들에게 모욕이 되었다. 또 카토는 이러한 스토아주의의 인내로써, 자기가 적들을 짐승으로 간주했음을 보여 주었다. 그러니 짐승들이 한 짓에 분노하는 것은 수치스러운 일인 것이다.

세네카는 자신의 적에 대한 이런 경멸을, 자기 자신에 부여한 이런 높은 평가를 위대한 용기라고 불렀다. 그는 카토가 받은 모욕에 대해 말하면서 "더 위대한 영혼은 용서하기보다 무시한다Mojori animo non agnovit quam ignovisset"고 했다. 위대한 용기와 오만을 혼동하고, 인내와 겸손을 분리하여, 인내를 끔찍할 정도로 지독한 긍지와 결부시키는 것은 얼마

p.126)

6 세네카, 위의 책, chap. XIV.

나 도가 지나친 일인가. 그러나 이렇듯 도가 지나치면 오히려 결코 고개를 숙이고자 하지 않으려는 인간의 허영심을 대단히 우쭐하게 한다. 또 세네카만큼 분별력을 갖지 못한 어떤 저자를 통해 도덕을 배우는 일은 몇몇 기독교인들에게 위험하다. 그런데도 세네카의 상상력은 대단히 강하고 격하고 억제할 수 없는 것이라, 단호한 정신을 갖지 못하고, 오만의 사욕을 부추기는 모든 것에 강하게 이끌리는 모든 사람들의 눈을 멀게 하고, 정신을 무디게 하고, 그들을 유혹하는 것이다.

기독교인들은 불경한 자들에게 상처를 받을 수 있고, 간혹 복자福者들이라도 섭리의 질서에 따라 저 불경한 이들에게 예속될 수 있음을 그들의 스승으로부터 배워야 한다. 대제사장을 모시는 당번 한 명이 예수 그리스도에게 뺨을 올려붙였을 때 현명하기가 한이 없고 현명한 만큼 강하기도 한 이 기독교인들의 현자는 그자에게 자신이 모욕당할 수 있었음을 인정했다. 그는 화를 내지 않고, 카토처럼 복수하지도 않았지만, 그는 정말로 모욕당했던 것처럼 용서했다.

예수 그리스도는 복수할 수도 있었고, 그의 적들을 죽음에 몰 수 있었다. 그러나 그는 겸손하고 겸허한 인내로 견뎠다. 그런 그의 인내는 누구에게도 모욕적이지 않고, 심지어는 자신을 모욕한 그 당번에게도 모욕적이지 않은 것이었다. 반대로 카토는 모욕을 받고도 실제로 복수할 수 없었거나 복수를 감행하지 못했으므로 상상의 복수를 하려고 애쓰면서 그것으로 자신의 허영과 오만을 달래는 것이다. 그는 정신 속에서는 구름에 이르기까지 자신을 드높인다. 그는 그곳에서 파리들처럼 작은 사람들을 보고, 그들을 자신을 모욕할 수 없는 벌레들처럼 경멸한다. 이런 관점이 현명한 카토에게 합당한 생각이다. 그것으로 카토는 신을 닮게 해주는 영혼의 위대함과 단호한 용기를 얻었고, 그것으로 그는 불굴의 존재가 되었다. 그것으로 그는 다른 사람들의 악의와 힘을 초월한 까닭이다.

가여운 카토여, 너는 너의 미덕이 너로 하여금 모든 것을 넘어서게 한다고 생각한다. 그렇지만 네 지혜는 그저 광기일 뿐이고,[7] 세상의 모든 현자들이 어떻게 생각하더라도 네 위대함은 신에 대한 혐오에 불과하다.

망상가들에는 여러 종류가 있다. 어떤 이들은 자기가 수탉이나 암탉으로 변했다고 상상하고, 다른 이들은 자기가 왕이나 황제라고 믿고, 또 다른 이들은 자기가 누구에게도 예속되지 않으며 신과 같다고 확신한다. 그런데 자기가 수탉이나 왕이 되었다고 확신하는 사람들을 항상 광인으로 간주한다고 해도, 미덕을 가졌기에 누구에게도 예속되지 않고 신에 필적하는 존재가 되었다고 말하는 사람들을 항상 망상가라고 생각하는 것은 아니다. 그 이유는 광인으로 간주될 때는 미친 생각을 하는 것으로는 충분하지 않고, 그 외에도 다른 사람들이 환상이자 광기라고 보는 사유를 해야 하기 때문이다. 광인들은 현재 그대로의 자신을 정작 그들을 닮은 광인들이 아니라 이성적 사람들에게서 찾는데, 이는 현자들이 현재 그대로의 자신을 광인들에게서 찾지 않는 것과 같다. 그러므로 사람들은 자기가 수탉이나 왕이 되었다고 상상하는 사람들을 광인으로 간주한다.[8] 왜냐하면 인간은 그렇게 쉽게 수탉이나 왕

---

7 "이 세상의 지혜는 신이 보기에는 광기이다."(〈고린도전서〉 3장 19절) "인간을 위해 드높여진 것은 신 앞에서의 혐오이다."(〈누가복음〉, XVI)

이 될 수 없다는 것을 명확히 이해하기 때문이다.

그러나 사람들이 신처럼 될 수 있다고 믿는 것이 어제오늘의 일은 아니다. 사람들은 항상 그렇게 믿었고, 아마 지금 믿는 것 이상으로 그렇게 믿었다. 사람들은 오만하게도 자기가 신처럼 될 수 있다는 생각이 대단히 사실임 직하다고 믿었다. 사람들은 모두 최초의 부모로부터 그 오만을 물려받았다. 분명 우리의 첫 부모는 그들에게 "신과 같은 존재가 되리라Eritis sicut Dii"[9]는 약속으로 시험에 들게 한 악마에게 복종했을 때 그런 생각이었다. 가장 순수하고 가장 양식 있는 지성조차 그들의 교만으로 인해 심하게 눈이 멀었으니, 누구에게도 예속되지 않을 수 있으며, 심지어는 신의 옥좌 위에 오르기를 바랐고, 아마 그럴 수 있으리라 믿었다. 그래서 천사들의 순수함과 빛을 갖지 않은 사람들이 그들의 눈을 멀게 하고 그들을 유혹하는 허영의 기세에 무너진다는 데 놀라서는 안 된다.

유혹 중에서도 위대함과 자족의 유혹이 가장 강한 것이라면, 우리의 최초의 부모에게서처럼 우리에게도 그 유혹이 우리의 성향만큼이나 이성에 충분히 부합되는 것처럼 보이기 때문이다. 우리가 항상 예속되

---

8 [옮긴이] "광인은 소뇌가 검은 담즙에서 생기는 심한 증기 때문에 뒤죽박죽되어 있으며, 그 때문에 가난하기 짝이 없으면서 자신이 왕이라든가, 발가벗었는데도 자줏빛 비단 옷을 입었다든가, 진흙으로 만든 머리를 가졌다든가, 자기 몸은 호박이라든가, 유리로 되어 있다든가 하고 집요하게 주장하는 것이다. 그러나 이들은 미쳤을 따름이지만, 만일 내가 그들의 흉내를 조금 낸다면 나 자신도 그들 못지않은 미치광이로 보일 것이다."(데카르트, 《성찰 1》, t. IX, p. 14)

9 〈창세기〉, 3장 5절.

어 있다고 느끼는 것은 아니니 말이다. 설령 뱀이 우리의 최초의 부모에게 신이 너희에게 금지한 과일을 먹지 않으면 너는 수탉으로 너는 암탉으로 변하고 말리라고 위협했을지라도 우리의 부모는 너무도 형편없는 그런 유혹쯤은 웃어 넘겼으리라 주저하지 않고 확신할 수 있다. 우리 자신도 그런 유혹을 받으면 비웃을 테니 말이다.

그러나 악마는 스스로 다른 사람들을 판단해 보면서 자족의 욕망이 그들을 사로잡을 수 있는 가장 약한 욕망임을 잘 알았다. 더욱이 신은 우리를 자신의 형상에 따라 그와 꼭 닮게 창조했고, 우리의 행복은 신과 같아지는 데 있으므로 우리는 악마가 제시한 저 으리으리하고 감동적인 약속은 종교가 우리에게 제안하는 것10과 동일한 것이며, 그 약속은 거짓말쟁이와 교만한 유혹자가 신의 뜻에 불복종하면서가 아니라, 신의 질서를 정확히 따르면서 우리 안에서 이루어지리라고 말할 수 있다.

자기가 수탉이나 왕이 되었다고 확신하는 사람들을 광인으로 간주하고, 자기들이 고통을 넘어서 있으므로 누구도 그에게 상처를 줄 수 없다고 확신하는 사람들과 생각을 같이할 수 없도록 하는 두 번째 이유는 심기증心氣症 환자들이 그릇되게 판단하고, 그들이 상궤를 벗어난 생각을 하고 있다는 분명한 증거들을 갖기 위해서는 그들의 눈을 뜨게만 하면 된다는 점이 분명하기 때문이다.

그러나 카토가 제게 뺨을 때린 사람들이 그에게 모욕을 입히지 않았고, 스스로 제가 받을 수 있는 모든 모욕을 초월했다고 확신했을 때 그

---

10 〈요한1서〉, III.

는 그 점을 확신하고 또 확신할 수 있었다. 그의 확신은 너무도 자랑스럽고 엄중했으니 우리로서는 겉으로 보이는 것처럼 실제로 내면에서도 그러한지 알 수 없는 것이다. 그의 신체가 침착했으니 영혼 역시 동요가 없었다고 믿게 된다. 우리 신체 외부의 풍채는 우리 영혼 깊은 곳에 일어나는 것의 자연적인 흔적이기 때문이다. 그래서 과감한 거짓말쟁이가 확신에 가득 차 거짓말을 하는 경우 그자는 정말 믿을 수 없는 것을 종종 믿게도 한다. 그의 확신에 찬 말은 감각을 자극하는 증거가 되므로, 그 결과 대부분의 사람은 그의 확신에 찬 말이 대단히 강력하고 설득력이 있다고 보는 것이다.

그러므로 스토아주의자들을 망상가라거나 과감한 거짓말쟁이로 간주하는 이들은 거의 없다. 그들 마음 깊은 곳에 무슨 일이 일어나는지 뚜렷한 증거를 찾을 수 없는 반면 그들 얼굴 표정이 곧잘 강한 인상을 부각하는 뚜렷한 증거가 되기 때문이다. 허영심이 인간 정신이 그러한 위대함이며, 그들이 뽐내는 자족의 삶을 살 수 있다고 믿게 한다는 점은 별개로 하고서 말이다.

이 모든 점을 본다면 세네카의 책에 가득 찬 오류들만큼 쉽게 전달되고, 그보다 더 위험한 오류는 없음을 알게 된다. 이 오류는 인간의 허영의 정도에 비례해서 섬세하며, 악마가 우리의 최초의 부모를 끌어들인 허영과 동일한 것이다. 세네카의 책에서 오류들은 화려하고 장엄하게 장식되어 있기에 사람들 대부분은 그리로 넘어가 버리고 만다. 그 오류들이 대부분의 사람들 정신 속에 들어가고, 그 정신들을 차지하고, 멍하게 만들고, 청맹과니로 만들어 버린다.

그러나 그 오류들이 앞을 보지 못하게 하는 것은 당당한 맹목盲目, 눈이 부셔 앞을 볼 수 없는 맹목, 희미한 빛을 동반한 맹목이지, 우리가 앞을 보지 못한다는 것을 깨닫게 하고 다른 이들에게 이 사실을 알리는 암흑으로 가득 찬 굴욕적인 맹목이 아니다. 그런 오만의 맹목에 사로잡히면 우리는 재사들이며 자유사상가들 중 한 사람이 된다. 다른 사람들도 우리를 그런 자리에 두고 우리에게 감탄하는 것이다. 그래서 이런 맹목보다 더 전염성이 강한 것은 없다. 사람들의 허영과 감수성, 사람들의 감각과 정념의 타락이 그들을 부추겨 자극시키고, 다른 사람들도 그 자극을 받게끔 한다.

그러므로 나는 흔히 재사며 자유사상가라고 불리는 수많은 사람들이 정신의 산물인 이성의 힘과 명백성이 아니라, 상상력의 힘에 의존하는 힘찬 표현법과 표현 방식을 통해, 얼마나 큰 전염성을 갖는지, 강하고 힘찬 상상력이 정신이 나약하고 양식을 갖추지 못한 사람들에게 어떻게 군림하는지 알리는 데 세네카 이상으로 적합한 저자를 찾을 수 있다고 생각지 않는다.

나는 세네카가 세상 사람들에게 큰 존경을 받고 있으며, 내가 그를 상상력은 대단히 풍부하지만 분별력은 없다시피 한 사람처럼 말한 것을 두고 너무 경솔한 판단이 아닐까 생각하리라는 점도 잘 알고 있다. 그러나 내가 세네카에 대해 말하고자 했던 것은 시기심이나 짜증 같은 것 때문이 아니라 특히나 그가 이렇게 높은 평가를 받고 있기 때문이다. 사람들이 그를 그렇게 평가하고 있으니 그들의 정신을 더욱 자극할 것이고 그렇게 되면 내가 공박했던 오류들에 더욱 주의를 기울이게 될 것이기 때문이다.

우리가 말하는 문제들이 중대한 것일 때 우리가 할 수 있는 만큼 그 문제들의 유명한 사례들을 제시해야 한다. 간혹 어떤 책을 비판하는 것이 그 책에 영광을 가져다주는 일도 있다. 그렇지만 내가 세네카의 책에 흠을 잡는 유일한 사람은 아니다. 우리 세기의 몇몇 저명한 사람들을 언급하지 않고도 거의 16세기 전에 대단히 분별력 있는 저자가 그의 철학에는 정확성이 없고,[11] 그의 웅변은 식견도 없고 공정하지도 않으며,[12] 그가 얻은 명성은 학자들이나 대단한 양식을 갖춘 사람들의 동의보다는 젊은이들의 경솔한 성벽이나 열성의 결과라는 점에 주목했기 때문이다.[13]

널리 알려진 몇 편의 글로써 조잡한 오류들을 공박해 봤자 쓸모없는 일이다. 그 오류들에는 전염성이 없으니 말이다. 심기증 환자들이 그릇된 생각을 한다고 알리는 일은 우스꽝스러운 것이다. 사람들도 그 사실을 너무나 잘 알고 있기 때문이다. 그러나 그들이 높게 평가하는 이들이 그릇된 생각을 한다면 그들에게 그 사실을 알리는 일은 언제나 유용하다. 그래야 그 오류들을 따르지 않을 것이니 말이다.

그런데 세네카는 오만과 허영의 정신을 가졌음이 분명하다. 성경에 따르면 오만은 원죄의 근원Initium peccati superbia이니, 세네카의 정신이 복음서의 정신일 수 없고, 그의 도덕이 예수 그리스도의 도덕과 어울릴

---

11 "철학에서는 정확성이 떨어진다."

12 "그가 자신의 재능으로 생각을 표현하기를 바랐지만 그는 타인의 취향으로 그렇게 했다."

13 "그가 어떤 효과들을 거부했다면, 젊은이들의 정념보다는 학자들이 그에게 만장일치로 동의했을 것이다.(Quintil., lib. X, cap. I)

수도 없다. 오직 예수 그리스도의 도덕만이 흔들림 없고 진실하다.

세네카의 모든 사유가 잘못된 것은 아니고, 그의 모든 사유가 위험한 것은 아니라는 점은 사실이다. 공정한 정신의 소유자로서 기독교 도덕의 핵심을 아는 사람들은 그를 유익하게 읽을 수 있다. 위대한 인물들 중에는 그를 유용하게 이용한 이들이 있다. 나는 세네카를 지나치게 높이 평가하는 박약한 사람들에게 맞출 목적으로 이 저자의 책에서 예수 그리스도의 도덕을 옹호하고, 복음서의 적들을 그들 자신의 무기로써 공박하기 위한 증거들을 끌어냈던 사람들을 비판하는 것은 아니다.

코란에도 올바른 내용이 있고, 노스트라다무스의《백시선百詩選》에는 실제 이루어진 예언들이 있다. 튀르키예 사람들의 종교를 논박하기 위해 코란을 사용하고, 어떤 기이하고 망상가적인 정신을 가진 사람들을 설득하기 위해 노스트라다무스의 예언을 이용할 수 있다. 그러나 코란에 몇 가지 올바른 내용이 들어 있다고 그것을 올바른 책으로 만들어 주는 것은 아니다. 노스트라다무스의《백시선》에서 실제 들어맞은 몇몇 설명들이 있다고 노스트라다무스를 예언자로 간주할 수 있는 것은 아니다. 또한 이 저자들을 이용하는 사람들이 그들의 저자를 인정한다거나, 실제로 높이 평가한다고는 말할 수는 없다.

내가 세네카로부터 개진했던 논의들을 이 저자의 대목 중에서 복음서에 부합하는 흔들림 없는 진리들만을 포함한 많은 대목들을 인용하면서 논박해서는 안 된다. 나는 그런 대목들이 있다는 점에 동의하지만, 코란은 물론 다른 나쁜 책에도 그런 대목들이 있는 것이다. 세네카를 언급했던 수많은 사람들의 권위를 들어 나를 짓누르고자 하는 것은 잘못된 일일 것이다. 그들의 말을 듣는 사람들이 우리와 같은 판단을 하는 것은 아닌 이상 어쭙잖다고 생각하는 책을 인용하는 일도 간혹 있기 때문이다.

스토아주의자들의 지혜 전체를 무너뜨리려면 한 가지는 꼭 알아야 한다. 그것은 경험뿐 아니라 우리가 이미 말한 것으로 충분히 입증된 것으로, 우리는 우리로서는 끊을 수 없는 끈으로 우리 신체, 부모, 친구, 군주, 조국과 결합되어 있을 뿐 아니라, 그 끈을 끊으려 노력하는 일은 부끄러운 일이리라는 점이다. 우리 영혼은 우리 신체와 결합되어 있는 데다, 우리 신체를 통해 모든 가시적 사물들과 결합되어 있는데 이는 너무도 강력한 손이 결합시킨 것이므로 우리 스스로 그 결합을 벗어나기란 불가능하다. 우리 신체를 찌르는데 우리가 찔리는 일이 없고 우리가 상처를 입는 일이 없을 수는 없다. 우리의 현재 상태에서 우리에 속한 신체와 절대적으로 조화를 이루어야 한다. 마찬가지로 사람들에게 욕을 듣고 경멸을 받고도 슬픔을 느끼지 않기란 불가능하다.

신이 우리를 다른 사람들과 사회에 살도록 지으셨으므로 우리를 다른 사람들과 결합해 주는 모든 것에 끌리는 성향을 주신 것이며, 우리 스스로는 그 성향을 억제할 수 없다. 우리가 모든 것을 초월해 있으므로 고통은 우리에게 상처가 되지 않고 경멸의 말이 우리를 모욕할 수 없다고 말하는 것은 꿈속에서나 가능한 일이다. 우리는 오직 은총을 통해서만 자연보다 우월한 것이고, 스토아주의자는 오직 정신의 힘으로만 사람들의 명성과 평가를 무시하지 못했다.

사람들은 정념을 그것과는 반대되는 정념을 통해 극복할 수 있다. 공포나 고통은 자만심을 통해 극복할 수 있다. 내 말은 그저 사람들은 많은 이들의 주목을 받는다고 느낄 때 명성을 얻고자 하는 욕망에 부추겨져 신체 내부에서 달아나고자 하는 움직임이 멈춰버리면, 달아나지 않거나 불평하지 않을 수도 있다는 것이다. 사람들이 이런 식으로 극복할 수 있다고 해도, 그것은 극복하는 것도 아니고 노예상태에서 해방되는 것도 아니다. 아마 그것은 잠시 주인을 바꾸는 일이거나 더 정확히 말하자면 자신의 노예상태를 연장하는 것이다. 겉으로는 현명하고 행복하고 자유로워지는 것이지만 실제로는 고되고 잔혹한 노예상태를 견디는 일이다.

사람들과의 결합을 통해 자기 신체와의 자연적 결합에 저항할 수 있다. 자연의 힘으로 자연에 저항할 수 있는 것은, 신이 우리에게 부여한 힘으로 신에 저항할 수 있기 때문이다. 그런데 자기 정신의 힘만으로는 그렇게 저항할 수 없고, 오직 은총을 통해서만 자연을 완전히 극복할 수 있다. 이렇게 말할 수 있다면, 신의 어떤 특별한 도움을 통해서만 신을 극복할 수 있는 것이다.

이처럼 모든 것들을 우리에게 의존하지 않는 것들과 우리가 의존해서는 안 되는 것들로 경이롭게 구분한 것은 이성에 부합해 보이기는 하지만, 원죄로 인해 우리가 놓인 난맥상에 부합하지는 않는다. 우리는 신의 명령으로 모든 피조물과 결합한 것이며, 원죄의 모순 때문에 절대적으로 그것에 예속되었다. 그래서 고통스럽고 불안할 때 우리는 행복할 수 없고, 우리는 자연적으로 모든 것의 노예가 되었으면서도 그것에 예속되지 않았다고 생각하지만 지금 생에서 행복하기를 바라서도 안 된다.

우리를 행복하게 만들 수 있는 것은 오직 강한 신앙과, 미래의 선善

을 앞당겨 향유하고자 하는 강력한 희망뿐이다. 예수 그리스도에 의해 우리가 받을 자격을 갖게 된 은총의 도움이 없이는 우리는 미덕의 규칙에 따라 살아갈 수도, 자연을 극복할 수도 없다.

5장

몽테뉴의 책에 대하여

우리는 몽테뉴의《에세》를 상상력들이 서로 힘을 행사한다는 증거로 다뤄볼 수 있다. 몽테뉴는 자유로운 태도로 자신의 사유에 너무도 자연스럽고 너무도 생생한 표현법을 부여하므로 그의 책을 읽을 때는 항상 몰두하게 된다. 그는 짐짓 무관심해 보이지만 그런 태도가 오히려 그에게 딱 맞고, 대다수의 사람들에게 매력적으로 보이게 한다. 이는 그를 경멸의 대상이 되지 않게 하고, 이렇게 말할 수 있다면 그의 긍지는 신사의 긍지로, 그 덕분에 그는 미움받는 일 없이 존경을 받는다. 대단한 박식에 사교적 성격과 기사의 풍채가 더해져 정신에 너무도 놀라운 효과를 만들어 내므로 우리는 종종 경탄하게 되고, 그가 결심한 것에 대해서는 감히 묻지도 따져보지도 않고 거의 항상 그 결심을 따르게 된다. 그의 논거가 설득하는 것이 절대로 아닌 것이다.

그는 자기가 주장하는 것에 대한 근거들을 제시하는 법이 거의 없고, 제시된 근거들마저도 견고하지 않은 경우가 많다. 추론의 근거를 이루는 원칙이 전혀 없고 그 원칙들로부터 결론을 이끌어 내는 질서가 전혀 없다. 역사의 일화로는 입증이 되지 않고, 짧은 콩트 한 편으로는 증명이 되지 않는다. 호라티우스의 이행시二行詩이며, 클레오메네스나 카이사르의 금언金言으로는 이성적 사람들을 설득하지 못할 것이다. 이《에세》는 단지 역사의 일화들, 짧은 콩트들, 재담才談, 이행시, 금언 투성이를 엮어 놓았을 뿐이다.

《에세》의 몽테뉴를 추론가가 아니라 여흥을 즐기고, 마음을 사고자 노력하고, 가르칠 생각은 전혀 하지 않는 사람으로 보아야 한다는 것은 사실이다. 그리고 그의 책을 읽는 사람들에게 기분전환이 된다면 몽테뉴가 독자들에게 아주 올바르지 않은 책의 저자는 아닐 수 있음에 동의해야 한다. 그러나 즐거움을 주는 것을 사랑하지 않기란, 입맛을 다시게 하는 고기를 먹지 않고 살기란 거의 불가능하다. 한 저자의 책을 읽을 때 그 저자의 정신을 취하거나 적어도 무슨 피상적 지식이나마 얻지 않고 독서를 즐길 수는 없다. 그런데 그 피상적 지식과 저자의 관념이 뒤섞일 때 그 관념은 모호해지고 난해해진다.

여흥을 즐길 생각으로 몽테뉴를 읽는 것이 위험한 것은 그저 독서로 얻는 즐거움으로 인해 저자의 생각에 부지불식간에 동의하게 되기 때문일 뿐 아니라, 그 즐거움이 생각 이상으로 죄악이기 때문이기도 하다. 이 즐거움은 특히 사욕에서 생기고, 정념을 계속 유지하고 강화해 나간다는 점이 확실하니 말이다. 이 저자가 글을 쓰는 방식이 우리를 즐겁게 한다면 그것은 그 방식이 우리를 감동시키고, 알아차리지 못하는 방식으로 우리의 정념을 깨우기 때문이다.

보통 우리가 다양한 문체를 좋아하는 이유가 우리 마음이 은밀히 타락해서라는 점을 세부적으로, 또 전반적으로 입증한다면 대단히 유용할 것이다. 그러나 그 문제를 다룰 곳은 여기가 아니다. 그렇게 되면 우리는 너무 멀리 돌아가게 될 것이다. 그러나 내가 앞에서 말한[1] 관념과 정념의 관계 및 어떤 잘 쓴 작품을 읽을 때 자기 내부에서 일어나는 일에 대해 성찰해 보고자 한다면, 어떤 점에서 다음을 인정할 수 있을 것이다. 숭고한 장르며, 어떤 저자들의 고상하고 자유로운 태도를 좋아한다면 그것은 우리가 허영심을 갖기 때문이며, 위대함과 자족을 좋아하기 때문이며, 여성화된 미묘한 담화에서 발견되는 이런 취향의 원천은 나약함과 관능에 기우는 은밀한 성향에 있다는 사실이다. 한마디로 말해서 그것은 감각을 자극하는 것에 대한 판단이지, 어떤 저자들이 우리를 매혹하고 우리의 뜻과는 무관하게 황홀경에 빠뜨리는 진리의 판단이 아니다.

내가 보기에 몽테뉴를 가장 높이 찬미하는 사람들은 현학衒學과는 거리가 먼 분별 있는 작가의 성격을 찬양하는 것 같다. 인간 정신의 본성과 결함을 완벽하게 알았다는 것이다. 그러므로 몽테뉴가 제아무리 기사답다[2] 해도 내가 그 역시 다른 많은 사람들만큼 현학적이며, 정신에 대해 대단히 범용한 지식밖에 갖지 못했다는 점을 보여 준다면 그를 가장 높이 찬미하는 사람들은 명백한 논거를 통해서가 아니라 그가 가진 상상력의 힘으로 납득한 것임을 알게 될 것이다.

이 '현학적'이라는 말은 대단히 모호하다. 그렇지만 내가 보기에는

---

1 2권 1부의 마지막 장.

2 [옮긴이] "그는 그 문제를 현학자가 아니라 기사답게 말한다."(《아카데미 프랑세즈 사전》, 1694)

자신의 거짓 학문을 과시할 목적으로 관례며 심지어 이성조차 모든 유의 저자들을 닥치는 대로 주워섬기는 사람들을 현학자衒學者라고 부르는 것 같다. 그들은 그저 말하기 위해 말하고, 어리석은 사람들에게 찬미받을 목적으로 말하고, 논거를 통해서만 입증될 수 있는 문제들을 격언들과 역사의 일화들을 비판 없이, 분별없이 수집하여 입증하려고 하거나 입증하는 체하는 이들이다.

현학의 반대말은 이성理性이다. 재사들이 현학자들에게 증오심을 품는 것은 현학자들은 이성적이지 못하기 때문이다. 재사들은 자연스러운 추론을 좋아하므로 추론하지 않는 사람들과의 대화를 견딜 수 없어 한다. 현학자들은 협소한 정신의 소유자이거나 허위에 불과한 박식으로 가득 차 있으므로 추론할 수 없고, 추론하고자 하지도 않는다. 그들이 추론한다고 주장할 때보다, 아무도 모르는 어떤 저자와 한 고대인의 격언을 언급할 때 어떤 사람들은 그들을 더욱 존경하고 찬미한다는 점을 알기 때문이다. 그래서 그들의 허영은 사람들의 존경심을 느낄 때 채워지며, 그래서 그들은 보통 사람들이 찬탄하는 기이한 모든 학문 연구에 집착하게 된다.

그러므로 현학자들은 알맹이는 없으면서 자존심이 높다. 그들의 기억력은 대단하나 판단력은 거의 없고, 인용에는 능숙하고 대단한 능력을 보여 주지만 이성은 하찮고 보잘것없고, 상상력은 힘차고 폭넓으나 잘 변하고 터무니없으며 정도를 벗어난다.

이제 이성과 용례에 가장 부합하는 것처럼 보이는 현학자라는 말의 개념을 따라, 몽테뉴가 여러 다른 저자들만큼이나 현학적임을 입증하기란 어려운 일이 아닐 것이다. 나는 여기서 긴 법복法服을 입은 현학자에 대해 말하는 것이 아니다. 법복이 현학자를 만드는 것은 아니기 때문이다. 몽테뉴는 현학주의를 대단히 혐오해서 절대 긴 법복을 입지 않을 정도였지만, 그렇다고 자신의 결함을 버릴 수도 없었다. 그는 기사의 태도를 내보이려고 대단히 노력했지만, 그렇다고 스스로 공정한 정신을 가진 사람이 되기 위해 노력했던 것은 아니거나, 적어도 그 점에 대해서는 성공하지 못했다. 그래서 몽테뉴는 이성적이고 분별 있고 정직한 사람이 되었다고 하기보다는 정말 기이한 유의 현학자, 기사식騎士式의 현학자가 되었다.

몽테뉴의 책에는 저자의 허영과 긍지를 나타내는 명백한 증거들이 가득하므로 그 증거들을 하나하나 지적하는 일은 아마 대단히 불필요한 일로 보인다. 몽테뉴처럼 모든 사람이 우리의 기질에 대한 지식을 갖고자 엄청나게 두꺼운 책을 읽고 싶어 하리라고 상상하기 위해서는 여간 자만해야 하는 것이 아니다. 몽테뉴는 자신을 보통 사람과 구분했고, 자신을 보통이 아닌 사람으로 간주했음에 틀림없다.

모든 피조물이 가져야 할 본질적 의무는 그들을 사랑하고자 하는 사람들로부터 사랑받아 마땅한 유일한 존재로 정신의 방향을 돌리는 것이다. 종교의 가르침은 인간은 오직 신을 위해 태어났기 때문에 정신과 마음을 인간에게 돌리고, 인간을 찬미하고 사랑하는 데 골몰해서는 안 된다는 데 있다. 사도 요한이 주님의 천사 앞에 엎드렸을 때 그 천사는 자신을 숭배하지 못하게 했다. 천사는 "나는 너희와 같이, 그리고 너의 형제들과 같이 종이니, 신을 숭배하라"[3]고 말했다. 숭배받는 일

---

3 Apoc., XIX, 10 Conservus tuus sum, etc. Deum adora.

을 기뻐하는 자는 오직 악마뿐이며, 악마의 오만을 따르는 자들뿐이다. 또 다른 사람들이 우리에게 마음을 쓰기를 바란다면 그것은 외적이고 외양만 갖춘 숭배가 아니라 마음에서 우러나는 실질적 숭배를 받고자 하는 것이다. 그것은 신이 숭배받기를 바라듯이, 말하자면 정신과 진리 속에서 숭배받고자 하는 것이다.

몽테뉴가 책을 쓴 것은 자신을 그리고畵, 자신의 기질과 성향을 보여주기 위해서일 뿐이었다. 그는 판을 새로 낼 때마다 독자에게 일러두기를 실어서 스스로 이 점을 인정했다. 그는 "내가 그리는 것은 나이다. 내 책의 주제는 내 자신"이라고 말했다. 그리고 그 책을 읽어가다 보면 이 점이 충분히 나타난다. 거의 모든 장에서 여담을 늘어놓으면서 자기 이야기를 하고, 심지어는 자기 이야기만 내내 하는 장들도 있으니 말이다. 그런데 몽테뉴는 자신을 그리기 위해서 책을 썼는데도 이를 출판해서 사람들이 읽도록 했다. 그러므로 몽테뉴는 "대단히 경박하고 쓸데없는 어떤 주제를 위해 여가를 사용하는 것은 아니"라고 말하고 있지만, 그래도 독자가 자기를 바라보고, 그에게 마음을 써주기를 바랐던 것이다. 지금 인용한 말은 그에게 유죄를 선고하는 것이다. 그는 독자가 자기 책을 읽느라 여가를 사용할 이유는 없다고 믿으면서도, 책을 출판하면서 상식에 반해 행동했다. 그래서 몽테뉴가 자기 생각을 말하지 않았거나, 당연히 해야 할 생각을 하지 않았다고 믿지 않을 수 없다.

그가 글을 쓴 목적이 '친척과 친구들'을 위해서였다고 말하는 것도 그의 허영에 대한 괴상한 변명에 불과하다. 정말 그런 의미였다면 그는 왜 자기 책을 세 번이나 출판했겠는가? 친척과 친구들을 위한 것이라면 한 번이면 족하지 않은가? 최종 인쇄를 맡긴 와중에 추가는 하면서 아무것도 삭제하지 않았던 것이 그런 이유에서였다. 그 정도면 행운이 그의 의도를 도왔다고 하겠다. 그는 이렇게 말했다.

"나는 추가하기는 해도 손보지는 않는다. 세상에 자기 작품을 저당 잡힌 사람은 자기 책의 권리를 더 이상 갖지 않는다고 생각하기 때문이다. 그럴 수 있다면 다른 곳에서 더 잘 말할 것이지, 자기가 팔고 난 것을 고쳐 써서는 안 된다. 그런 사람들에게는 그들이 죽기 전에는 아무것도 사서는 안 될 것이고, 보여 주기 전에 생각부터 잘 해야 할 것이다. 급할 것이 무엇인가? 내 책은 늘 하나이다. 운운."[4]

그러므로 그는 자신의 책을 친척과 친구들만큼이나 세상에 내보이고 저당 잡히고자 했다. 그런데 설령 그가 친척들과 친구들이 자기 책을 읽는 데 필요한 시간 동안만 그들의 정신과 마음의 방향을 자신의 초상을 향하게 하고 그리로 멈춰 세우는 것일지라도 그의 허영심은 계속 비난받아 마땅할 것이다.

자기 이야기를 자주 하는 것이 종종 결함이라면, 몽테뉴처럼 항상 자화자찬自畵自讚하는 것은 후안무치厚顔無恥이고, 더 정확히 말하자면 일종의 광기이다. 그것은 그저 기독교의 겸허에 반反하는 죄악인 것은 물론 이성에 충격을 주기 때문이다.

사람들은 함께 살아가고, 단체와 시민 사회를 형성하기 위해 태어났다. 그러나 사회를 구성하는 모든 개인들은 그들이 속한 단체의 말단처럼 간주되기를 바라지 않는다는 점에 주목해야 한다. 그래서 자화

---

4 Liv. III, chap. ix.

자찬하는 사람들은 자신을 다른 사람들 위에 올려놓고 자기 밑의 사람들을 사회의 말단처럼 간주하고, 그들 스스로를 가장 중요하고 가장 영예로운 존재로 간주하므로 사랑받고 존경받는 대신 그들 스스로 모든 사람에게 가중스러운 존재가 된다.

그러므로 몽테뉴가 언제나 제 자신을 돋보이게끔 말하는 것은 허영심과 같은 것이며 그것도 신중치 못하고 우스꽝스럽기까지 한 허영심이다. 그런데 몽테뉴가 자신의 결함을 묘사하는 것은 훨씬 더 기이한 허영심이라고 하겠다. 이 점에 주목해볼 때 우리가 알 수 있는 것은 몽테뉴가 그 시대의 타락상으로 인해 세상 사람들이 찬양하는 결함밖에는 발견하지 못하고 있고, 자기가 자유사상가로 간주될 수 있는 결함이며, 그에게 기사騎士의 풍채를 갖추게 하는 결함은 기꺼이 떠맡고 있다는 점이다. 이는 자신의 모순을 짐짓 솔직히 고백함으로써, 그가 자기 장점을 말할 때 독자로 하여금 더욱 그의 말에 신뢰감을 갖게끔 하려는 의도이다. 몽테뉴가 "자신을 존중하는 일과 자신을 경멸하는 일은 종종 같은 교만의 태도에서 나온다"[5]고 말했을 때 그는 옳았다.

이것은 언제나 우리가 자만심에 차 있다는 확실한 증거이다. 내가 보기에 몽테뉴는 자화자찬할 때보다 자기비난을 할 때 더 오만하고 우쭐해 있는 것 같다. 자신의 결함을 부끄러워하는 대신 그것으로 허영을 끌어내는 일만큼 끔찍한 자만自慢이 없기 때문이다. 나는 자신의 죄악을 후안무치로 내보이는 사람보다는 이를 수치스럽게 감추는 사람이 더 좋다. 그리고 내가 보기에 사람들은 몽테뉴가 자신의 결함을 드

---

5 Liv. III, chap. XIII.

러내고 있는 기독교적이라 할 수 없는 기사의 방식을 혐오할 것임에 틀림없다. 그렇지만 이제는 몽테뉴 정신의 다른 특징들을 검토해 보도록 하자.

우리가 몽테뉴의 말을 믿어 본다면 그가 "가진 것이 없고",[6] "간직하는 사람이 아니고",[7] "기억력이 전혀 없"[8]는 사람이라고 확신할 것이다. 그러나 그는 양식 없고 판단력 없는 사람이 아니었다. 몽테뉴가 자신의 정신으로 그려냈던 초상화肖像畵를, 그러니까 그의 책을 믿어본다면 우리는 그의 생각에 완전히 동의하지 않을 것이다. 그는 이렇게 말했다.

"나는 서판에 적어 놓지 않고서는 어떤 일을 맡을 수 없을 것이며, 중요한 말을 해야 하는데 그 말이 길 때는 참으로 한심하고 비참한 일이지만 내가 해야 할 말을 한 마디 한 마디 고스란히 외우지 않을 수 없다. 다른 식으로라면 내 기억력이 제멋대로 만들어 버릴까 봐 침착성도 자신감도 잃고 말 것이다."[9]

침착성과 자신감을 갖기 위해 기나긴 담화를 한 마디 한 마디 전부 외울 수 있는 사람을 판단력보다 기억력이 부족한 사람이라고 할 수 있을까? 또 몽테뉴가 자기 자신에 대해서 다음과 같이 말할 때 그를 믿을 수 있을까?

"내 시중을 드는 사람들을 부를 때 나는 그들의 임무나 출신 고장의

---

6 Liv. II, chap. X.

7 Liv. I, chap. XXIV.

8 Liv. II, chap. XVII.

9 [옮긴이] Liv. II, chap. XVII.

이름으로 불러야 했다. 내게는 이름을 외우는 일이 참으로 힘들기 때문이다. 내가 오래 산다면 내 이름만은 잊지 않으리라 생각하지 않는다."[10]

'기나긴' 담화를 한 마디 한 마디 확실히 외울 수 있는 소박한 신사가 이름을 다 기억할 수 없을 정도로 수도 없이 많은 하인들을 데리고 있을 사람인가? "시골에서 태어나 농사일 속에서 자랐"[11]고, "집안 살림과 일 처리를 맡고 있"는 사람이, "우리 발등에 있는 것, 우리 손에 쥔 것, 삶의 관습과 더 가깝게 관련된 일을 소홀히 하는 것이 자신의 교의와는 무관하다"[12]고 말하는 사람이 하인들의 프랑스 이름을 잊을 수가 있는가? 그가 말하듯 "우리가 쓰고 있는 돈의 종류도 대부분 알지 못하고, 곡식들의 종자도 밭에 있건 광에 있건 아주 두드러지게 다르지 않으면 그 차이를 구별하지 못하고, 아이들도 아는 가장 초보적 농사지식도 모르고, 빵을 만드는 데 누룩이 무슨 역할을 하는지, 포도주를 발효시키는 것이 무엇인지"[13]를 어떻게 모를 수가 있는가?

그런데 그가 어떻게 "플라톤의 이데아, 에피쿠로스의 원자, 레우키포스와 데모크리토스의 찬 것과 빈 것, 탈레스의 물, 아낙시만드로스의 자연의 무한, 디오게네스의 공기, 피타고라스의 수와 대칭, 파르메니데스의 무한, 무세우스의 일자一者, 아폴로도로스의 물과 불, 아낙사고라스의 유사 부분, 엠페도클레스의 불화와 우정, 헤라클레이토스의

---

10 [옮긴이] Liv. II, chap. XVII.
11 Liv. II, chap. XVII.
12 [옮긴이] Liv. II, chap. XVII.
13 [옮긴이] Liv. II, chap. XVII.

불 등",[14] 고대 철학자들의 이름과 그들의 원리를 머릿속에 가득 채울 수 있는가? 자기 책의 서너 페이지에 서로 다른 쉰 명 이상의 저자들의 이름과 그들의 의견을 언급하고, 자기 책 전체를 순서 없이 역사의 일화들과 격언으로 가득 채우고, "책의 분야에서 역사와 시가 그의 사냥감"[15]이라고 말하고, 자기가 가장 잘 안다고 주장하는 주제, 그러니까 자신의 정신의 특징들에 대해 말할 때조차 매 순간, 같은 장章 안에서 모순되는 말을 하는 그가 기억력보다 더 대단한 판단력을 가졌다고 자부할 수 있을까?

그러므로 몽테뉴가 "탁월한 건망증"을 가졌음을 인정하도록 하자. 몽테뉴는 우리가 그의 생각에 동의하기를 바라며, 결국 그것이 진리와 완전히 모순되는 것이 아니라는 점을 우리에게 단언하고 있으니 말이다. 그러나 그의 말이나, 그의 자화자찬을 듣고 그가 대단한 양식良識과 비범한 통찰력의 정신의 소유자라고 확신하지는 말도록 하자. 그렇게 되면 우리는 오류에 빠지게 되고, 그가 압도적으로 과감하게 뽐내듯 말하는 그릇되고 위험한 의견을 믿어 버릴 수 있다. 정신이 나약한 사람들은 그런 과감한 모습에 얼이 빠지고 현혹되는 것이다.

몽테뉴가 받는 또 다른 찬사는 그가 인간 정신을 완벽하게 알고 있고, 인간 정신의 근본, 본성, 속성을 꿰뚫어 보고 정신이 강한 자와 약한 자를 알고 있다는 것, 한마디로 말해 인간 정신에 대해 우리가 알 수 있는 모든 것을 알고 있다는 것이다. 그렇다면 그가 이런 찬사를 받을

14 Liv. II, chap. XII.

15 Liv. I, chap. XXV.

만한 사람인지, 그에게 이렇게 후한 찬사를 보내는 것은 어떤 이유인지 살펴보도록 하자.

몽테뉴를 읽었던 사람들은 그가 피론주의자Pyrrhonist로 자처16하는 척하며, 모든 것을 의심하는 것을 자랑으로 삼았음을 잘 알고 있다. 그는 이렇게 말했다.

"확실함에 대한 확신은 어떤 점에서 광기와 극단적 불확실성을 보여 주며, 플라톤처럼 자기 생각에만 빠져 있는 사람들 이상으로 광적이고 그들보다 덜 철학자인 이들이 없다."

반대로 그는 바로 그 장에서17 피론주의자들에게 대단한 찬사를 보내고 있으므로 그 학파 사람이 아니라고 할 수 없다. 그의 시대에 사교에 능하고 신사다운 사람으로 보이려면 모든 것을 의심하는 것이 필수였다. 또 그가 뽐냈던 자유사상가의 특징 때문에 그는 그런 입장을 취한 것이다. 그래서 사람들은 그를 아카데미 회원으로 생각하다가도, 정신의 본성에 관련된 것뿐 아니라 다른 문제 전체에서도 단번에 그가 세상에서 가장 무지한 자라고 확신할 수 있을 것이다. 아는 것과 의심하는 것 사이에는 본질적 차이가 있으므로 아카데미 회원들이 자기들이 아무것도 모른다는 점을 확신하면서 그들이 생각하는 바를 말한다면 그들을 세상에서 가장 무지한 자라고 말할 수 있다.

그러나 그들은 세상에서 가장 무지한 사람들일 뿐 아니라 가장 덜 이성적인 의견의 옹호자들이기도 하다. 그들은 자유사상가로 보이도

---

16 Liv. I, chap. XII.

17 조금 앞에서.

록 가장 확실하고 가장 보편적으로 받아들여진 모든 것을 거부할 뿐 아니라, 상상력의 곡예를 통해 가장 불확실하고 가장 개연성이 덜한 문제들을 단호하게 말하는 것을 즐긴다. 몽테뉴가 그가 생각한 바를 우리에게 말했다고 가정했다면 그는 분명히 이런 정신병에 걸렸으며, 그가 인간 정신의 본성을 몰랐을 뿐 아니라 이 주제에 대해 대단히 형편없는 오류에 빠져 있다고 말해야 한다. 그는 그렇게 말했어야 했다.

정신과 물질을 혼동하고, 영혼의 본성에 대해 철학자들이 주장하는 그보다 기이할 수 없는 의견들은 경멸하지 않고, 더욱이 이성에 완전히 모순되는 의견들을 승인하고 있음을 부각하는 기색으로 이야기하는 사람에 대해 무엇이라고 말할 수 있을까? 그는 우리 영혼은 필연적으로 불멸임을 보지 못하며, 인간의 이성으로는 그것을 입증할 수 없다고 생각하고, 이에 대해 제시된 증거들을 욕망 때문에 우리 안에서 생겨나는 꿈들로 간주한다.

"증명하는 사람의 꿈이 아니라 욕망을 말하는 사람의 꿈이다Somina non docentis, sed optantis."18 그는 사람들이 "다른 피조물들의 무리와 분리되고, 짐승들과도 구분된다"고 괜한 고집을 부린다. 그러면서 그는 짐승들을 "우리 형제들, 우리의 동료들"로 부르고, 우리가 말하고, 우리가

---

18 [옮긴이] "스트라톤은 우주의 제작을 위해 신들의 노역은 필요 없다고 주장하고, 무엇이든지 자연에 의해서 만들어졌다고 가르칩니다. 그렇다고 그가 만물이 거친 원자, 매끈한 원자, 고리와 걸쇠로 된 원자로 구성되었고 그 사이에 허공이 있다고 주장하는 저 데모크리토스 같다는 것은 아닙니다. 이는 데모크리토스의 몽상, 즉 데모크리토스가 입증한 것이 아니라 희망한 몽상이라고 스트라톤은 평가합니다."(키케로, 《아카데미 학파》, 2권 38장 §121, 양호영 역, 아카넷, 2021, p. 143)

서로 이해하고, 우리가 짐승들을 조롱하는 것과 마찬가지로, 그 짐승들도 말하고, 서로 이해하고, 우리를 조롱한다고 생각한다. 그는 한 사람과 짐승의 차이보다 한 사람과 다른 사람의 차이가 더 크고, 거미들조차 '숙고'하고 '사유'하며 '결론'을 내린다고 하고, 인간의 영혼이 짐승의 영혼보다 전혀 우위에 있지 않다고 주장한 뒤, 기꺼이 다음과 같은 생각을 받아들인다.

"우리가 짐승보다 뛰어난 것은 이성도, 담화도, 영혼 때문도 아니라, 우리의 아름다움, 우리의 좋은 혈색, 우리의 사지가 멋지게 균형 잡혀 있기 때문이다. 이런 것에 우리의 지성이며 지혜를 집중해야 하며, 그 나머지는 버려야 한다, 운운."

"우리가 다른 동물보다 우리를 더 좋아하는 것은 진실한 담화를 통해서가 아니라 긍지와 고집에 의한 것"이라는 결론을 내리기 위해 그보다 더 기이할 수 없는 의견을 이용하는 사람이 인간 정신을 대단히 정확히 알고 있다고 말할 수 있을까? 그것으로 다른 사람들을 설득한다고 생각해야 할까?

그렇지만 모든 사람을 정당하게 평가해야 하고, 선의를 갖고 몽테뉴 정신의 성격은 무엇인지 말해야 한다. 그는 기억력이 없고 판단력은 더욱 없다. 사실이다. 그러나 이 두 자질을 모두 가졌다고 우리가 흔히 사교계에서 재사才士라고 부르는 사람이 되는 것은 아니다. 아름답고 민첩하고 폭넓은 상상력을 갖추어야 재사로 간주된다. 보통 사람들은 흔들림 없는 것이 아니라 번쩍이는 것을 높이 평가하는데, 그 이유는 이성을 훈련시키는 일보다는 감각을 자극하는 것을 더 좋아하기 때문이다. 그렇게 상상력의 아름다움을 정신의 아름다움으로 간주할 때에야 몽테뉴가 재치 있고 심지어 비범한 정신을 가졌다고 말할 수 있다. 그의 관념은 거짓이지만 아름답고, 그의 표현은 규칙을 벗어났거나 과감하지만 듣기 좋고, 그의 담화는 추론은 잘못되었지만 잘 꾸며낸 것이다. 그의 책 전체에 독창적 성격이 깃들어 있고, 그것이 무한한 즐거움을 준다. 그가 비록 모방을 하더라도 자신을 모방하는 사람이 있으리라고는 생각하지 못한다. 그의 강력하고 과감한 상상력은 그가 모방하는 사물에 항상 독창적인 표현법을 입힌다. 결국 그는 기쁨을 주고 깊은 인상을 주는 데 필요한 것을 갖추었다. 나는 많은 사람들이 그를 찬미하는 것은 이성에 의해 설득되는 것이 아니라, 그의 압도적 상상력에서 쏟아져 나오는 강렬함으로 인해 사람들이 그의 장점 쪽으로 정신을 빼앗기기 때문임을 충분히 보여 주었다고 생각한다.

6장

I. 상상에 의해 마법사가 된 사람들과 늑대인간들

상상력의 힘이 빚어내는 가장 기이한 결과는 늑대 망상환자 혹은 늑대인간들의 혼백魂魄, 마법, 성격, 마력이 출현하지 않을까 하는 두려움, 일반적으로 악마의 힘에 달려 있다고 상상하는 모든 것에 대한 터무니없는 두려움이다.

우리를 해칠 생각만 하고, 우리로서는 저항할 수 없는 어떤 보이지 않는 힘이 있다는 생각 이상으로 끔찍하고, 정신을 더욱 오싹하게 하고, 두뇌에 깊은 자취를 만들어 내는 것은 없다. 이런 생각을 불러일으키는 이야기를 들을 때마다 항상 두려움과 호기심을 느끼게 된다. 사람들은 기상천외한 것이면 무엇에든 열중하여 마법사의 힘과 간계奸計라는 이런 놀랍고 경이로운 이야기를 하는 데서 이상한 즐거움을 느낀다. 이야기를 하면서 다른 사람들을 놀라게 만들고 자기들도 겁에 질리는 것이다. 그래서 어떤 고장에는 마법사가 대단히 흔한 존재라는 데 놀라서는 안 된다. 그런 고장은 마녀집회가 열린다는 믿음이 대단히 뿌리 깊고, 그보다 더 기이할 수 없는 마법 이야기들을 실제 일어난 이야기처럼 듣고, 광인들과 망상가들을 진짜 마법사들로 보고 화형에 처한다. 이들 망상가들은 마음이 타락해서도 그렇지만 이런 이야기들을 듣고 상상력이 난맥에 빠진 사람들인데 말이다.

어떤 사람들은 대부분의 마법이 상상력의 힘이 만들어 내는 결과라는 나의 주장을 비난하려 들리라는 것을 나는 잘 알고 있다. 사람들은 공포를 느끼게 해주는 것을 좋아하고, 잘못을 일깨워주려는 사람들에게 화를 내고, 다 죽게 생겼다고 진단하는 의사들의 처방을 존경심을 갖고 듣고 이를 철저히 따르는 상상으로 앓는 환자들을 닮았음을 내가 알기 때문이다. 미신은 쉽게 사라지지 않으며, 수많은 지지자들의 옹호를 받지 않으면 미신을 비난하기 힘들다. 그리고 귀신학자들의 몽상을 맹목적으로 고스란히 믿어버리는 이런 성향은 동일한 원인으로 생기고 유지되는데 그런 것이 미신을 믿는 사람들을 고집스럽게 만든다. 이는 증명하기가 대단히 쉽기는 하지만 비슷한 의견들이 나오리라 생각하므로 몇 마디 말로 간단히 묘사해 버릴 수는 없다.

양 우리에서 목자牧者가 저녁식사를 끝내고 아내와 아이들에게 마녀집회 모험담을 이야기해 준다. 술기운에 상상력이 적당히 북돋워진 데다 자기가 저 상상의 집회에 여러 차례 가보았다고 믿으므로 그는 틀림없이 강하고 생생하게 그 이야기를 할 것이다. 그의 자연스러운 웅변에다, 온 가족이 대단히 새롭고 동시에 끔찍한 주제에 대한 이야기를 들으려는 채비가 되어 있으니 분명 상상력이 약한 사람들에게 기이한 흔적을 만들어 낼 것임에 틀림없다. 아내와 아이들은 완전히 겁에 질려서 그들이 들은 이야기를 확신하고 그 내용에 설득되지 않을 수가 없다. 남편이자 아버지가 자기가 본 것, 자기가 한 일을 말하고 있는 것이다. 가족은 아버지를 사랑하고 존경한다. 그러니 그의 말을 못 믿을 이유가 무엇인가?

이 목자는 그것을 여러 날에 걸쳐 반복해서 이야기한다. 어머니와 아이들의 상상력에 새겨진 흔적은 조금씩 더 깊어지고, 그들은 그것에 익숙해진다. 결국 두려움은 지나가고 확신이 남고, 호기심이 그들을 사로잡는다. 그들은 이런 의도로 무슨 약을 몸에 바르고 잠자리에 든다. 이렇게 마음의 준비가 되었으니 상상력이 뜨겁게 달아오르고, 목자가 그들의 두뇌에 새긴 흔적이 활짝 열려 아버지가 묘사했던 의식儀式의 모든 움직임들을 바로 눈앞에서 보고 있다고 판단할 수 있을 정도가 된다. 그들은 자리에서 일어나서, 서로 묻고, 각자 자기들이 본 이야기를 한다. 이런 방식으로 그들은 이 환영幻影의 흔적을 강화하는 것이다. 그리고 상상력이 가장 강한 사람이 다른 사람들을 더 잘 설득하므로 마녀집회라는 가공의 이야기를 틀림없이 며칠 안에 만들어 내게 된다. 마법사들 이야기는 이렇게 완성되었다. 목자가 만든 그 이야기로 언젠가 다른 많은 이야기들이 만들어질 것이다. 강하고 힘찬 상상력을 가졌기에 두려움에 이런 이야기를 하지 못하지 않는다면 말이다.

자기들이 마녀집회에 가곤 했다고 솔직히 말했던 마법사들이 여럿 있었다. 그들은 그 점을 대단히 확신했으니 여러 사람이 그들을 감시하고 침대 밖으로 나간 적이 없다고 확인해 주었지만 그 증언에 동의하지 않았다.

아이들에게 혼백魂魄이 출현하는 이야기를 해줄 때 아이들은 틀림없이 그 이야기를 두려워할 것이고, 그래서 깜깜한 곳에 혼자 머무를 수 없을 것임을 모르는 사람은 없다. 그때 아이들의 두뇌는 앞에 놓인 어떤 대상의 흔적을 받아들이는 것은 아니지만 그 이야기가 아이들의 두뇌에 새긴 흔적이 다시 강력하게 열려 아이들에게 묘사해 준 혼백이 그들 눈앞에서처럼 나타나게 된다. 그렇지만 모든 사람이 그들에게 이런 이야기를 마치 그것이 진실이기라도 하듯 말해주는 것은 아니고, 굳게 확신하는 태도가 아니라, 간혹 대단히 냉정하고 생기 없는 태도로 이야기해 주기도 하는 것이다. 그래서 어떤 이가 마녀집회에 갔었다고 믿고, 그 결과 단호한 어조로, 확신에 차서 그 이야기를 할 때 그는 자기가 묘사한 모든 상황을 존중하며 듣는 몇몇 사람들을 쉽게 설득하고, 그런 방식으로 그를 잘못 생각하게 만드는 흔적들과 유사한 흔적들을 상상력 안으로 전달하는 것이라고 해도 놀랄 필요는 없다.

사람들이 우리에게 말할 때 우리 두뇌에는 그들의 것과 똑같은 흔적이 새겨진다. 그 흔적이 깊을 때, 그들은 우리에게 깊은 흔적을 새기는 방식으로 말하게 된다. 그들이 우리를 얼마간 자기들과 똑같이 만든다고는 말할 수 없으니 말이다. 어머니의 뱃속에 있는 아이들은 어머니가 보는 것만을 본다. 아이들이 태어났을 때도 그들은 부모가 원인이 되지 않는 것들은 거의 상상하지 않는다. 가장 현명한 사람들조차 이성의 규칙들을 따르기보다는 다른 사람들의 상상력, 즉 여론과 관습에 따라 행동하는 것이다. 그래서 마법사들을 화형火刑시키는 장소에서 그런 사례는 무수히 많다. 그곳에서 사람들은 화형을 당하는 이들이 정말 마법사라고 믿으며, 이 믿음은 그들에 대한 이야기들을 통해 강화된다. 그들을 더 이상 처벌하지 말고 광인으로 취급한다면 시간이 흐름에 따라 그들은 더 이상 마법사로 보지 않게 될 것이다. 확실히 그들 중 상당수를 이루는 사람들은 상상을 통해서만 마법사인 이들로, 그들은 자기들이 틀렸음을 깨달을 것이다.

진짜 마법사들이라면 죽어 마땅하며, 그저 상상으로만 마법사일 뿐인 사람들이라도 완전히 무죄로 간주되어서는 안 된다는 점은 의심할 여지가 없다. 보통 그들 스스로 마법사임을 확신하는 것은 그들 마음속에 마녀집회에 가려는 의향이 굳건하고, 그들의 불행한 의도를 완수하기 위해 몸에 무슨 약을 발랐기 때문이니 말이다. 그렇지만 이 범죄자들 모두를 일률적으로 처벌할 때 다수의 확신은 강화되고 상상으로 마법사가 된 사람들의 수는 늘어나니, 수없이 많은 사람들이 죽고 단죄를 받게 된다. 그러므로 여러 고등법원에서 마법사를 처벌하지 않는 것은 올바른 일이다. 그들의 관할지역에는 마법사들이 훨씬 적으며, 보통 악인들의 질투, 증오, 간계가 아무 죄도 없는 사람들을 죽음에 몰아넣는 구실이 될 수 있다.

늑대인간, 혹은 늑대로 변한 인간들을 두려워하는 것도 역시 별난 망상이다. 어떤 사람들은 터무니없는 상상력으로 자기가 매일 밤 늑대로 변한다고 믿는 광기에 빠진다. 이런 정신착란이 일어나면 늑대가 하는 모든 행동, 혹은 늑대는 그렇게들 한다는 말을 들었던 행동을 틀림없이 행하게 된다. 그래서 그는 자정에 집을 나와 거리를 달리고 아이라도 마주치면 덮쳐 물어뜯고 심하게 공격한다. 또 미신을 믿는 우둔한 민중은 저 미치광이가 실제로 늑대가 되었다고 생각한다. 저 불행한 자가 스스로 그렇게 믿는 데다, 그 사실을 은밀히 몇몇 사람들에게만 말했지만 결국 그 이야기가 퍼지고 말았기 때문이다.

그들이 늑대가 되었음을 사람들에게 설득할 수 있는 흔적이 두뇌에 새겨지는 것이 쉬운 일이었다면, 또 머리가 완전히 돌아 버린 것이 아닌데도 거리를 달리고 저 불행한 늑대인간이 입히는 피해란 피해는 모두 일으킬 수 있었다면 인간이 늑대로 변한다는 이 대단한 이야기들도 침대에 누워 잠이 깨지도 않은 채 마녀집회에 쉽게 갈 수 있다는 마녀집회 이야기들과 똑같은 결과를 만들어 낼 것이다. 그렇게 되면 마법사들의 수만큼 늑대인간의 수도 늘어날 것이다. 그렇지만 자기가 늑대로 변했다고 확신하는 것은 자기가 그저 마녀집회에 간다고 믿는 사람의 경우보다 두뇌에 더욱 큰 충격이 일어났음을 가정한다. 그는 존재하지 않는 것을 밤에 본다고 생각하고, 깨어나서는 자기가 꾸었던 꿈과 자기가 낮 동안 했던 생각을 구분할 수 없는 것이다.

밤에 꾼 꿈이 그 자체로 대단히 끔찍한 것은 아니더라도 너무 생생해서 잠에서 깨었을 때도 그 꿈을 정확히 기억하는 사람들도 있는데 이는 흔한 일이다. 그래서 사람들이 마녀집회에 있었다고 확신하는 일도 어렵지 않은데, 이를 위해서는 그들의 두뇌가 잠을 자는 동안에 그곳에 새겨진 흔적들을 보존하는 것으로 충분하다.

우리가 꿈을 현실로 간주하지 않게 되는 주된 이유는 우리가 깨어있는 동안 우리가 했던 일과 꿈을 연결시킬 수 없기 때문이다. 그래서 우리는 그것이 그저 꿈일 뿐임을 깨닫게 된다. 그런데 상상으로 자기가 마법사라고 생각하는 사람들은 그들이 참여한 마녀집회가 꿈인지 아닌지 깨달을 수 없다. 마녀집회에는 밤에만 가고, 마녀집회에서 벌어진 일은 낮에 벌어진 다른 사건들과 연결될 수 없으니 말이다. 그래서 그들에게 정신을 차리게 해서 그들의 잘못을 깨닫게 할 수는 없다.

그리고 이들 이른바 '마법사'라는 이들이 마녀집회에서 보았다고 믿는 것들이 꼭 자연적 질서를 따라야 할 필요는 없는 것이, 그 일의 결과가 더 기이해지고 혼란이 가중되었으므로 그들은 자기들이 본 것을 그만큼 더 실재했던 일로 보기 때문이다. 그러므로 마녀집회에서 벌어진 일들이 생생하고 소름끼치는 것이기만 하면 그들을 충분히 속일 수 있다. 그 일들이 새롭고 기이한 것을 보여 준다는 점을 고려한다면 틀림없이 그럴 수 있다.

그러나 어떤 사람이 자기가 수탉, 염소, 늑대, 황소라고 상상하려면 정말로 터무니없는 상상력의 난맥에 빠져야 하니, 간혹 정신상태가 그렇게 무너지는 일이 있다고 해도 그것이 흔히 일어나는 일일 수 없다. 그런 정신의 붕괴는 성경의 네부카드네자르 언급에서처럼 신의 처벌이 아니면, 의학의 저자들이 밝힌 사례들에서처럼 흑담즙la mélancolie이 자연적으로 두뇌로 옮겨갈 때 생긴다.

나는 진짜 마법사들은 정말 드물고, 마녀집회는 그저 꿈에 불과하고, 마법을 행했다는 고발에 무혐의 판결을 내리는 고등법원이 더없이 공정하다고 확신하지만, 그렇다고 내가 마법사들이며, 마법이며, 요술 등이 존재할 수 있다는 점이며, 악마가 간혹 사람들에게 특별히 우월한 힘을 쓸 수 있게 해주면서 악의를 행사한다는 점을 의심하는 것은 아니다. 그러나 성경은 우리에게 사탄의 왕국은 무너졌고,[1] 하늘의

---

1 [옮긴이] "예루살렘에서 내려온 서기관들은 그가 바알세불이 지폈다 하며 또 귀신의 왕을 힘입어 귀신을 쫓아낸다 하니 / 예수께서 그들을 불러다가 비유로 말씀하시되 사탄이 어찌 사탄을 쫓아낼 수 있느냐 / 또 만일 나라가 스스로 분쟁하면 그 나라가 설 수 없고 / 만일 집이 스스로 분쟁하면 그 집이 설 수 없고 / 만일 사탄

천사가 악마를 사슬에 채워[2] 심연 속에 가두고는 세상의 종말이 되어서나 그곳에서 꺼낼 것이라고 가르친다. 예수 그리스도가 무장을 빼앗고,[3] 이 세상의 군주가 세계 밖으로 추방되는 순간이 왔다[4]는 것이다.

사탄은 구세주가 도래할 때까지 지배했고, 이렇게 말할 수 있다면 구세주를 전혀 모르는 지역에서 여전히 지배하고 있다. 그러나 그런 사탄도 예수 그리스도 안에서 갱생한 사람들에게는 어떤 힘도 어떤 권리도 행사할 수 없다. 신이 허용하지 않으면 사탄은 그들을 시험할 수 없다. 그리고 신이 이를 허용한다면 그것은 그 사람들이 시험을 극복할 수 있기 때문이다. 그러므로 다시 등장한 몇몇 귀신학자들이 그리하듯 몇몇 이야기들을 악마의 힘이 드러난 흔적으로 전하는 일은 악마에게 지나치게 큰 영예를 부여하는 일이다. 정신이 약한 사람들이 이런 이야기를 듣게 되면 엄청난 두려움에 사로잡히게 되니 말이다.

형리刑吏를 경멸하듯 악마를 경멸해야 한다. 전율해야 할 곳은 오직

이 자기를 거슬러 일어나 분쟁하면 설 수 없고 망하느니라."(〈마가복음〉 3장 22~26절)

2 [옮긴이] "또 내가 보매 천사가 무저갱의 열쇠와 큰 쇠사슬을 그의 손에 가지고 하늘로부터 내려와서 /용을 잡으니 곧 옛 뱀이요 마귀요 사탄이라 잡아서 천 년 동안 결박하여 /무저갱에 던져 넣어 잠그고 그 위에 인봉하여 천 년이 차도록 다시는 만국을 미혹하지 못하게 하였는데 그 후에는 반드시 잠깐 놓이리라."(〈요한계시록〉, 20장, 1~3절)

3 [옮긴이] "강한 자가 무장을 하고 자기 집을 지킬 때에는 그 소유가 안전하되 /더 강한 자가 와서 그를 굴복시킬 때에는 그가 믿던 무장을 빼앗고 그의 재물을 나누느니라."(〈누가복음〉, 11장 21~22절)

4 [옮긴이] "이제 이 세상에 대한 심판이 이르렀으니 이 세상의 임금이 쫓겨나리라."(〈요한복음〉 12장 31절)

신 앞에서뿐이며, 두려워해야 할 것은 오직 신의 힘이며, 염려해야 할 것은 신의 심판과 신의 분노이며, 신의 율법과 신의 복음서를 경멸함으로써 신을 분노케 해서는 안 된다. 신이 말씀하실 때, 혹은 사람들이 우리에게 신에 대해 말할 때는 존경심 가득한 마음으로 해야 한다. 그런데 사람들이 우리에게 악마의 위력에 대해 말하면서 두려워하고 당황하는 것은 우스꽝스럽기 짝이 없이 나약한 일이다. 우리의 당황은 우리 적의 영예이다. 우리의 적은 우리의 존경을 받기를 바라고, 우리가 그를 두려워하기를 바란다. 우리 정신이 그의 앞에 주저앉을 때 그의 오만이 채워지는 것이다.

II. 첫 두 권의 결론

이제 제 2권을 끝내고, 우리가 제 1권과 제 2권에서 언급한 내용을 통해 영혼이 신체를 거치거나 신체에 종속되어 갖는 모든 사유는 신체를 위한 것이고, 이 사유는 모두 거짓이거나 모호하며, 그 사유의 유일한 용도는 우리를 감각 선善 및 우리에게 이 선을 제공할 수 있는 모든 것과 결합시켜 주는 것이며, 이 결합으로 인해 우리는 무수히 많은 오류와, 우리가 느낄 수는 없더라도 너무나 큰 비참에 들어서게 된다는 점에 주목할 때이다. 이는 우리가 그 원인이 되었던 오류들을 모르는 것과 같다. 아래의 내용이 가장 주목할 만한 예이다.

우리가 어머니 뱃속에 있을 때 어머니와 맺었던 결합은 우리가 사람들과 맺는 결합 중에 가장 긴밀한 것으로, 이로 인해 우리가 겪는 모든 비참의 원인인 원죄와 사욕이라는 그보다 클 수 없는 악이 생겨났다. 그렇지만 우리 신체가 구성되기 위해서는 이 결합이 과거에 그랬던 만큼 긴밀해야 했다.

이 결합은 우리가 태어나면서 끊어지고, 아이들은 이후 부모 및 유모와 다른 결합을 맺게 된다. 이 두 번째 결합은 첫 번째 결합만큼 긴밀한 것은 아니어서 우리가 받는 고통이 덜하다. 이 결합으로 우리는 부모와 유모를 믿고 또 모든 면에서 그들을 모방하고자 하는 성향을 갖는다. 이 두 번째 결합 역시 우리에게 반드시 필요한 것임이 분명한데, 이는 첫 번째 결합처럼 신체를 구성하기 위해서가 아니라 신체를 보존하고, 신체에 유용할 수 있는 모든 것을 알고, 그것을 얻기 위해 신체가 움직일 수 있는 능력을 갖추기 위해서이다.

마지막으로 우리가 지금 모든 사람들과 맺고 있는 결합 역시 우리에게 많은 고통을 주기는 하지만, 이 결합은 두 번째 결합보다 신체 보존에 덜 필요하므로 그만큼 긴밀하지 않다. 이 결합을 맺기에 우리가 높이 평가하는 의견을 따라 살아가고, 세상 사람들이 높이 평가하고 사랑하는 것을 사랑하게 된다. 그로 인해 우리 양심에 회한悔恨이 일고, 우리가 사물들에 대해 갖는 실제 관념과 모순될지라도 말이다. 여기서 내가 말하는 주제는 우리와 다른 사람들이 정신을 통해 이루는 결합이 아닌데, 우리가 그 점에 대해 어떤 교훈을 얻는다고 말할 수 있는 까닭이다. 내가 말하는 결합은 단지 우리가 가진 상상력과, 우리와 대화하는 사람들의 태도와 방식 사이에 존재하는 감각적 결합이다. 이상을 통해 우리가 신체에 종속되어 있기에 갖게 되는 사유들이 모두 거짓일 뿐 아니라, 그 사유들이 우리 신체에 더욱 유용한 만큼 우리 영혼에는 더 위험하게 되는 까닭이다.

그러니 우리 감각의 허상, 우리 상상력의 환시幻視, 다른 사람들의 상상력이 우리 정신에 가하는 자극에서 조금씩 벗어나도록 노력하자. 우리가 신체에 종속되어 있으므로 갖는 모든 모호한 관념들은 세심히 거부하고, 정신이 대문자로서의 말씀 혹은 대문자로서의 지혜와 대문자로서의 영원한 진리와 결합될 때 갖는 분명하고 명백한 관념들만을 받아들이도록 하자. 이 점은 지성 혹은 순수정신을 다루게 될 다음 권에서 설명하겠다.

3권

순수 지성에 대하여

1부

지성 혹은 순수 정신에 대하여

1장

제 3권의 주제는 다소 딱딱하고 거칠다. 여기서는 정신의 고유한 결함과 오직 정신에서 나온 오류들을 가려내도록 신체와 어떤 관계도 맺지 않고 그 자체로 고려된 정신에 대해 논의한다.

감각과 상상력은 미망迷妄과 환영幻影의 마르지 않는 풍요로운 원천이다. 그러나 스스로 작동하는 정신은 그렇게 쉽게 오류에 빠지지 않는다. 앞의 두 권을 끝내는 데 어려움이 있었던 것처럼 제 3권을 시작하는 데도 어려움이 있었는데, 그것은 정신의 속성에 대해 언급할 것이 적어서가 아닌 것이, 여기서는 정신의 결함만큼 정신의 속성을 찾아보려는 것은 아니기 때문이다. 그러므로 제 3권의 길이가 짧고, 앞선 두 권에서 열거한 만큼의 오류를 발견하지 않는대도 놀라서는 안 된다.

또한 제 3권이 다소 딱딱하고 추상적이고 정신집중이 필요하다고 해서 불평해서도 안 된다. 항상 말할 때 다른 사람들의 감각과 상상력을 동요시킬 수 있는 것은 아니며, 또한 그렇게 해서도 안 된다. 추상적 주제를 다룰 때 그 주제를 감각으로 이해할 수 있게끔 하다 보면 모호해진다. 그러니 알기 쉽게 설명해 주는 것으로 충분하다. 모든 것을 알고자 하지만 노력이라고는 전혀 할 생각이 없는 이들이 늘 입에 달고 있는 불평처럼 부당한 것이 없다. 그들은 주의를 집중해 줄 것을 요청받으면 화를 낸다. 그들은 항상 자극을 받고 그들의 감각과 정념이 부추겨지기를 바란다. 도대체 뭐란 말인가! 우리는 그들을 만족시켜 줄 수 없다는 점을 인정한다. 소설을 쓰고 희극을 쓰는 사람들은 당연히 주의를 집중시키고 즐거움을 주어야 하지만, 우리는 주의를 기울이고자 노력하는 사람들을 가르칠 수 있기만 하다면 그것으로 충분하다.

감각과 상상력이 범하는 오류들은 신체의 본성과 구성의 결과로, 신체와 영혼의 종속관계를 고려할 때 발견된다. 그러나 순수 지성의 오류들은 정신 자체의 본성 및 정신이 대상을 알기 위해 반드시 필요로 하는 관념들의 본성을 고려할 때만 발견될 수 있다. 그래서 순수 지성이 범하는 오류들의 원인을 파악하기 위해 우리는 제 3권에서 정신의 본성과 정신으로 파악할 수 있는 관념들의 본성에 역점을 두어 검토해야 할 것이다.

먼저 우리는 정신이 그 자체로 무엇인지에 따라서, 또 정신과 결합되어 있는 신체와는 전혀 무관하게 말할 것이다. 그래서 우리가 다룰 내용을 순수 지성 작용pures intelligences이라고 할 수 있을 것인데, 이는 말할 것도 없이 우리가 이곳에서 순수 정신이라고 부르는 것이다. 우리는 '순수 지성'이라는 말을 정신이 외부대상을 두뇌에 재현할 때 그 대상의 물질적 이미지를 떠올리는 일 없이 그 대상을 아는 능력이라는 의미로만 쓸 것이다. 그다음에는 정신으로 파악할 수 있는 관념들의 문제를 다룬다. 순수 지성은 바로 그 관념들을 통해서 비로소 외부대상을 바라보게 된다.

I. 사유만이 정신에 본질적인 것이며 감각과 상상은 변형에 불과하다

진지하게 이 점을 사유한 뒤에 물질의 본질이 연장에 있는 것과 마찬가지로 정신의 본질[1]은 오직 사유에 있다는 점을 의심할 수 있다거나, 사유가 다양하게 변형됨에 따라 정신이 때로는 의욕하고 때로는 상상하는 것이라거나, 연장이 다양하게 변형됨에 따라 물질이 때로는 물이고 때로는 나무이고 때로는 불이거나, 무수히 다른 개별적 형태를 갖는 것과 마찬가지로 정신도 여러 다른 형태를 갖게 되는 것임을 의심할 수 있다고는 생각하지 않는다.

내가 여기서 지적하는 것은 단지 여기서 내가 '사유思惟'라는 말을 영혼의 개별적 변형, 즉 이러저러한 사유가 아니라, 실체적 사유, 즉 모든 종류로 변형이 가능한 사유, 또는 모든 종류의 사유가 가능한 사유로 이해한다는 점이다. 이는 연장이라는 말을 원형이나 사각형처럼 이러저러한 연장이 아니라, 모든 종류로 변형이 가능한 연장 또는 여러 형상으로 이해하는 것과 마찬가지이다. 또 이러한 비교가 이해하기 어

---

1 사물의 본질이라는 말을 나는 그 사물에서 제일 먼저 이해한 것으로 본다. 이로부터 우리가 사물에서 보게 되는 모든 변형들이 온다.

려워 보인다면 그것은 연장에 대해서는 명확한 사유를 갖는 반면 우리가 사유를 알게 되는 것은 내적 감정이나 '의식'을 통해서일 뿐이므로 사유에 대해서는 명확한 관념을 갖지 못한다는 이유에서이다. 나는 이 문제를 나중에 설명하겠다.[2]

나는 또한 감각하지 않고, 상상하지 않고, 심지어는 의욕도 하지 않는 정신을 생각해 보기란 대단히 쉽겠지만 사유하지 않는 정신을 생각해 볼 수 있다고는 생각하지 않는다. 이는 흙도 아니고, 금속도 아니고, 각지지도 않고, 둥글지도 않고, 심지어는 운동하지 않는 물질은 대단히 쉽게 생각할 수 있더라도 연장이 아닌 물질을 생각할 수 없는 것과 마찬가지이다. 이로부터 끌어낼 수 있는 결론은 흙도 금속도 아니고 각지지도 않고 둥글지도 않고 심지어 운동하지 않는 물질이 존재할 수 있듯이, 뜨겁거나 찬 것, 기쁨이나 슬픔을 감각하지 못하고, 심지어는 아무것도 의욕하지 않는 정신 또한 존재할 수 있으므로, 이런 모든 변형들은 정신에 본질적이지 않다는 점이다. 연장만이 물질의 본성이듯, 오직 사유만이 정신의 본성이다.

그런데 물질 또는 연장이 운동하고 있지 않았다면 그 물질은 완전히 불필요할 것이고, 그 물질을 위해 마련된 저 다양한 형태들을 갖출 수도 없을 것이며, 지성을 갖춘 어떤 존재가 운동을 그런 식으로 만들고자 했다고도 생각할 수 없는 것과 마찬가지로, 정신이나 사유가 의지를 갖지 않았다면 그 정신이 지각의 대상에 이를 수도 없고, 정신을 위해 마련된 선을 사랑하지 못할 테니 사유란 완전히 불필요하리라는 점

2 순수 정신의 2부 7장.

이 명백하며, 따라서 지성을 갖춘 어떤 존재가 정신을 그런 상태로 만들고자 했다고도 생각할 수 없다. 그렇지만 운동은 연장을 전제하므로 운동이 물질의 본질이 아니듯, 의지vouloir가 지각을 전제하므로 의지는 정신의 본질이 아니다.

그러므로 오직 사유만이 바로 정신의 본질을 이루고, 감각하고 상상하는 것처럼 사유의 다양한 방식들은 정신에 일어날 수 있는 변형들이면서, 또 항상 정신이 받아들이는 것은 아닌 변형들일 뿐이다. 그런데 의지한다는 것은 정신이 신체와 결합되어 있든, 분리되어 있든 정신에 항상 동반되는 속성이기는 하지만, 그 속성은 사유를 전제하고, 운동 없는 신체처럼 의지 없는 정신을 생각해 볼 수 있으므로 그것이 정신의 본질은 아니다.

그러나 의지의 역량이 정신의 본질은 아닐지라도 이 둘은 분리 불가능하다. 이는 운동의 대상이 될 수 있는 능력이 물질의 본질은 아닐지라도 물질과 분리 불가능한 것과 같다. 움직일 수 없는 물질을 생각할 수 없는 것과 마찬가지로 의지할 수 없거나, 어떤 자연적 성향을 가질 수 없는 정신 역시 생각할 수 없다. 그런데 우리는 어떤 운동도 없는 물질이 존재할 수 있다고 생각하므로, 우리를 선으로 이끄는 조물주의 자극이 없이, 그 결과 의지 없이 존재할 수 있는 정신이 있다고 생각하는 것이다. 의지는 우리를 보편선普遍善으로 이끄는 조물주의 자극에 다름 아니니 말이다. 이것이 우리가 이 책의 1장에서 더 자세히 설명했던 내용이다.

II. 우리는 우리 영혼에 일어날 수 있는 가능한 모든 변형을 알지 못한다

우리가 감각에 관한 논의에서 이미 언급한 내용과, 방금 정신의 본성에 대해서 언급한 내용은 우리가 정신이 겪을 수 있는 모든 변형을 알고 있다는 점을 전제로 하지 않는다. 우리는 이와 유사한 가설들은 세우지 않는다. 반대로 정신은 자기가 알지 못하는 무한히 다양한 변형들을 계속해서 수용할 수 있는 능력을 갖추고 있다고 생각한다.

물질의 가장 작은 부분은 면面이 각각 3, 6, 10, 1만 개인 도형을 가질 수 있고, 면이나 각의 수가 무한하다고 볼 수 있는 원과 타원의 도형도 가질 수 있다. 도형들 하나하나마다 무한히 많은 종류가 있다. 삼각형에도 무한히 많은 종류가 있고, 더욱이 면이 각각 4, 6, 10, 1만 그리고 무한에 이르는 도형들도 있다. 원, 타원, 그리고 일반적으로 규칙적이거나 불규칙적인 모든 곡선 도형은 무한한 다각형多角形으로 간주될 수 있으니 말이다. 예를 들어 타원은 면이 무한히 많지만, 큰 반지름에서 작은 반지름 쪽으로 갈수록 각 면의 크기가 달라지기 때문에, 그 면들의 교차로 이루어진 각들이 서로 동일하지 않은 다각형으로 간주할 수 있다.

그래서 그저 밀랍 한 조각이라도 무한히 다양한 변형이 가능하며 더 정확히 말하자면 정신으로서는 이해할 수 없는 무한한 변형이 가능하다. 그러므로 물체보다 훨씬 더 고상한 영혼이 이미 수용했던 변형들로만 국한되리라고 생각할 이유가 없다.

우리가 즐거움도, 고통도 한 번도 느낀 적이 없었고, 색色도 빛도 한 번도 본 적이 없었고, 우리가 모든 사물에 대해서 색과 음音을 보고 듣지 못하는 맹인이며 농아와 같았다면, 대상이 가질 수 있는 모든 감각작용을 느낄 수 없으리라는 결론을 내리는 것이 옳은 일일까? 우리가 감각을 다룬 권에서 이미 증명했듯이 이들 감각작용은 그저 우리 영혼들의 변형일 뿐이다.

그러므로 영혼이 다양하게 변형될 수 있는 능력은 영혼이 생각하는 능력만큼이나 대단하다. 내 말은 정신이 물질이 취할 수 있는 모든 형상들을 전부 밝혀내거나 이해할 수 없는 것처럼, 정신은 신의 전능한 손으로 영혼이 취할 수 있도록 한 다양한 모든 변형들을 마찬가지로 이해할 수 없다는 것이다. 정신이 물질의 능력만큼이나 영혼의 능력을 분명하게 알고 있을지라도 말이다. 이것은 내가 제 3권의 2부 7장에서 그 이유를 설명하여 사실이 아니라고 밝힐 것이다.

이 세상에서 우리 영혼에 극히 적은 수의 변형만이 일어난다면 그것은 영혼은 신체와 결합되어 있고 신체에 의존하기 때문이다. 모든 감각작용은 신체와 관계되어 있으며, 영혼이 신을 향유하지 않을 때 이 향유를 통해 가질 수 있을 변형이 전혀 일어나지 않는다. 우리의 신체를 이루는 물질은 우리의 인생 동안 극히 적은 수의 변형만이 가능해서, 죽은 뒤에는 그저 흙과 증기로 귀착할 뿐이다. 이제 그 물질은 공기, 불, 다이아몬드, 금속이 될 수 없고, 원, 사각형, 삼각형이 될 수 없다. 물질이 살肉, 뇌장腦漿, 신경, 그리고 인간의 신체를 이루는 나머지여야 영혼과 결합한다. 우리의 영혼도 마찬가지이다. 영혼이 신체와 결합을 유지하기 위해서는 열, 냉冷, 색, 빛, 소리, 냄새, 맛, 그리고 다른 여러 변형들의 감각을 반드시 느껴야 한다. 영혼이 느끼는 모든 감각은 그 영혼이 결합되어 있는 기계를 보존하는 데 전념하게 만든다. 그래서 가장 작은 태엽이 풀리거나 끊어지자마자 영혼은 동요되고 불안해진다. 신체가 쉽게 부패하게 되는 것처럼 그렇게 영혼은 신체에 종속되는 것임에 틀림없다. 그러나 신체가 불멸성을 갖고 우리가 신체들을 이루는 부분들이 와해되지 않을까 더 이상 걱정하지 않게 될 때, 영혼을 자극하는 것은 더 이상 우리의 의지와는 무관하게 느껴지는 불편한 감각이 아니라, 우리로서는 현재 전혀 그 관념을 갖지 못하고 있지만 서로 완전히 다른 무한한 수의 다른 감각이 될 것이라고 믿는 것이 합리적이다. 그때 그 감각들은 감정을 넘어서서, 우리가 갖게 될 신의 위대함과 선함에 걸맞게 될 것이다.

그러므로 영혼은 오직 지식과 사랑만이 가능하다고 확신할 수 있는 식으로 영혼의 본성을 이해한다고 생각하는 것은 잘못된 일이다. 이런 내용을 옹호하는 사람들은 감각작용이 외부 대상이나 제 자신의 신체에서 온다고 간주하고, 정념은 마음속에 있다고 주장한다. 사실 영혼에서 정념과 감각작용을 전부 제거한다면 우리가 알 수 있는 영혼에 남은 것은 지식과 사랑의 연속일 뿐이다. 그런데 나는 우리의 감각에서 비롯한 이런 환상에서 깨어난 사람들이 우리의 모든 감각작용과 모든 정념이 어떻게 그저 지식과 사랑일 뿐이라고, 다시 말해 영혼이 생명을 불어넣는 신체와는 달리, 대상들에 대해 갖는 여러 종류의 모호한 판단들에 불과하다고 확신할 수 있는지 이해하지 못하겠으며, 어떻게 빛, 색, 냄새 등이 영혼의 판단이라고 말할 수 있는지 이해하지 못하겠다. 이와는 반대로 나는 빛, 색, 냄새 및 다른 감각작용들이 판단과는 완전히 다른 변형들임을 뚜렷이 지각하고 있는 것 같다.

III. 우리의 감각작용 및 우리의 정념은 우리의 지식과 사랑과는 다른 것이며 감각작용 및 정념은 항상 지식과 사랑의 결과로 이어지지 않는다

그렇지만 더 생생하고, 더 정신을 집중시키는 감각작용들을 선별해 보고, 고통이나 즐거움이라고들 하는 감각작용을 검토해 보자. 대단히 중요한 여러 저자들[3]에 이어, 이 감정은 우리의 알고 의지하는 능력에서 나온 결과라는 주장들이 있다. 예를 들어 고통이란 의지가 사랑하는 대상에 해로우리라는 것을 아는 사물들에 대해 갖게 되는 슬픔, 저항, 반감일 뿐이라는 것이다. 그렇지만 내가 보기에는 이런 주장은 고통과 슬픔을 혼동하는 일이고, 고통이 정신의 지식과 의지의 행위의 결과라는 어림도 없는 생각과는 반대로 고통은 이 둘에 선행하는 것임이 명백하다.

예를 들어 자고 있거나 손을 등 뒤로 돌려 덥히는 사람의 손에 뜨거운 숯을 올려놓는다고 하자. 나는 그 사람이 우선 신체의 바람직한 구조를 거스르는 어떤 운동이 자기 손에 일어날 것이고, 다음에는 의지로써 스스로 그 운동에 맞서게 되리라는 점을 알게 될 것이고, 그의 고통은 정신이 깨닫게 되는 이런 지식과, 의지가 수행하는 저항의 결과라는 점에 상당한 개연성을 둘 수 있으리라고 생각하지 않는다. 내가 보기에는 이와는 반대로 고통이란 숯이 어떤 사람의 손을 자극할 때 그가 처음으로 깨닫기 시작하는 것이고, 이를 통해 정신이 갖게 되는

---

3 Aug. *De musica*, lib. VI, Descartes dans son Homme etc.

지식과 의지가 수행하는 저항은 이 둘이 정말 고통 뒤에 오는 슬픔의 원인이기는 하더라도 그 고통의 결과일 뿐이라는 점이 확실하다.

그런데 이 고통과, 그 고통이 산출하는 슬픔 사이에는 정말 큰 차이가 있다. 고통은 영혼이 처음으로 느끼는 것으로, 고통에 선행하는 어떤 지식도 없다. 또 고통 그 자체로는 절대 쾌적할 수 없다. 반대로 슬픔은 영혼이 마지막으로 느끼는 것으로, 슬픔에는 항상 어떤 지식이 선행하며, 슬픔은 항상 그 자체로 대단히 쾌적한 것이다. 극장에서 재현된 죽음의 장면을 보고 충격을 받았을 때 슬픔에 즐거움이 동반된다는 점을 보면 정말 그렇게 보인다. 이 경우 즐거움은 슬픔에 비례하여 증가하지 결코 고통에 비례하여 증가하는 것이 아니기 때문이다. 즐거움을 주는 기술을 연구하는 배우들은 아무리 연기라고 할지라도 살인자를 보는 일이 쾌적하기에는 너무도 끔찍하리라는 점 때문에 극장을 피로 물들여서는 안 된다는 점을 잘 알고 있다. 그렇지만 그들은 전혀 두려워하지 않고 관객들을 엄청난 슬픔으로 자극하는데, 사실 슬픔이란 그 슬픔에 감동받는 주체가 있을 때 언제나 쾌적한 것이기 때문이다.[4] 그러므로 슬픔과 고통에는 본질적 차이가 있으며, 고통을 정신의

---

4 [옮긴이] 도비냑은 《연극의 실천》(1657, liv. II, chap. 1, p. 82)에서 코르네유의 《오라스 가》에서 무대 위에서 오빠가 누이를 살해하는 장면의 문제를 다룬다. 1660년의 〈검토〉에서 코르네유는 여주인공이 "살해당하는 곳은 무대 뒤"가 되어야 한다고 명시하고 있다. 고전주의 미학에서 가장 중요한 규칙은 즐거움을 주는 것이며 이는 슬픔을 배제하지 않는다. 데카르트는 "슬픔과 미움을 포함한 모든 종류의 정념에서 자극을 받는 우리 자신을 느낄 때 자연적으로 즐거움을 갖게 되는 것은 단지 이 정념들이 연극에서 재현되는 것을 보는 이상한 탐험에 의해서, 또는 우리를 어떤 방식으로도 해하지 않지만 우리 영혼을 건드리면서 간질이는 것처럼

지식과 결합된 의지의 저항과 같은 것이라고는 말할 수 없다.

대부분의 사람들은 냄새, 맛, 소리, 색과 같은 다른 모든 감각작용들을 영혼의 변형으로 생각하지 않고, 이와는 반대로 이 감각작용들은 대상에 퍼져 있거나, 적어도 사각형과 원이라는 관념처럼 영혼에 존재하는 것이라고 판단한다. 즉 감각작용들은 영혼과 결합되어 있지만 영혼의 변형은 아니라는 것이다. 내가 감각의 오류를 설명하면서 보여주었듯이 감각작용들의 자극을 심하게 받지 않았기 때문에 그렇게들 판단하는 것이다.

그러므로 영혼에 일어날 수 있는 변형들을 우리가 전부 아는 것은 아니라는 점에 동의해야 한다고 생각한다. 감각기관들을 통해 영혼이 겪게 되는 변형들 말고도 영혼이 경험해 본 적이 없으며, 신체의 예속에서 해방된 후에나 경험하게 될 무한한 다른 변형들이 있다.

그러나 물질이 연장을 갖기에 무한히 다양한 구성을 띨 수 있는 것과 마찬가지로, 영혼 역시 사유를 갖기에 다양한 변형을 겪는 것임을 인정해야 한다. 영혼에 지각이나 사유의 능력이 없었다면 즐거움, 고통의 변형도, 심지어는 영혼은 아무렇지도 않게 받아들이는 변형들 무엇 하나 가능할 수 없으리라는 점이 분명하기 때문이다.

그러므로 우리로서는 이런 모든 변형들의 원리가 사유라는 점을 아는 것으로 충분하다. 영혼에 사유에 앞서는 무언가가 존재한다고 주장

보이는 다른 비슷한 주제에 의해서 생겨났을 때뿐이다. 그리고 통상적으로 고통이 슬픔을 생산하게 만드는 원인은 고통이라고 불리는 감정이 항상 신경에 상처를 입힐 정도로 어떤 아주 격렬한 작용에서 비롯된다는 데 있다"(94절)고 썼다.

하고자 한다면 나는 그 점에 대해 논쟁하고 싶지 않다. 그러나 나는 사유 혹은 그의 정신 속에서 벌어지는 모든 것에 대한 내적 감정을 통하지 않고서는 영혼에 대한 지식을 가질 수 없다고 확신하므로, 누군가 영혼의 본성에 대해 추론하고자 한다면 그에게 끊임없이 있는 그대로의 자신을 보여 주는 내적 감정만을 찾아야지, 그의 의식에 어긋나게 영혼은 보이지 않는 불이라거나, 가벼운 공기라거나, 조화라거나, 혹은 비슷한 다른 것이라고 상상해서는 안 된다는 점 역시 확신한다.

2장

I. 협소한 정신은 무한에 관련된 것을 이해할 수 없다

그러므로 인간의 사유에서 우선 발견되는 것은 그것이 대단히 제한적이라는 점이다. 이로부터 대단히 중요한 두 가지 결과를 끌어낼 수 있는데, 그 첫 번째는 영혼은 무한을 완벽하게 알 수 없다는 것이고, 두 번째는 영혼은 동시에 여러 가지 사실을 뚜렷하게 인식할 수 없다는 것이다. 밀랍 한 조각이 동시에 무한히 상이한 형상을 가질 수 없듯이, 영혼 역시 동시에 무한한 대상들의 지식을 가질 수 없다. 또한 밀랍 한 조각이 사각형인 동시에 원형일 수 없지만, 절반은 사각형이고 절반은 원형일 수 있고, 그 조각이 다양한 형상을 갖출수록 그 형상들이 그만큼 덜 완전하고 덜 뚜렷해지는 것과 마찬가지로, 영혼은 동시에 여러 가지 사실을 알아볼 수 없고, 사유의 수가 더 많을수록 그만큼 더 모호해진다.

결국 천 개의 면을 갖는데, 그 하나하나의 면마다 다른 형상을 갖게 될 밀랍의 조각은 사각형도, 원도, 타원형도 아닐 것이고, 그것이 어떤 형상이라고 말할 수도 없는 것과 마찬가지로, 간혹 너무나 많은 수의 서로 다른 사유를 갖는 바람에 아무것도 사유하지 않는 일이 생기게 된다. 이는 기절을 하는 사람들에게서 나타나는 것이다. 그들의 두뇌 속에 동물정기가 불규칙하게 회전하면서 대단히 많은 수의 흔적을 동시에 자극하는 바람에 정신 속에서 특별한 한 가지 감각이나 뚜렷한 관념을 불러일으킬 정도로 힘차게 열어젖히지 못하게 된다. 그래서 이런 사람들은 동시에 대단히 많은 일들을 느끼지만 뚜렷한 것은 전혀 느끼지 못한다. 그렇기 때문에 그들은 아무것도 느끼지 못했다고 생각하는 것이다.

때로는 동물정기가 결핍되어도 실신하는 경우가 있다. 그러나 그때 영혼은 두뇌에 흔적을 전혀 남기지 않는 순수 지성의 작용의 사유만 갖기에 정신이 든 뒤에는 이를 기억하지도 못하며, 그 때문에 우리는 아무것도 생각한 적이 없다고 믿는 것이다. 지나가면서 하는 말이지만 내가 이 말을 하는 이유는 흔히 영혼이 간혹 아무것도 사유하지 않는다고들 생각하여 영혼이라고 항상 사유하는 것은 아니라는 생각은 잘못임을 보여 주기 위해서이다.

II. 정신의 한계는 수많은 오류들의 근원이다

제 자신의 사유에 대해 조금만 성찰해 본 사람이라면 누구나 충분한 경험을 통해 정신은 동시에 여러 사물에 전념할 수 없고, 말할 것도 없이 무한을 통찰할 수도 없음을 안다. 그러나 이 점을 모르지 않는 사람들이 무슨 변덕으로 자기들의 정신의 능력으로 성찰할 수 있는 문제들보다 정신의 무한한 능력을 요구하는 문제들이며 무한한 대상들에 대해 더욱 깊이 파고들려고 애쓰는 것이며, 또한 무슨 이유로 여전히 수많은 사람들이 모든 것을 알고자 그토록 많은 학문에 동시에 몰두하며 정신을 혼동케 만들고, 그로 인해 어떤 진정한 학문을 연구할 수 없게끔 하는 수많은 사람들이 있는 것인지 나는 모르겠다.

물질이 무한히 분할 가능하다는 사실을 이해하는 사람들의 수는 얼마나 될 것이며, 비록 비율로 따져보면 더욱 작기는 해도 모래 한 알에 지구 전체와 동등한 만큼의 부분들을 포함하는 일이 어떻게 가능할 것인지 이해하고자 하는 사람들의 수는 얼마나 될 것인가? 이 주제며, 무한한 어떤 것[1]을 포함하는 다른 많은 주제들에 대해 결코 풀리지 않는 문제들을 얼마나 만들었는가? 이런 주제들에 대해 정신에서 해답을 찾고자 하는 것이다. 그 문제들을 풀고자 전력을 다하고 뜨거운 열기로 달아오른다. 그러나 결국 이로써 얻게 되는 전부는 기상천외한 것이며 오류에 몰두한다는 것이다.

물질이 무한히 분할 가능하다는 점에 대해 이를 입증하는 증명은 분

1 시간, 속도 및 최대와 최소가 가능한 모든 것처럼.

명히 이해하겠으나 그 사실만으로는 수긍할 수 없기에 그 사실을 부정하는 사람들을 보는 일은 우습지 않은가? 물질이 무한히 분할 가능하다는 점을 보여 주는 수많은 증거들이 그보다 확실할 수 없을 정도로 논증하고 있더라도 모르겠다는 것이다. 그들이 물질의 가분성可分性의 문제를 주의 깊게 생각할 때는 이 점에 동의하지만, 그들에게 해결이 불가능한 반박을 하게 된다면 그들의 정신은 방금 보기 시작했던 확실성에 등을 돌려 이를 의심하기 시작한다. 그들은 자기들로서는 해결할 수 없는 반박을 해결하고자 하고, 물질이 무한히 분할 가능하다는 점을 입증하는 증명을 반박하는 무슨 시시한 구분 같은 것을 고안한다. 그리고 그들은 마침내 이 문제에 대해서는 자기들이 잘못 생각했고, 세상 모든 사람도 마찬가지로 잘못 생각하고 있다는 결론을 내리는 것이다. 그런 뒤에 그들은 반대 의견을 강력히 따르게 된다. 그들은 상상력이 얼마든지 제공할 수 있는 심하게 과장된 지점들이며 기상천외한 의견들을 내세워 그 결론을 옹호한다.

그런데 그들이 이런 혼란에 빠지게 되는 것은 그저 마음속에서 인간 정신은 유한하고, 물질은 무한히 분할 가능하다는 점을 확신하는 데 이를 내적으로 이해할 필요는 없음을 확신하지 않기 때문이다. 그 점을 이해하지 않는다면 해결할 수 있는 모든 반박들은 해결이 불가능한 것이기 때문이다. 사실 속도, 지속, 연장은 같은 단위로 잴 수 있는 관계rapports commensurables를 정확히 이해할 수 있도록 해주는 척도이다. 이들 관계는 유한한 관념들이 표현하는 유한한 크기이니 말이다. 그렇지만 어떤 유한한 정신도 그 자체로 절대적으로 취해진 이런 크기를 이해할 수는 없다.

사람들이 이런 유사한 문제들에만 집중했다면 그 점에 고심할 필요는 없을 것이다. 어떤 오류들에 마음을 쓰는 사람들이 있다고 해도 그 오류들은 큰 영향력을 갖지 않는 것이니 말이다. 다른 이들이 그들로서는 이해할 수 없었던 문제들을 생각할 때 그들이 공연히 시간을 고스란히 낭비했던 것은 아니었던 것이, 적어도 그들은 자기들이 허약한 정신의 소유자임을 확신했기 때문이다. 대단히 분별력이 뛰어난 어떤 저자2가 말하기를 이런 섬세한 문제들로 정신을 피곤하게 하는 일이 좋다고 했다. 그래야 자신의 교만을 길들이고 자기가 이해할 수 없다는 구실로 그의 나약한 빛으로써 교회가 제시한 진리들에 저항하는 무모함을 버릴 수 있을 테니 말이다. 인간 정신이 원기를 고스란히 발휘하더라도 물질의 가장 작은 원자에 굴복하고, 어떻게 그 일이 가능할 수 있는지 알 수 없다고 해도 그 원자는 무한히 분할 가능한 것임을 분명히 알게 되었음을 시인하지 않을 수 없으니, 우리의 정신으로는 이해할 수 없다는 이유로 그 자체로는 이해할 수 없는 전지전능한 신이 마련하는 경이로운 결과들을 이해하지 않고자 한다는 것이야말로 틀림없이 이성을 거슬러 죄를 짓는 것이 아닌가?

---

2 L'Art de penser.

III. 특히 이단에 대하여

그러므로 무지로 인한 가장 위험한 결과, 더 정확히 말하자면 인간 정신의 한계와 나약함, 그러니까 무한한 일부를 갖는 모든 것을 이해할 수 없는 정신의 무능력에서 온 부주의로 인한 가장 위험한 결과가 이단異端이다. 내가 보기에 어떤 다른 시대보다 지금 이 시대에 너무나 많은 사람들이 고작 자기만의 정신이며, 이성의 자연적 나약함에나 기초하고 있는 유별난 신학을 받아들이고 있으며, 이성에 매이지 않는 주제들에서조차 자기들이 이해하는 것만을 믿고자 한다.

소시니안주의자들은 삼위일체의 신비도, 그리스도의 강생의 신비도 이해할 수 없다. 그것만으로도 이런 신비를 믿지 않고, 심지어는 거만하고 건방진 태도로 그것을 믿는 사람들에 대해 천생 노예로 태어난 사람들이라고 그들은 충분히 말하는 것이다. 칼뱅주의자는 어떻게 예수 그리스도의 신체가 하늘에 있는 동시에 실제로 성체에 나타날 수 있는지 이해할 수 없다.[3] 이로부터 칼뱅주의자는 자기가 신의 역량이 어디까지 나아갈 수 있는지 이해하기라도 했듯이 그것은 이루어질 수 없는 일이라는 결론을 내리는 것이 옳다고 믿는다.

자신이 자유롭다고 확신하는 사람이라도, 신학과 신학의 법령과 자유를 일치시키려는 노력에 머리가 너무 뜨거워진다면 그는 아마 인간이 자유롭다는 것을 믿지 않는 사람들의 오류에 빠지고 말 것이다. 한편으로 신의 섭리가 인간의 자유와 더불어 존속할 수 있다고 생각할

---

3 [옮긴이] 칼뱅, 《기독교 강해》, liv. IV, chap. XVIII, §5와 §7을 참조.

수 없고, 다른 한편으로 그의 종교에 대한 경의로 섭리를 부정할 수 없으므로, 사람들의 자유를 빼앗지 않을 수 없다고 생각한다. 자신의 정신이 얼마나 나약한지 충분히 성찰하지 않았으므로 신이 인간의 자유와 신의 법령을 조화시키는 방법을 자기도 꿰뚫어 이해할 수 있다고 생각할 것이다.

정신의 나약함을 고려할 정도의 주의력이 없고, 자기 능력을 벗어난 일들을 판단하는 데 지나친 자유를 부여하는 이들만이 이단인 것은 아니다. 이런 결함은 거의 모든 사람들에게 있으며, 특히 지난 몇 세기 동안의 몇몇 신학자들이 그랬다. 그들 중 어떤 이들은 선한 의도에서라도 이성의 능력으로 닿지 못하는 신비를 입증하거나 설명하고, 이단을 공격하여 종교를 보호하기 위해 정말 자주 인간의 추론을 사용하므로, 바로 그 이단으로 하여금 자신의 오류에 고집스럽게 집착하게 만들고, 신앙의 신비의 문제들을 인간의 의견처럼 다루는 계기를 제공하는 일도 있다고 말할 수 있을 것이다.

정신의 동요와 스콜라 학파의 까다로운 문제들로는 사람들이 얼마나 허약한지 깨닫게 하는 데 적합하지 않고, 교회의 결정을 겸허히 따르는 데 정말 필요한 저 복종의 정신을 마련해 주지도 못한다. 반대로 인간의 이 모든 까다로운 추론은 사람들 마음속에 은밀히 숨겨진 교만을 자극할 수 있다. 그런 추론은 사람들로 하여금 정신을 적절치 못하게 사용하게끔 하여, 그런 방식으로 자신의 능력에나 알맞은 종교를 갖게 한다. 그래서 우리는 이단들이 철학적 논변에 복종한다거나, 그들이 순전히 스콜라 책들을 읽는 것으로 자신의 오류를 인정하고 단죄하리라 보지 않는 것이다. 그렇지만 이와는 반대로 우리는 이단들은 허구한 날 스콜라 학파의 추론들의 약점을 잡을 기회를 만들어, 우리 종교에서 가장 성스러운 신비를 조롱하려는 것을 보고 있다. 그 신비는 정말이지 인간의 근거와 설명이 아니라 오직 글로 적혔거나 적히지 않았더라도 전통을 거쳐 우리에게까지 전해진 신의 말씀의 권위에 근거를 둔 것인데 말이다.

IV. 정신을 신앙에 종속시켜야 한다

사실 인간의 이성만 가지고 신이 세 개의 위격位格을 갖고 예수 그리스도의 신체가 실제로 성체聖體에 존재한다는 것을 우리는 이해할 수 없다. 또한 신은 아주 옛날부터 인간이 행할 일을 알았지만 그런 줄 알고도 어떻게 인간을 자유롭게 만들 수 있었는지의 문제도 마찬가지이다. 이런 문제들을 증명하고 설명하기 위해 드는 논거들은 보통 이를 검토하지 않고 인정하는 사람들에게나 입증될 뿐, 그 논거를 쓰러뜨리려고 하고 이런 신비의 근본을 인정하지 않는 사람들에게는 종종 기상천외하게 보인다. 반대로 기독교의 핵심 신앙개조信仰個條들 및 무엇보다 삼위일체의 신비에 대한 반박은 대단히 강력한 것이어서 우리의 허약한 이성을 전혀 놀라게 할 수 없는 명확하고, 명백한 해결책을 마련하기란 불가능한 일이라고 말할 수 있다. 사실 이런 신비들은 이해 불가능하기 때문이다.

그러므로 이단들을 개종시키는 최선의 방법은 그들에게 철학에서 끌어낸 불확실한 논변들만 제시하여 그들로 하여금 자신들의 정신을 사용하는 데 익숙해지도록 하는 것이 아니다. 우리가 그들에게 가르치고자 하는 진리는 이성을 따르는 것이 아닌 까닭이다. 영혼 불멸, 원죄, 은총의 필요성, 자연의 무질서 및 몇몇 진리들은 전통만큼이나 이성으로 증명될 수 있는 것으로, 이를 위해 추론을 사용하는 것이 항상 적절한 것은 아니다. 그들의 정신이 이런 문제들을 다루면서 이성의 확실성을 일단 접하게 되면 오직 전통을 통해 입증될 수 있는 문제들을 따르려 들지 않을 수 있기 때문이다.

이와는 반대로 이단들의 결함, 한계, 우리의 신비와의 불일치를 깨닫게 하여 그들만의 정신을 불신하지 않을 수 없게 만들어야 한다. 이단들에게 무오류성이 신의 공동체 전체의 관념에 포함되어[4] 있음을 제시하고 가능하다면 그들에게 모든 시대의 전통을 설명하면서 저 이단들의 오만한 정신이 쓰러질 때 그들을 교회의 생각에 동의하게끔 하는 것은 쉬운 일이리라.

그러나 사람들이 계속해서 그들의 시선을 허약하고 제한된 정신의 위쪽으로 돌린다면, 그들은 신중치 못하게 자만을 드러내어 기만적인 빛으로 눈이 부셔할 것이고 영광에 대한 사랑으로 그들은 눈멀 것이다. 그래서 이단들은 영원히 이단일 것이고, 철학자들은 완고하고 고집 센 이들일 테니, 그들이 논쟁하고자 하는 한, 모든 주제들을 두고 논쟁은 계속될 것이다.

---

4 《형이상학과 종교에 대한 대화》의 13장을 보라.

3장

I. 철학자들은 연구에 있어서 순서를 지키지 않는다

사람들은 자기들의 정신이 무한하지 않은데도 무한과 관련한 문제들에 몰두하는 바람에 엄청난 수의 오류에 빠지는 것만은 아니다. 사람들의 정신의 폭이 대단히 협소함에도 큰 폭의 정신을 필요로 하는 문제들과 씨름하는 이유도 크다.

우리가 이미 말했듯이 밀랍 조각 하나가 완전하고 뚜렷이 구분되는 여러 형상들을 동시에 가질 수 없는 것과 마찬가지로 정신 역시 뚜렷이 구분되는 여러 관념들을 수용할 수 없다. 다시 말하면 동시에 여러 사실들을 뚜렷이 구분해서 보기 시작할 수 없는 것이다. 이로부터 쉽게 내릴 수 있는 결론은 우리가 감추어진 진리들을 연구하고자 할 때에는 처음부터 너무나 많은 지식을 갖지 않으면 안 되는 진리들이나, 그중에서 우리가 전혀 모르거나 충분히 익숙하지 않은 진리들에 몰두해서는 안 된다는 것이다. 연구는 반드시 순서에 따라 이루어져야 하고, 아직 모르고 있거나 명확하게 알지 못하는 것을 배울 때는 뚜렷하게 알고 있는 것을 이용해야 하는 까닭이다.

그런데 연구에 들어서는 대부분은 여러모로 시도해 보지 않는다. 그들이 어떤 힘을 가졌는지 시도해 보지도 않고 그들의 정신이 어디까지 이를 수 있는지 스스로 자문해 보는 일도 없다. 그들의 연구를 조정하는 것은 은밀한 허영이며 정도를 벗어난 앎의 욕망이지 이성이 아니다. 그들은 이성적으로 생각해 보지도 않은 채 그보다 더 깊이 감추어질 수 없고 그보다 더 난공불락이 없는 진리들을 꿰뚫어 보고, 수많은 관계들을 파악해야만 풀 수 있는 문제들을 해결하고자 시도하는 것이다. 그런 문제들은 더없이 힘차고 더없이 날카로운 정신들이나 여러 세기가 흐른 뒤에야, 무한에 가까운 실험을 거친 후에나 온전히 확실하게 진리들을 발견할 수 있을 것이다.

의학과 도덕에는 이런 본성을 갖춘 문제들이 셀 수 없이 많다. 동물, 식물, 금속 및 이런 것들이 각자 어떤 고유한 특질들을 갖는지 물체들을 세부적으로 파악하고 물체들의 개별적 특질들을 고려하는 모든 학문은 정말 명백할 수도, 확실할 수도 없다. 무엇보다 이들 학문을 지금까지의 방식과는 다르게 연구하지 않거나, 그 학문이 틀림없이 갖추고 있는 가장 단순하고 가장 덜 복잡한 것으로 시작하지 않으면 안 된다.

그런데 연구자들은 진득하게 순서를 지키면서 힘들게 철학하려고 하지 않는다. 그들은 자연학 원리들의 확실성에 서로 뜻을 달리하고, 물체 일반의 본성이며 그 물체들의 특질도 모른다는 점에 서로 동의하게 된다. 그렇지만 예를 들어 노인의 머리카락은 왜 백발이 되고, 치아는 검게 되는지, 또 이런 비슷한 문제들은 설명할 수 있다고 생각한다.

그런데 이런 문제들은 수많은 원인이 함께 작용한 결과이므로 확실한 근거가 무엇인지 알기란 불가능하다. 실은 백발은 특별히 무엇으로 되어 있는지, 백발에 영양을 공급하여 성장시키는 체액은 무엇인지, 그 체액이 신체에 들어가기 위해 거치는 여과장치는 무엇인지, 백발의 뿌리나 머리카락이 통과하는 피부의 구성은 어떠한 것인지, 젊은이와 노인에게 이 모든 것들이 어떻게 다른지 아는 일이 반드시 필요하다. 그렇지만 이를 모두 알기란 절대적으로 불가능하거나 적어도 대단히 어려운 일이다.

II. 아리스토텔레스에게서 발견되는 질서의 결여의 사례

아리스토텔레스를 예로 들자면 그는 노인들의 머리카락이 백발이 되는 원인을 모르지 않는다고 주장하면서 각기 다른 책 및 상이한 곳에서 여러 가지 근거를 제시했다. 그런데 그는 천재적인 사람이었으니 거기에 머무르지 않았다. 그는 훨씬 더 깊이 파고들어서, 노인들의 머리를 백발로 만드는 원인이 몇몇 사람들과, 몇몇 말馬들이 푸른색의 눈을 갖고 태어나게 되는 원인과 동일하며, 다른 원인을 갖게 되면 다른 색의 눈을 갖게 된다는 점 또한 발견했다. 다음이 그의 말이다.

"특히 인간과 말의 눈의 색이 다양한데, 이는 인간의 머리를 백발로 만드는 것과 동일한 원인이다."[1]

---

1 《동물의 발생에 관하여》(*De la génération des animaux*), liv. V, 1, 780b. (말브랑슈는

정말 놀라운 발견이지 않은가. 저 위대한 인물에게는 그 무엇도 감춰진 것이 없으며, 그는 자연학 책 거의 어디에서나 그 시대의 가장 양식 있는 사람들도 결코 이해할 수 없으리라 믿었던 수많은 사실들을 설명하였으니, 우리가 끝내 알 수 있는 모든 것을 무지의 상태로 남겨두지 않도록 신이 우리에게 내려 준 사람이라는 말도 옳다.

"아리스토텔레스의 교의는 지고한 진리이다. 누구도 그의 학문에 필적할 수 없고 가까이 갈 수도 없다. 신께서는 알려질 수 있는 모든 것을 가르치기 위해 그를 우리에게 보내셨다."

이븐 루시드는 심지어 신은 섭리에 의해 우리가 알 수 없는 것을 알려주기 위해 아리스토텔레스를 선사했다고까지 말해야 했다. 아리스토텔레스는 우리가 알 수 있는 사실들을 가르쳐 줄 뿐 아니라, 그의 말, 그의 교의가, 지고한 진리이므로 우리로서는 알 수 없는 것까지 가르쳐 준다는 점은 사실이니 말이다.

확실히 이런 식으로 아리스토텔레스를 믿으려면 그를 신봉해야 한다. 아리스토텔레스가 그저 논리학의 근거들만을 제시하고, 감각을 통한 모호한 개념들로만 자연의 결과들을 설명하고, 특히 몇몇 문제들은 인간으로서 풀 수 있는 일이라고 생각하지 않는다고 이 철학자가 과감하게 판정할 때 그렇다. 그래서 아리스토텔레스는 자기 말만 듣고 믿어야 한다고 알릴 때 특별히 신경을 썼다. 제자는 믿어야 한다[2]는 것은 아리스토텔레스의 절대 흔들림 없는 공리公理이다.

원문에 그리스어로 직접 인용했다 — 옮긴이)

2 [옮긴이] *Refutations sophistiques*, 2, 165b.

그런데 아리스토텔레스와, 다른 수많은 철학자들이 우리가 결코 알 수 없는 것을 안다고 주장했던 이유는 지식과 지식 사이의 차이, 그러니까 어떤 확실하고 명백한 지식과 그저 사실임 직한 지식의 차이를 제대로 이해하지 못했기 때문이며, 그들이 이런 구분을 할 수 없었던 이유는 그들이 몰두했던 주제들이 항상 그들 정신의 능력을 넘어서는 것이었으므로 부분들 전체를 파악할 수 없어서 보통은 고작 그중 몇몇 부분만을 이해했기 때문이다. 여러 사실임 직한 지식들을 발견하는 데는 이것으로 충분하지만 진리를 명백하게 발견하는 데는 그렇지 못하다. 그저 허영의 마음으로나 과학을 모색하고, 사실임 직한 지식들은 사람들의 변변치 않는 능력에 더욱 어울리므로 그것이 정작 진리 자체보다 사람들에게 더 훌륭한 평가를 얻게 마련이니, 정신의 능력을 확장하는 데 없어서는 안 되는 방법을 찾는 일이나, 정신이 아직 갖지 못한 것 이상의 폭을 마련해 주는 일을 그들이 소홀히 했다는 사실은 말할 것도 없다. 그러니 그들은 깊이 숨겨지지 않은 진리들을 간파할 수 없었던 것이다.

III. 기하학자들은 진리의 탐구를 올바로 수행한다

오직 기하학자들만이 우리의 정신의 폭이 크지 않다는 사실을 올바로 인정했다. 적어도 그들이 수행한 연구방식은 그들이 그 방식을 완벽하게 알고 있었음을 보여 주는 것이었다. 특히 이번 세기에 프랑수아 비에트와 데카르트가 혁신하고 개선한 대수학代數學과 분석을 사용했던 기하학자들을 말하는 것이다. 이 인물들이 여간 복잡하지 않은 난점들을 그것에 속한 가장 단순한 난점들을 확실히 알기 전에는 해결할 생각을 전혀 하지 않았다는 점에서 그렇게 보인다. 그들은 기본적 기하학을 제대로 소화한 다음에나 원뿔곡선 같은 곡선들을 연구하는 데 열중했던 것이다.

IV. 기하학자들의 방법은 정신의 힘을 증가시키는 반면, 아리스토텔레스의 논리학은 그 힘을 감소시킨다

그런데 수학 분야를 연구하는 해석학자들에게 특별한 점은 그들의 정신이 동시에 여러 도형들에 전념할 수 없으며, 그들이 종종 비록 3차원 이상의 입체가 있다고 생각하지 않을 수 없지만 그 이상의 입체를 상상해 볼 수 없음을 알기 때문에, 그들의 관념을 표현하고 짧게 기호로 나타내기 위해 우리에게 대단히 익숙한 평범한 문자들을 사용했다는 것이다. 그래서 정신은 당황하는 일 없이, 여러 도형과 무수한 선을 이용하지 않고는 그릴 수 없는 그래프에 매달리는 일도 없이 다른 방식으로는 볼 수 없는 것을 눈길 한 번 주는 것으로 알아차릴 수 있게 된다. 정신의 능력은 신중하게 사용되기만 한다면 훨씬 더 깊이 파고들고 훨씬 더 많은 사실로 확장할 수 있기 때문이다.

그래서 정신의 통찰력은 더욱 높이고 그 폭은 더욱 넓혀주는 솜씨가 있다면 다른 곳에서 말하겠지만[3] 그것은 정신의 힘과 능력을 신중하게 다루는 것으로, 정신이 진리를 찾고 있을 때 그 진리를 발견하는 데 필요하지 않은 것들을 부적절하게 사용하지 않는 데 있다. 정말 주목해야 할 점이 바로 이것이다. 오직 그 점을 통해서 통상 논리학이 정신의 능력을 증가시키는 것보다 감소시키는 데 더욱 적합하다는 것을 알 수 있으니 말이다. 어떤 진리를 탐구하면서 논리학이 제공하는 규칙을 사용하고자 할 때 정신의 능력은 분산되므로 정신의 검토 대상이 되는 주제의 폭을 이해하고 주의를 기울이는 능력은 더 작아질 것이다.

그러므로 방금 언급한 것으로 미루어 사람들 대부분은 진리의 탐구를 위해 정신을 사용하고자 할 때 정신의 본성을 숙고하는 일이 거의 없었고, 정신의 폭이 좁다는 것과, 그래서 정신을 다룰 때는 대단히 신중해야 하고, 심지어는 정신을 확장하지 않으면 안 된다는 점을 올바로 납득하지 못했고, 그것이 그들이 오류를 저지르고, 연구에 성공하지 못했던 가장 중대한 한 가지 원인이라는 점이 분명해 보인다.

그렇지만 자신의 정신이 편협하고, 정신의 능력과 폭이 전혀 크고 넓지 못하다는 점을 알 수 없었던 몇몇 사람들이 있었음을 주장하려는 것은 아니다. 분명 그 사실을 몰랐던 사람이 없고, 그 사실을 시인하지 않는 사람이 없다. 그런데 대부분은 그 사실을 막연하게만 알 뿐이고 입으로만 고백할 뿐이다. 그래서 그들이 연구할 때 어떤 행동을 취하는지 보면 그들 자신의 고백과 모순된다는 점을 알 수 있다. 마치 그들의 정신에 한계가 없다고 믿기라도 하듯 행동하고, 통상 그들이 아는 원인은 그중 하나뿐이면서 수많은 원인에 좌우되는 일들을 파악하려 들기 때문이다.

---

3 방법론을 다루는 6권의 1부.

V. 연구자들의 다른 결함

연구자들이 흔히 갖는 또 다른 결함이 있다. 그들은 동시에 지나치게 많은 학문에 몰두하고, 하루에 여섯 시간 공부하는 동안 간혹 여섯 가지 다른 것을 연구하기도 한다는 것이다. 이 결함의 원인과 방금 말했던 다른 결함들의 원인이 동일하다는 것이 명백하다. 이런 방식으로 연구하는 사람들이 그 원인이 정신의 능력에 비례하지 않으며, 그들의 정신을 진정한 학문보다는 혼란과 오류로 가득 채우는 데 더욱 적합하다는 점을 명백히 알았다면 자신의 정념과 허영이라는 정상을 벗어난 움직임에 휩쓸릴 일이 없을 것이다. 사실 이는 바로 아무것도 알지 못하는 방법이므로 학문을 충족하는 방법은 아니다.

4장

I. 정신은 자신과 관련을 맺지 않거나 무한에 대해 아무런 관련이 없는 대상들에 오랫동안 전념할 수 없다

인간 정신은 우리가 앞의 두 장에서 설명한 것처럼 무한하지 않고, 고려하는 대상들보다 폭이 좁다고 해서 쉽게 오류에 빠질 뿐인 것은 아니다. 정신은 유동적이고 행동도 단호하지 못한 데다, 한 주제를 고스란히 검토하는 데 충분히 오랫동안 시선을 고정하고 집중할 수 없다.

인간 정신이 이렇게 유동적이고 가벼워지는 원인을 이해하기 위해서는 정신의 행동을 지도하는 것이 의지이며, 의지의 사랑의 대상에 정신이 행동을 가하게 하는 것 또한 의지이며, 의지는 그 자체로 끊임없이 유동적이고 계속되는 불안을 느낀다는 점을 알아야 한다. 그 원인은 다음과 같다.

신은 만물의 창조주이고, 자신을 위해 만물을 창조했고, 끊임없이 인간에게 자연적이고 저항할 수 없는 자극을 새김으로써 인간의 마음을 신을 향해 돌린다는 점이 확실하다. 신은 인간을 사랑하지 않으려는 의지를 갖는다거나, 혹시라도 다른 선善이 존재할 수 있다면 그 선보다 인간을 덜 사랑하려는 의지를 가질 수 없다. 신은 더할 나위 없이 사랑스러운 것을 사랑하지 않고자 의지할 수 없고, 가장 덜 사랑스러운 것을 가장 사랑하고자 의지할 수도 없기 때문이다. 그래서 자연적 사랑은 신에게서 나오고, 신 자신이 새긴 운동을 멈추게 할 수 있는 것은 아무것도 없으므로 그 사랑은 우리를 신을 향해 이끌어갈 것임에 틀림없다.

그러므로 모든 의지가 이 자연적 사랑의 운동을 필연적으로 따르지 않을 수 없다. 정의로운 사람들, 불경한 사람들, 복자들, 영벌永罰을 받은 사람들은 이런 자연적 사랑으로 신을 사랑한다. 우리가 신에게 갖는 이 자연적 사랑과, 우리를 보편선, 무한한 선, 최고선最高善으로 이끄는 자연적 성향이 동일하고, 보편선, 무한한 선, 최고선은 오직 신뿐이므로 모든 사람이 신을 이런 사랑으로 사랑하는 것임에 틀림없다. 결국 모든 사람과 심지어는 악마들조차 열렬히 행복하고자 하고, 최고선을 갖고자 한다. 선에 대한 그들의 열망은 무차별적이고, 깊이 생각하지 않고, 자유롭지 않고, 그들 본성의 필요성에 따른 것이다. 그러므로 우리 마음의 자연적 운동은 신을 위해, 무한한 선을 위해, 그 자체에 모든 선을 포함하는 선을 위해 만들어졌으므로 그 운동은 이 선을 소유해야 멈추게 될 것이다.

II. 의지의 불안정성은 적용의 결함의 원인이며, 그 결과 오류의 원인이 된다

그래서 맹렬한 갈망으로 점점 타락하고, 자기에게 없는 선을 욕망하고, 재촉하고, 그것에 대한 불안으로 계속해서 동요하는 우리의 의지는 정신이 일정 시간 추상적 진리들에 신경을 집중하는 일을 견딜 수 없다. 그런 추상적 진리는 의지를 자극하지도 않고 행복하게 만들 수도 없다고 판단하는 것이다. 그래서 의지는 정신을 부추겨 끊임없이 다른 대상들을 찾게끔 한다. 그런 식으로 의지가 정신으로 흘러 동요가 일어나면 선의 특징을 지닌 어떤 대상과 정신이 만나게 된다.

그러니까 내 말은 그 대상이 영혼에 접근함으로써 어떤 낙이며 내적 만족이 영혼에 느껴지게끔 하고, 그때 저 마음의 갈증이 새로이 일어난다. 저 욕망, 재촉, 욕정에 다시 불이 붙고, 정신은 이를 따를 수밖에 없으니 오직 그런 욕망, 재촉, 욕정의 원인이 되거나 원인으로 보이는 대상에 열중하여, 그 대상을 즐기고 또 그것에 얼마 동안 빠지게 된다.

그런데 공허한 피조물로는 사람 마음의 무한한 능력을 채울 수 없으니, 이런 자잘한 즐거움으로는 갈증을 채우기는커녕 계속 자극하기만 할 뿐이고, 지상의 즐거움을 증식함으로써 만족하고자 하는 어리석고 헛된 희망을 영혼에 마련한다. 이렇게 되면 모든 선을 찾아내야 하는 정신은 다시 유동적인 상태가 되고 말도 못할 정도로 가벼워진다.

우연히 정신이 무한의 성격을 갖거나 그 자체로 무언가 위대한 것을 갖는 대상과 마주칠 때 정신의 유동성과 동요가 잠시 중단된다는 것은 사실이다. 그 대상이 영혼이 욕망하는 대상의 성격을 갖고 있다는 점을 인정할 때 정신은 그 대상에 집중하고 꽤 오랫동안 애착하는 것이다. 그런데 정신의 이런 애착, 더 정확히 말하자면 정신이 무한하거나 대단히 방대한 주제들을 검토하고자 고집을 부리는 일은 정신의 능력이 감당할 수 있는 주제들을 그렇게 가벼이 고려하는 것만큼이나 정신에게는 불필요한 것이다.

정신은 정말 어려운 시도를 결국 해내기에는 너무도 약하므로 그 시도를 성공시키고자 노력해 보았자 헛된 일이다. 영혼의 행복을 마련해 주는 것은 말하자면 어떤 무한한 대상을 이해하는 일이 아니라 어떤 무한한 선에 대한 사랑과 향유이다. 이해하려 해보았자 영혼은 그 대상을 이해할 수 없고, 무한한 선은 신이 끊임없이 새기는 사랑의 움직임을 통해 의지가 얻는 것이니 말이다.

어쨌든 인간이 무지하고 맹목적이라는 데 놀라서는 안 된다. 사람들의 정신은 그들 마음의 유동성과 가벼움에 매여 있으므로 그 무엇도 신중하고 부지런히 검토할 수 없고, 상당한 어려움을 포함하는 것은 속속들이 이해할 수 없다. 결국 정신 집중과 정신의 대상의 관계는 우리 눈目의 고정된 시선과 우리 눈이 바라보는 대상의 관계와 같다. 눈으로 자기 주변의 대상들에 시선을 고정시킬 수 없는 사람이라면 그 대상들을 이루는 가장 작은 부분들을 구별하고 그 작은 부분들이 이루는 모든 상호 관계를 식별할 정도로 충분히 바라볼 수 없는 것과 마찬가지로, 알고자 하는 문제들에 정신의 시선을 고정시킬 수 없는 사람은 그 문제들을 이루는 가장 작은 부분들을 구별하고 그 문제들 사이의 관계나, 다른 문제들과 가질 수 있는 모든 관계들을 알 정도로 그 문제들을 충분히 알 수 없다.

그러나 모든 지식은 대상들이 서로 맺는 관계들을 명확히 보는 일임이 확실하다. 그러므로 난해한 문제들에서처럼 정신이 둘 혹은 여럿이 맺고 있는 수많은 관계들을 한눈에 보아야 할 때 이 모든 것들을 굉장히 집중해서 검토하지 않았고, 그래서 막연하게만 알 뿐이라면 이 관계들을 뚜렷하게 알아차리기란 불가능하고, 결과적으로 견고한 판단을 할 수 없게 될 것이다.

III. 우리의 감각작용은 정신의 순수 관념 이상으로 우리의 정신을 몰두하게 한다

우리 정신이 추상적 진리에 몰두하지 못하게 만드는 주요한 원인들 중 하나는 그 진리들을 멀찍이 떨어진 채 바라보는 반면, 우리 정신에는 훨씬 더 임박한 문제들이 제시된다는 것이다. 말하자면 정신을 고도로 집중하면 몰두하는 대상들의 관념에 가까워진다. 그런데 형이상학의 사변에 대단히 큰 주의를 기울일 때, 말하자면 영혼에는 그 관념들보다 영혼에 더욱 가까운 어떤 감정이 일어나, 그 사변에서 멀어지는 일이 종종 벌어진다. 이는 약간의 고통이나 즐거움만으로도 충분한데, 고통과 즐거움 및 일반적으로 모든 감각작용들은 영혼 내부에 존재하기 때문이다.

감각작용들은 영혼을 변형시키고, 순수 지성의 작용의 대상의 단순 관념보다 바투 붙어서 자극한다. 이들 단순 관념들이 비록 정신에 제시되더라도 정신을 자극하지도 않고, 눈에 띄는 변형을 가하지도 못한다. 그래서 한편으로 영혼은 대단히 제한되어 있고, 다른 한편으로 고통이며 다른 모든 감각작용들을 느낄 수 있으므로 영혼의 능력은 그런 것으로 가득 채워진다.

그리고 영혼은 무언가를 느끼는 동시에, 감각될 수 없는 다른 대상들을 자유롭게 사유할 수 없다. 파리가 윙윙거리는 소리나 어떤 다른 작은 소음이 두뇌의 주요 부분까지 전해진다고 가정하고, 그래서 영혼이 그 소음을 알아차리게 되면 그런 소음들로 인해 우리는 아무리 노력한다고 해도 추상적이고 고상한 진리들을 검토할 수 없게 된다. 추상적 관념들은 어떤 것이나 감각작용이 영혼을 변화시키는 방식을 통해서는 영혼을 변화시키지 못하니 말이다.

IV. 이것이 풍속의 타락의 원천이다

기독교 도덕이 제시하는 가장 위대한 진리들과 비교했을 때 정신을 우둔하고 나태하게 만드는 것이 바로 이것이다. 예수 그리스도의 은총이 없다면 사람들은 제시된 진리들을 사변적 방식으로, 아무 소득도 없이 알 뿐이다. 신이 존재하고, 신을 숭배하고, 신에 봉사해야 한다는 것을 모르는 사람은 없다. 그렇지만 은총이 없다면 도대체 누가 신을 숭배하고 신에게 봉사하겠는가? 오직 은총만이 우리가 의무를 다할 때 즐거움과 낙을 느끼게 해준다. 지상의 선이 공허하고 무상함을 알아차리지 못하는 사람은 극히 적다. 심지어 그런 사람들은 추상적이지 않은 대단히 확실하고 명백한 자신감을 갖고 확신하는 것도 아니다. 그런

신념은 우리가 열의를 기울이고 신경을 쓸 가치도 없다. 그렇지만 실제로 이 선善을 경시하고, 그 선을 얻는 데는 열의도 갖지 않고 신경도 쓰지 않은 이들이 어디에 있는가? 다만 향유를 하면서 쓰라림이며 혐오감을 느끼는 사람들만 있을 뿐이다.

은총이 그런 이들을 내적 열락으로써 신이 그것과 결합해 두었던 정신적 선善을 뚜렷이 느끼도록 만들어, 그 선으로 하여금 감각과 사욕의 힘을 극복하게 한다. 우리는 사욕의 힘에 저항할 수 있고 또 반드시 그래야 하지만 이는 정신의 시선만 가지고는 불가능한 일이다. 정신의 시선 이외에도 마음의 어떤 감정이 필요한 것이다. 이렇게 말할 수 있다면 정신의 이 빛만이 충족 은총으로, 우리를 벌하고, 우리가 얼마나 나약한 존재인지 깨닫게 해주고, 기도를 통해 우리의 힘인 자에게 도움을 청한다. 이 마음의 감정은 생생한 은총으로 작동한다. 그 은총이 우리에게 감동을 주고 우리를 가득 채우고 우리의 마음을 설득한다. 그 은총이 없다면 "마음에 두는 자가 없다."[1]

도덕에서 가장 변함없는 진리들은 영혼 깊은 곳 정신의 숨겨진 부분에 있다. 그 진리들이 그곳에 머무는 동안 영혼은 진리를 누리지 못하므로 아무런 소득도 가져오지 못하고 아무런 힘도 갖지 못한다. 그러나 감각의 즐거움은 영혼에 더 가까이 있고, 영혼의 즐거움을 느끼지 않거나 심지어 사랑하지 않기란 불가능하므로,[2] 영혼이 지상에서 멀

---

1 [옮긴이] 〈이사야〉, 57장 1절.

2 자연스러운 사랑의 지식. 선택적이거나 특급의 증오가 주는 즐거움은 혐오스러울 수 있다.

어져, 영혼 고유의 힘으로 감각의 마법과 환각에서 벗어나기란 불가능하다.3

그러나 나는 선행적先行的, prévenant4 희열을 통해 신속하게 신을 향해 마음이 돌아선 정의로운 사람들이라면 그런 특별한 은총이 없이도 가상嘉尙한 행동을 할 수 있고, 사욕의 운동에 저항할 수 있음을 부정하지 않는다. 신의 율법 안에서 신앙의 힘으로써, 감각적 사물들을 스스로 세심히 금지함으로써, 또한 시험에 들게 하는 것이라면 무엇이든 경멸하고 혐오함으로써 용감하고 의연한 이들이 있으며, 깊이 생각하기 전에 느끼는 즐거움, 그러니까 내가 말한 선행적 즐거움을 누리는 일이 없이도 거의 언제나 실천하는 이들이 있다.

그런 이들이 스스로가 아니라 신의 뜻에 따라 행동하면서 얻는 단 하나의 기쁨이 그들이 누리는 유일한 즐거움이고, 그 즐거움만으로도 그들은 자신의 상황에 머물러 견고한 마음의 배치를 확정하는 데 충분하다. 그들은 신과 신의 성스러운 율법을 사랑하므로, 그들은 기쁘게 신과 율법을 생각한다. 사랑의 대상을 생각하는 것은 언제나 기쁜 일이고, 결국 같은 말이지만 사랑의 대상과 멀어지는 일은 끔찍스러운 일이다.

정의로운 자들이 적어도 약한 시험일 뿐이라면 이를 극복할 수 있기 위해서는 이 정도로 충분하다. 그러나 개종 초기 단계에 있는 사람들

---

3 선택적 사랑은 자연적 사랑을 따르지 않고는 오랫동안 존재할 수 없기 때문이다.

4 [옮긴이] 이 말의 용례는 신학에서 은총 등의 용어와 결합해 쓰는 것으로, 예를 들어 선행적 은총이란 신의 은혜가 개인의 결정에 앞선다는 뜻이다.

은 깊이 생각하기 전에 느끼는 어떤 선행적 즐거움을 필요로 하고, 그 즐거움을 통해 감각적 선에서 벗어날 수 있다. 그들은 깊이 생각하기 전에 느끼는 다른 선행적 즐거움에 앞서 그 감각적 선과 결합되어 있었으니 말이다. 슬픔이며 그들이 느끼는 양심의 회한으로는 충분하지 않다. 아직 기쁨을 맛보지 못한 것이다.

그러나 정의로운 사람들은 빈곤해도 신앙으로써 살아갈 수 있다. 심지어 그들은 그런 상태에서 더 큰 공적을 세운다. 그들은 이성적이므로 신은 그들의 선택적 사랑으로 사랑받고자 하지, 우리가 감각적 사물을 사랑하게 되는 그런 사랑을 닮은 본능적 사랑이나 깊이 생각하지 않는 사랑으로 사랑받으려는 것이 아니다. 감각적 사물로부터 얻는 즐거움은 그것으로부터 얻는 즐거움과는 다른 방식임을 모르는 것이다. 그러나 신앙이 없어도 끊임없이 즐거움을 누릴 기회를 갖고 있으니 그들이 은총의 열락으로써 관능의 힘에 저항하지 않는다면 감각적 선에 이끌리는 자연적 사랑을 거슬러 신에 대한 선택적 사랑을 오랫동안 간직할 수 없다. 은총의 열락이 만들고 보존하고 증가시키는 것은 애덕이지만, 감각적 즐거움이 증가시키는 것은 욕심이다.

V. 대부분의 사람들의 무지에 대하여

우리가 위에서 말한 내용을 통해서 사람들은 무슨 정념이 없이, 혹은 어떤 쾌적하거나 거북한 감각작용 없이는 살아갈 수 없으므로 정신의 능력과 폭은 정말이지 정념이며 감각작용으로 가득 차 있고, 사람들이 어떤 진리를 검토하면서 정신의 잔여 능력이나 쓰고자 할 때 종종 그 진리에 태만해지는 것 같다. 후자의 경우 그 원인은 어떤 새로운 감각 작용 때문이고, 이런 실행에 반감을 갖기 때문이고, 정신을 자극해서 이 대상 저 대상으로 계속해서 끌고 다니는 의지의 유동성 때문이다. 그래서 우리가 제 2부에서 설명했듯이 젊었을 때부터 이 모든 저항을 극복하는 습관이 붙지 않았다면 결국 나중에는 약간 어렵고 다소 특별한 열의를 요구하지 않는 것은 무엇이라도 이해할 수 없게 된다.

이로부터 모든 학문은, 그리고 특히 규명하기 어려운 문제들을 포함하고 있는 학문들은 셀 수 없이 많은 오류로 가득 차 있고, 의학, 자연학, 도덕 및 특히 이들 학문에서 일반적 문제들보다 훨씬 더 복잡한 특별한 문제들에 대해 하루가 멀다 하고 쏟아지는 저 모든 두꺼운 책들을 의심해야 한다는 결론을 내려야 한다. 심지어 그 책들이 보통 사람들에게 더 잘 받아들여지므로 그만큼 더 무시되어도 상관없다고 판단해야 한다. 여기서 내가 말하는 보통 사람들이란 열의를 가질 수 없고, 정신을 사용할 줄 모르는 이들을 말하는 것이다. 인민이 난해한 주제를 논한 의견에 박수를 보낸다면 그것은 그 의견이 거짓이고, 착각을 일으키는 감각의 개념들이나 상상력에서 나오는 허위의 빛에 근거를 둘 뿐이기 때문이다.

그렇지만 단 한 사람이 지난 세기들에 숨겨져 있던 수많은 진리를 발견할 수 있는 일이 불가능한 것은 아니다. 그가 재기로 가득 찬 사람이고, 고독에 잠겨 가능한 만큼 그의 정신을 산만하게 만들 수 있는 모든 것을 멀리하기에, 진리의 탐구에 진지하게 열중할 수 있는 사람이라면 말이다.

데카르트의 철학을 알지도 못하면서 무시하고, 바로 이런 이유만으로 한 사람이 자연의 사물들만큼 감추어진 사물들에서 진리를 찾을 수 있기란 불가능하다고 보는 것은 그들이 전혀 이성적이지 못한 사람들이라는 이유에서이다. 하지만 이들이 철학자 데카르트가 살았던 방식이며, 그가 연구를 할 때 자신의 정신의 능력이 진리를 발견하고자 했던 대상들과는 다른 대상들 때문에 분산되지 않도록 사용했던 방법들이며, 새로운 발견들을 통해 고대인들을 앞설 수 있었던 장점들을 따랐다면, 그들은 이로부터 분명 아리스토텔레스, 플라톤 및 다른 여러 철학자들에 권위를 부여하는 고대의 편견보다 더욱 강력하고 더욱 이성적 편견을 수용했을지 모르겠다.

그러나 나는 이들에게 이 편견에 주의를 집중하라고 권고하는 것도, 데카르트가 위대한 인물이며 그의 철학은 우리가 말할 수 있는 장점들로 인해 훌륭한 것임을 믿도록 권고하는 것도 아니다. 데카르트도 다른 철학자들과 같이 사람이며, 따라서 그들처럼 오류와 환각에 노출되기 쉽다. 기하학을 예외로 하지 않고도 그의 어떤 작품이라도 인간 정신의 나약함의 흔적이 나타나지 않는 곳은 없다. 그러므로 그의 말을 믿어야 하는 것이 아니라, 그가 우리에게 직접 신중하게 알려준 대로 그의 책을 읽어야 한다. 그가 잘못 생각한 것은 아니었는지 검토하고, 우리가 명증성明證性과 이성의 은밀한 비난으로 인해 믿지 않을 수 없는 것 말고는 그가 한 말의 무엇도 믿지 않아야 한다. 한마디로 말해서 정신이 진정으로 알고 있는 것이란 그것이 명백하게 보고 있는 것뿐이기 때문이다.

우리는 앞의 장들에서 우리 정신은 무한하지 않고, 반대로 그 능력은 형편없으며, 정신의 능력은 보통 영혼의 감각작용으로 채워지고, 정신은 의지의 추이를 따르면서 유동성과 가벼움으로도 바로 비껴나지 않고서는 어떤 대상을 뚫어지게 바라볼 수 없음을 보여 주었다. 이런 점들이 우리가 저지르는 오류의 가장 일반적 원인임은 의심할 여지가 없다. 그리고 주의를 집중할 수 있는 몇몇 사람들의 경우 사람의 정신이 나약함을 알리기 위해서는 우리가 언급한 것으로 충분하다. 여기서 개별적인 경우를 들어 좀 더 집중할 수 있을 것이다. 이 장에서 이미 다소 언급했던 우리의 자연적 성향과 정념을 원인으로 하는 오류들은 제 4권과 제 5권에서 더욱 자세히 다룰 것이다.

2부

관념의 본성에 대하여

1장

I. 관념의 정의: 관념은 진정으로 존재하고 모든 물질 대상을 지각하는 데 필수적이다

나는 그 자체로 우리 외부에 존재하는 대상을 우리가 지각하는 일은 없다는 데 모두 동의하리라 생각한다.[1] 우리는 태양을 보고, 별을 보

---

1 [옮긴이] 말브랑슈는 영혼과 외부 대상, 즉 물질적 대상 사이의 어떤 직접적인 관계도 배제한다. 스콜라 철학의 영향을 받은 동시대의 한 책은 이러한 해석을 지지한다. "우리는 경험을 통해 외부 대상이 우리의 신체에 들어와 우리 영혼의 역량에 결합하는 것이 아님을 알고 있다. 더욱이 (…) 우리는 이 역량이 신체로부터 나와 외부 대상과 결합하러 오지 않는다는 점도 알고 있다." 그러므로 대상과 지식의 능력의 결합은 "즉각적이지 않고" 상이라는 "매개를 통해 이루어진다"(L. Chanut, *Traité de l'esprit de l'homme et de ses fonctions*, 1649, p.1~2). 말브랑슈의 '관념'은 다음 장에서 비판된 스콜라 철학의 이 상들과 동일한 역할을 할 것이다. 영혼이 신체에서 나와서 멀리 떨어진 곳을 본다는 가설은 1권 14장에서 배제되었다. 데카르트는《정념론》에서 "별을 보기 위해 영혼이 하늘에 있어야 할 필요가 없는 것과 마찬가지로, 정념을 느끼기 위해서 영혼이 심장 안에서 그 기능을 즉각적으로 실행해

고, 우리 외부에 존재하는 무한한 대상들을 본다. 그러나 영혼이 신체에서 나와, 말하자면 하늘을 거닐면서 그 모든 대상들을 보러 간다는 것은 사실임 직하지 않다. 그러므로 영혼은 이들 대상을 그 자체로 보는 것이 아니다. 예를 들어 우리 정신이 태양을 볼 때 정신의 즉각적 대상은 태양이 아니라, 우리 영혼과 긴밀하게 이어진 어떤 것이다. 나는 이것을 관념이라고 부른다. 나는 '관념'이라는 말을 잇닿은 어떤 대상, 혹은 정신이 어떤 대상을 지각할 때 가장 가까운 대상, 다시 말해 어떤 대상을 지각하면서 정신에 닿아 그것을 변형시키는 것으로 이해한다.

정신이 어떤 대상을 지각하기 시작하려면 정신에 그 대상의 관념이 지금 실제로 떠오르는 일이 절대적으로 필요하다는 점에 반드시 주목해야 한다. 이는 의심의 여지가 없는 일이다. 그러나 그 관념과 유사한 무언가가 반드시 외부에 존재할 필요는 없다. 존재하지 않고, 심지어는 존재한 적도 없는 것들을 보는 일도 자주 일어나는 까닭이다.

그런 식으로 단 한 번도 존재한 적이 없는 사물들에 대한 구체적 관념들을 갖는 일도 흔하다. 예를 들어 어떤 사람이 황금 산山을 상상할 때, 절대적으로 이 산의 관념이 그의 정신에 실제로 떠오르지 않으면 안 된다. 광인이나, 열이 심하게 오른 사람이거나, 잠자는 사람이 어떤 동물이 눈앞에 있기라도 하듯 볼 때 그는 사실 아무 동물도 보고 있지 않지만 그 동물의 관념이 실제로 존재하는 것은 확실하다. 그 황금 산과 그 동물은 존재한 적 없지만 말이다.

그러나 사람들이 존재하는 것은 신체적인corporel 대상뿐임을 자연스

야 할 필요는 없는 것"(33절)이라고 썼다.

럽게 믿는 경향이 있으므로 사물의 실재와 존재를 마땅히 판단해야 하는 것과는 완전히 다르게 판단하게 된다. 사람들은 어떤 대상을 느끼자마자 종종 외부에 아무것도 없는데도 그 대상이 확실히 존재하기를 바랄 뿐 아니라 그것이 자기들 보는 그대로이기를 바란다. 그러나 그런 일은 전혀 일어나지 않는다.

그러나 사람들은 틀림없이 존재하고 보이는 것과 다른 것일 수 없는 관념을 보통 깊이 성찰하지 않고 마치 관념들은 수많은 속성을 갖지 않기라도 했던 것처럼 아무것도 아니라고 생각한다. 예를 들면 마치 사각형의 관념과 원의 관념, 또는 수數의 관념이 다른 것이 아니고, 그 관념이 서로 완전히 다른 대상들을 재현하지 않기라도 한 것처럼 말이다. 이런 일은 무無는 속성을 갖지 않으니 이 경우에는 일어날 수 없는 것이다. 그러므로 관념들은 대단히 실재적 방식으로 존재한다는 점을 의심할 수 없다. 관념의 본성과 본질이 무엇인지 검토하고, 영혼은 무엇을 가졌기에 어떤 사물이든 재현할 수 있는지 살펴보도록 하자.

영혼이 지각하는 두 종류의 사물들이 있는데, 하나는 영혼 내부에 존재하고, 다른 하나는 영혼 외부에 존재한다. 영혼 내부에 존재하는 사물은 영혼에 고유한 사유, 즉 영혼이 갖게 되는 모든 변형이다. '사유', '사유 방식', '영혼의 변형'이라는 말들을 나는 일반적으로 영혼에 고유한 감각작용, 상상력, 순수 지성의 작용, 혹은 단순히 이해력, 정념 자체, 영혼의 자연적 성향처럼 영혼 자체의 내적 감정을 통한 지각이 아니고서는 영혼에 존재할 수 없는 것이라고 이해한다.

그런데 우리 영혼은 앞에 말한 모든 작용을 자기 방식으로 지각하기 위해 관념을 필요로 하지 않는다. 그 모든 작용들이 영혼 내부에 존재하기 때문이며, 더 자세히 말하자면 이런저런 방식의 영혼 자체이기 때문이다. 어떤 물체의 실제적 둥긂과, 그것의 운동은 이런저런 방식으로 형상화되고 이전된 물체에 불과한 것과 마찬가지이다.

그러나 영혼 외부에 존재하는 사물들이 영혼과 밀접하게 결합될 수 없다고 가정한다면 이 사물들은 오직 관념의 수단을 통해서만 지각할 수 있다. 사물들에는 정신적 사물과 물질적 사물의 두 가지 종류가 있다. 정신적 사물은 우리 영혼에 관념 없이, 그 자체로 드러날 수 있는 것 같다. 우리는 경험상 우리 사유를 차례대로 우리 스스로, 그리고 즉시 표명하는 것은 불가능하고, 우리가 관념들과 결부시킨 다른 감각 기호들이나 말을 통해야 한다는 것을 알고 있다. 사람들이 자기들 좋을 대로 서로 뜻을 전할 수 있었다면 신이 지금 일어날 수도 있을 무질서를 막을 목적으로 이 생生에만 그렇게 명령했다고 말할 수도 있을 것이다. 그러나 정의와 질서가 유지되고, 우리가 신체의 속박에서 벗어날 때 하늘의 천사들이 분명 그리하듯이 아마 우리의 뜻을 우리들 스스로의 내적 결합을 통해 서로 이해할 수 있을 것이다. 정신적 사물들을 영혼에 재현하기 위해서 꼭 관념을 가정할 필요는 없을 것 같다. 비록 불완전한 방식이기는 하지만 우리는 정신적 사물들을 그 자체로 볼 수도 있기 때문이다.

나는 여기서 두 정신이 어떻게 서로 결합할 수 있는지, 그러한 방식으로 두 정신이 상호적으로 자신의 사유를 드러낼 수 있는지에 대해서는 검토하지 않는다. 그러나 나는 신의 실체를 제외하고 순전히 지성적인 실체란 존재하지 않고, 신이 발하는 빛이 아니면 그 무엇도 명백히 드러나지 않고, 정신들이 결합한다 해도 정신들이 상호적으로 뚜렷이 드러나게 되는 것은 아니라고 믿는다. 우리가 우리 자신과 꼭 결합되어 있을지라도 우리가 신 안에서 우리를 보기 전까지, 신이 자기 안에 포함하고 있는 우리 존재에 대한 완벽하게 지성적 관념을 우리 자신에게 제시하기 전까지는 우리는 우리를 이해하지 못하고 또 이해하지 못할 것이기 때문이다.

그래서 내가 여기서 천사들은 그들 스스로 지금 그들의 모습과, 지금 그들의 생각을 드러낼 수 있음을 인정하는 것처럼 보인대도 나는 사실 이를 참되다고 생각하지 않는다. 내가 이 점을 알리는 이유는 내가 이론의 여지 없는 것을 맡고 있는 이상, 그러니까 물질적인 사물들을 그 자체로, 관념 없이 볼 수 없는 이상, 내가 이 점에 대해 논쟁을 피하고자 하기 때문이다.[2]

나는 제 7장에서 정신을 아는 방식에 대해 내가 어떻게 생각하는지 설명할 것이며, 아마 정신이 우리와 결합될 수 있겠지만 우리는 지금 정신을 그 자체로 완전히 알 수 없다는 점을 보여 줄 것이다. 그런데 나는 특히 여기서 우리 영혼과 확실히 결합될 수 없는 물질적 사물들과, 영혼이 그 사물을 지각하는 방식에 대해 말하고 있다. 영혼은 연장을 갖지 않았지만 물질적 사물들은 연장을 가졌으므로 이들 사이에는 관계가 전혀 없다. 우리 영혼이 하늘의 크기를 측정할 목적으로 신체 밖으로 나가는 것이 아닐 뿐더러, 그 결과 외부의 대상들을 보기 위해서

---

2 위 두 문단을 이탤릭체로 쓴 것은 내가 영혼과 관념의 본성이라고 보는 것을 독자들이 모른다면, 그래서 독자들이 이해하는 데 애를 먹을 수도 있어서 이 부분을 건너뛸 수 있기 때문이다.

는 그 대상을 재현하는 관념을 통할 수밖에 없다는 점은 말할 것도 없다. 바로 이 점이 모든 사람이 동의해야 하는 문제이다.

II. 외부의 모든 대상들을 볼 수 있게 하는 모든 방법들의 분류

그러므로 우리는 다음과 같다고 전적으로 확신한다. 우리가 그 자체로 지각하지 못하는 물체들 및 모든 다른 대상들에 대한 우리의 관념은 바로 이 물체들, 혹은 이들 대상에서 온 것이거나, 우리 영혼이 이 관념들을 산출하는 역량을 가진 것이다. 즉, 신이 영혼을 창조할 때 관념들을 함께 창조한 것이 아니라면 우리가 어떤 대상을 생각할 때마다 신이 관념들을 산출했던 것이다. 혹은 영혼이 자기 내부에 이들 물체에서 발견하는 완전성을 갖추었거나, 모든 지성적 완전성이나 창조된 존재들의 모든 관념을 공히 포함하는 한 완전한 존재와 영혼이 결합된 것이다.

우리는 이들 방식 중 한 가지로만 대상을 볼 수 있을 것이다. 이 어려운 문제에 겁을 먹지 말고 편견 없이 이들 중 가장 사실인 것으로 보이는 것이 무엇인지 검토해 보자. 우리가 여기서 모든 유의 사람들에게 이론의 여지 없는 증명을 제시한다고 주장할 수는 없겠지만 우리는 이 문제를 충분히 명확하게 해결할 것이다. 적어도 그렇게 제시된 증명들을 성실하게 주의를 기울여 성찰하는 사람들에게는 대단히 설득력 있는 증거가 될 것이다. 그렇지 않고 다른 식으로 말했다면 무모한 자라는 말을 들었을 것이다.

2장

물질 대상은 그것과 닮은 상들을 부여하지 못한다

가장 널리 받아들여지는 의견은 외부의 대상이 그것과 닮은 상[1]을 보내고,[2] 이 형상들은 외부 감각을 거쳐 공통 감각에 이른다고 주장하는

---

1 [옮긴이] 《퓌르티에르 사전》에 따르면 '상'(像, des espèces)이라는 용어가 광학(光學)의 의미로 쓰일 때 "울퉁불퉁한 물체 표면에 다양하게 반사된 여러 줄기의 빛"을 가리키는데, 이것이 "망막에 자극을 만들고 그 자극이 이미지의 원인이 된다." 그는 또한 "현대인들은 그것이 눈에 받아들여지는 것과 동일한 방식으로 직물이나 종이 위에 대상들의 형상을 보는 인공의 눈을 만들어 냄으로써 고대인들이 대단히 고생했던 이미지가 만들어지는 방식에 대한 문제에 명확히 판정을 내렸다. 철학자들은 '인상상'(especes impresses)이라는 말을 고안해서 어떻게 대상이 감각과 정신에 작용하는지 설명하고자 했다."

2 [옮긴이] 샤네(L. Chanet, *Traité de l'esprit de l'homme*)는 "그것을 espèces라고 부르는 것은 그것이 대상 자체가 아니라 그저 그것의 유사함, 이미지, 외관이기 때문"(p.2)이라고 했다. 라 포르주는 "상"(espèces)을 "고정되지 않은 작은 이미지"라고 했다(*Esprit de l'homme*, chap. x, p.159). 데카르트의 "공기에 의해 이동하는 작은 이미지들"에 대한 비판은 굴절광학, I, p.85; 여섯 번째 답변, §9, p.236 참조. 상의 이러한 물질화(이는 에피쿠로스주의에서 신체가 발산한 이미지들과 닮았다)는 후기 스콜라주의에서 겉모습(présentation)에 의존하고 있다〔Suárez, *De anima*,

아리스토텔레스주의자들의 의견이다. 그들은 이 상들을 인상상impresse이라고 부르는데, 대상들이 외부 감각에 그 상을 새기기 때문이다. 이 인상상은 물질적이고 감각할 수 있으므로 능동 지성intellect agent ou agissant을 통해 알려지게 되고, 수동 지성intellect patient에 수용되기에 알맞다. 이렇게 물질성이 제거될 때 이를 '표현상expresse'이라고 부르는데, 그 상이 인상상의 발현이기 때문이다. '수동 지성'이 모든 물질적 사물들을 알게 되는 것은 바로 표현상 덕분이다.

이 대단한 문제들이며, 여러 철학자들이 이를 이해하는 상이한 방식에 대해서는 장황하게 설명하지 않고 넘어가겠다. 철학자들이 내적 감각과 지성에 몇 개의 능력이 있는지 합의에 이르지 못하고, 심지어 많은 철학자들이 감각대상을 알기 위해 '능동 지성'이 필요한지를 의심스러워하고 있지만, 그들 거의 모두는 외부 대상들이 그것을 닮은 상이나 이미지를 보낸다는 점에는 합의한다. 철학자들이 능력의 수를 늘리고 '능동 지성'을 주장하는 근거가 그것이다. 그래서 우리가 곧 보겠지만 이 근거는 전혀 견고하지 않으므로 그 위에 쌓아 올린 모든 것을 무너뜨리느라 시간을 낭비할 필요가 없다.

그러므로 대상들이 이미지나 그 대상들을 닮은 상을 보낸다는 것은 사실인 것 같지 않다고 확신할 수 있다. 다음이 몇 가지 이유이다. 첫 번째 이유는 물체들의 불가입성impénérabilité에서 취한 것이다. 태양, 별,

---

III, cap. I, IV; Eustache de Saint-Paul, *Summa philosophica*, III, 330; Gilson, *Index scolastico-cartésien*, Paris, 1913, n° 169를 참조. 지향적 상라고 부르는 것은 그것에 의해 감각이 대상을 향하기 때문이다. 그러나 예를 들어 눈은 공기로 이동되는 채색된 자질, 실재의 이미지를 받아들인다).

그리고 우리 눈과 가까이 있는 모든 것들처럼 대상들은 자기 본성과는 다른 것에서 나온 상을 보낼送 수 없다. 바로 이런 이유로 철학자들은 보통 이 상들을 정신적 표현상들과는 달리 조잡하고 물질적이라고 말하는 것이다. 그러므로 대상들의 인상상은 작은 물체들로, 그것들은 서로의 내부로 들어가 섞일 수 없고, 땅부터 하늘까지 그 물체들로 채워져야 하는 공간도 아니다. 이로부터 쉽게 내릴 수 있는 결론은 상들이 서로 마찰되고, 어떤 상들은 한쪽으로, 다른 상들은 다른 쪽으로 가면서 서로 부딪혀 깨지게 될 것이니, 상들이 그런 식으로 대상을 가시적으로 만들 수는 없다는 것이다.

더욱이 동일한 장소나 동일한 지점에서 하늘과 땅에 존재하는 대단히 많은 대상들을 볼 수 있고, 그러므로 이 모든 물체들의 상들이 한 점으로 환원될 수 있다. 그런데 그 상들은 연장을 가지므로, 그 안으로 뚫고 들어갈 수 없다. 그렇지만 동일한 지점에서 볼 수 있는 것이 대단히 많은 수의 거대하고 광대한 대상들뿐만은 아니다. 세상의 저 드넓은 공간 전체 어디에서나 거의 무한에 가까운 대상들, 심지어는 태양, 달, 하늘처럼 커다란 대상들을 발견할 수 있다. 그러므로 이 모든 사물들의 상이 서로 만나지 않을 지점은 세상에 단 한 군데도 없으니[3] 이는 전혀 사실임 직하지 않기 때문이다.

두 번째 이유는 상들에 변화가 발생한다는 점이다. 어떤 대상이 더 가까울수록 상은 더 커진다는 점이 명백한데, 이는 대상이 우리에게

---

3 가시적 대상들의 인상들이 서로 마주 대하더라도 어떻게 약화되는 일 없이 전달될 수 있는지 알고자 한다면 이 책 말미에 실은 마지막 두 주해를 참고.

더 크게 보이기 때문이다. 그런데 우리는 이 상을 작게 만들 수 있는 것이 무엇이며, 상이 더 커졌을 때 그 상의 구성 부분들이 무엇으로 변하는지 알 수 없다. 그러나 그들의 생각을 따라볼 때 더욱 이해하기 어려운 것은 그 대상을 망원경이나 현미경으로 보는 경우 그 상은 단번에 이전보다 오륙백 배 더 커진다는 점이다. 상의 어떤 부분들이 한순간 커질 수 있는지는 더욱 이해하기 어렵다.

세 번째 이유는 완전한 입방체를 바라볼 때 입방체의 면들의 모든 상이 합동이 아닌 것처럼 보인대도, 그 면 모두를 똑같이 정사각형으로 본다는 것이다. 동일한 형상의 상만을 보낼 수 있는 타원형들과 평행사변형들이 그림 속에 있다고 생각할 때 여기서 보게 되는 것은 원과 정사각형뿐이다. 이로써 분명히 알게 되는 것은 우리가 바라보는 대상은 우리가 그것을 보도록 그 대상과 똑같은 상을 산출할 필요가 없다는 점이다.

마지막으로 눈에 띄게 작아지지 않은 물체가 상을 자기 밖의 모든 곳으로 보내고, 그 물체는 끊임없이 대단히 광대한 공간을 온 주변에 상으로, 그것도 상상할 수 없는 빠른 속도로 채우는 일이 어떻게 가능한지 우리로서는 이해할 수 없다. 대상이 숨겨져 있다가 드러나게 되는 순간 수백만 리외lieue 떨어져 있어도 사방 어느 곳에서나 그것을 볼 수 있으니 말이다. 더욱 이상하게 보이는 것은 흙이나 돌 같은 고체처럼 단단하고 활동량이 가장 적은 물체들이라면 몰라도 공기 및 어떤 다른 것들처럼 활동량이 많은 물체들은 자기를 닮은 이미지들을 외부로 밀어낼 힘이 없다는 것이다.

그러나 이런 의견과 모순되는 모든 근거들을 더 자세히 언급하지는 않겠다. 그렇게 할 수 없는 것은 정신의 최소한의 노력만으로도 엄청난 수의 근거들이 마련되어, 조목조목 나열할 수 없게 될 것이기 때문이다. 우리가 언급한 근거들이면 충분하다. 제 1권에서 감각의 오류를 설명하면서 이 주제에 관련된 근거들을 이미 언급했으니 이는 불필요하기까지 하다. 그러나 이런 의견에 집착하는 철학자들이 대단히 많기에 그들의 생각을 성찰해 보도록 그중 어떤 것은 언급할 필요가 있다고 생각했다.

3장

영혼은 관념을 산출하는 힘을 갖지 못한다는 주제에 대해 우리가 범하는 오류의 원인

두 번째 의견을 주장하는 이들은 영혼은 사유하고자 하는 사물들의 관념을 산출할 역량을 갖고 있으며, 대상들이 물체에 자극을 가할 때 그 자극과 그것의 원인이 되는 대상의 이미지가 닮지 않더라도 그 자극이 영혼을 동요케 하여 관념을 산출하게 된다고 믿는다. 그들의 주장은 바로 이런 점에서 인간은 신의 이미지를 따라 지어졌고 신의 전능에 분유分有한다는 것이다. 신이 무로부터 만물을 창조하고, 그것을 없애고, 또 완전히 새로운 다른 것들을 창조할 수 있는 것과 마찬가지로, 인간도 자기 좋을 대로 만물의 관념을 창조할 수도, 없애 버릴 수도 있다. 이런 모든 의견들이 인간을 드높이기는 하지만 이를 경계해야 할 충분한 이유가 있다. 이는 보통 찬란해 보이지만 공허한 토대에서 비롯한 사유들로, 빛을 지으신 아버지는 그런 사유를 부여한 적이 없다.

사람들이 신의 역량을 분유함으로써 그 역량을 통해 대상을 재현하고 다른 여러 개별적 활동을 할 수 있다고 자만하는데, 보통 설명하듯이 그 분유에는 어떤 독립적인 것이 갖춰진 것 같아 보인다. 그러나 사람들은 무지와 허영으로 인해 그렇게 상상하지만 이는 공상에 불과하다. 사람들은 신의 역량과 선에 그들의 생각 이상으로 종속되어 있다. 그렇지만 이 점을 설명할 자리가 이곳은 아니다. 그저 사람들로서는 지각한 사물들의 관념을 형성할 역량이 없음을 깨닫도록 노력하자.

관념들은 실질적 속성을 갖추었으므로 실재하는 존재이고,[1] 관념들은 서로 달라서, 아주 상이한 사물들을 재현한다는 것을 의심할 사람은 없다. 또 관념들은 정신적이므로 그것이 재현하는 물체와 대단히 다르다는 점을 당연히 확신할 수 있다. 그리고 이 점은 관념을 통해 물체를 보게 될 때 그 관념이 물체 자체보다 더 고상한 것인지 의심케 할 정도로 강력해 보인다. 사실 나중에 보게 되겠지만 지성의 세계는 틀림없이 물질적인 지상의 세계보다 완벽하다. 사람들이 자기들에게 마뜩한 그런 관념들을 형성할 수 있음을 확신할 때 신이 창조한 세계보다 더 고상하고 더 완전한 존재들을 만들 수 있다고 확신하게 되는 곤경에 빠지게 된다.

그렇지만 이 점에 대해서는 깊이 생각하지 않을 텐데, 관념은 느껴지지 않으므로 아무것도 아닌 것이라고들 상상하기 때문이다. 그 대신

---

1 [옮긴이] 말브랑슈는 여기서 경험주의자들(그들은 물체에 대한 대상의 유효한 자극을 지지한다)과 기계론자들(대상과 자극 사이에 유사성이 없음을 인정하므로 이 점이 경험주의자들과 다르다)을 동시에 겨냥하고 있다. 메르센, 홉스, 가상디(데카르트의 2, 3, 5번째 반박을 참조), 레기우스(*Explication mentis humanae*, §12~14, Philosophia natualis, Amsterdam, 1654, bibliothèque de Malebranche, n° 157, liv. V, chap. 1)는 우리 정신이 감각적 지각을 재료로 추론에 의해 관념들, 심지어는 세상, 또는 신의 무한을 만들 힘을 갖기 때문에 데카르트의 본유관념이 불필요하다고 비판한다.

우리가 관념을 존재로 간주한다면 그것은 대단히 보잘것없고 무시해도 좋을 존재와 같은데, 그 관념이 더 이상 정신에 나타나지 않게 되면 바로 사라진다고 상상하기 때문이다.

그러나 관념들이 정말 사소하고 무시해도 좋을 존재들일 뿐임이 사실이라고 해도 존재는 존재이고 그것도 정신적 존재인 것이다. 또 사람들은 창조할 수 없으므로, 그 결과 존재를 산출할 수 없다. 흔히 설명하는 방식으로 관념들이 산출되었을 때 그것은 실제로 창조된 것이다. 관념들을 산출한다는 것은 무언가가 있었다는 것이고 창조는 그 무엇도 없었다는 것이라고 말하면서 이 과감하고 거친 의견을 보충하고 순화해 보고자 노력한대도 이 난점의 핵심을 설명할 수는 없다.

무無에서 무언가를 만들어 내는 일은, 그 무엇이 만들어질 수 없고, 그것이 만들어지는 데 전혀 기여할 수 없는 어떤 다른 무엇을 가정하면서 그것을 만들어 내는 일보다 더 어려운 것은 아니라는 점을 반드시 유의해야 한다. 예를 들어 천사를 창조하는 일은, 돌로 천사를 만드는 일보다 더 어려운 것이 아니다. 돌은 완전히 반대의 속성을 가지므로 천사를 만드는 데 전혀 소용이 되지 않는다. 그렇지만 돌은 빵이나, 금金 등을 만드는 데 기여할 수 있는 것이, 돌, 금, 빵은 다양한 형상을 가진 연장일 뿐이고, 이 모든 사물들은 물질적이기 때문이다.

무無에서 천사를 만드는 것보다 돌로 천사를 만드는 것이 심지어 더 어렵기까지 하다. 돌로 천사를 만들려면 가능한 돌을 무로 만들고 그 다음에 무에서 천사를 만들어야 하니 말이다. 그저 천사를 만들려면 아무것도 무로 만들어서는 안 된다. 그러므로 정신이 두뇌가 대상으로부터 수용한 물질적 자극으로 관념을 산출한다면 두뇌는 항상 동일한 것을 만들거나, 두뇌가 창조하는 것만큼이나 어렵고 심지어 그보다 더 어려운 것을 반드시 만들어야 한다. 관념은 정신적이므로 두뇌 속에 존재하고 관념들과는 아무런 관련도 갖지 못하는 물질적 이미지에서 산출될 수 없다.

내 주장대로 어떤 관념은 실체가 아니라 언제나 정신적 사물이라고 말한다면, 정사각형이 실체가 아니라 해도 정신으로 정사각형을 만드는 것은 불가능하므로, 관념이 실체가 아니라고 한들 물질적 실체로 정신의 관념을 만들기란 불가능하다.

인간의 정신이 사물들의 관념을 없애고 또 창조하는 지고한 능력을 갖출지라도 정신은 그 능력을 사용해서 관념들을 창조할 수 없을 것이다. 이는 회화에서 아무리 뛰어난 화가라도 자기가 한 번도 본 적이 없고 그것에 대해 아무런 관념도 갖지 않은 동물을 재현할 수 없는 것과 마찬가지이다. 그래서 그 화가가 어쩔 수 없이 그림을 제작하게 된다면 그 미지의 동물과 닮을 수 없을 것이다. 그래서 누가 예전에 어떤 대상을 알지 못했다면, 즉 그의 의지와 독립된 관념을 이미 갖추고 있던 것이 아니라면 그는 그 대상의 관념을 만들 수 없다. 이미 그 대상의 관념이 있다면 그 대상을 아는 것이니, 그것으로부터 새로운 관념을 만들 필요가 없다. 그러므로 인간 정신이 관념을 만들어 내는 역량을 가졌다고 하는 일은 무용하다.

정신에는 그것이 만들지 않은 일반적이고 모호한 관념들이 있으며, 정신이 만들어 낸 관념들은 개별적이고, 더 분명하고 더 뚜렷하다고 말할 수 있을지 모른다. 그러나 이 둘은 항상 동일하다. 마찬가지로 화가가 초상화를 그릴 때 그 대상이 되는 개인의 뚜렷한 관념을 갖지 않았고 그가 눈앞에 있지 않는다면 그 개인의 초상화를 제대로 그렸다고 확신할 수 있을 정도로 그릴 수 없다. 그래서 예를 들어 존재 혹은 동물 일반의 관념만 가진 사람은 머릿속에 말馬을 그릴 수도 없고, 말의 뚜렷한 관념도 만들어 낼 수 없고, 말이라는 두 번째 관념을 함께 부여한 첫 번째 관념을 아직 갖지 않았다면 그 관념이 정말 말을 꼭 닮았다고 확신할 수도 없다. 그런데 첫 번째 관념을 가졌다면 두 번째 관념을 형성할 필요가 없고, 이 문제는 첫 번째 관념과 관련되고, 이런 식으로 계속된다.

순수 지성의 작용으로 사각형을 생각할 때 그 사각형을 상상할 수 있음은 사실이다. 즉 두뇌 속에 이미지를 그리고 우리 안에서 그 이미지를 지각하는 것이다. 그런데 제일 먼저 주목해야 할 사실은 우리가 그 이미지의 진정하고 주된 원인이 아니라는 점이다. 그렇지만 이 점을 설명하려면 시간이 한참 걸린다. 두 번째로 주목해야 할 사실은 이 이미지를 동반하는 두 번째 관념이 첫 번째 관념보다 더 분명하고 정확하기란 어림도 없다는 것이다. 이와는 반대로 두 번째 이미지가 정확한 것은 오로지 본보기로 사용되는 첫 번째 이미지와 닮았다는 이유에서만이다.

마지막으로 상상력과 감각 자체가 우리에게 순수 지성보다 더욱 뚜렷하게 대상을 재현한다고 믿어서는 안 되고, 그저 상상력과 감각 자체는 정신에 충격을 주고 정신을 더욱 집중시키게 한다. 감각과 상상력의 관념들은 순수 지성 작용의 관념들과 일치함에 따라서만 구분되기 때문이다.2 예를 들어 상상력으로 두뇌 속에 그려지는 정사각형의 이미지는 우리가 순수 지성의 작용을 통해 품게 된 정사각형의 관념과

일치함에 따라서만 제대로 정확하게 그려진 것이다. 바로 이 관념이 이미지의 본보기가 된다. 상상력을 이끌어, 말하자면 상상력을 그것이 그리는 이미지가 네 개의 등변 직선이 정확히 직각을 이루는 형상인지, 한마디로 말해서 우리가 상상하는 것과 생각하는 것이 닮았는지 바라보지 않을 수 없게 하는 것이 정신이다.

이렇게 말하고 난 다음에 나는 정신 스스로 대상의 관념들을 형성할 수 있다고 확신하는 사람들이 잘못 생각하는 것이 아닐까 의심할 수 있다고는 생각하지 않는다. 그렇게 확신하는 이들은 정신이 비록 자기가 무슨 일을 하는지는 모른대도 정신에는 창조의 역량이, 심지어는 지혜롭게 질서를 갖춰 창조할 수 있는 역량이 있다고 생각한다. 이 점은 이해력을 벗어나는 일이다.

그런데 그들이 오류를 범하는 원인은 사람들이 어떤 사물과 어떤 결과가 서로 함께 결합되었을 때 후자의 진정한 결과가 알려지지 않았다

---

2 Tanto meliore esse judico quae oculis cerno, quanto pro sui natura viciniora sunt iis quae animo intelligo(Aug.). Quis bene se insoiciens non expertus est, tanto se aliquid intellexisse sinceius, quanto removere atque subducere intentione, mentis a corporis sensibus potuit (Aug. De anime immort., cap. x). 〔"눈에 비치는 그 많은 사물이 그 본성에 있어서 우리가 이해하고 있는 그 사물들과 흡사하면 할수록 그만큼 더 좋다고 우리가 판단한다, 하지만 그 사물이 왜 그렇게 생겨야만 마음에 드는지는 아무도 말 못한다"(성 아우구스티누스, 《참된 종교》, 31장 57절, 앞의 책 p. 137). "자기를 잘 성찰하는 사람이라면 지성의 지향을 신체의 감관으로부터 떼어내고 이탈시킬 수 있을수록, 자신이 참으로 어떤 사물을 깊이 있게 인식하였다는 사실을 경험하지 못한 사람이 누구겠는가? 영혼이라는 것이 신체의 조절이라면 물론 이런 일은 일어날 수 없을 것이다."(성 아우구스티누스, 《영혼불멸》, 10장 17절, 앞의 책 p.77) — 옮긴이〕

고 가정하면서 전자가 후자의 원인이라고 판단한다는 것이다. 바로 이런 이유로 모든 사람이 내리는 결론은 한 공이 다른 공과 만나 자극되었을 때 그렇게 자극된 공이 자극을 전하는 실제적이고 주요한 원인이고, 영혼의 의지는 팔의 운동이나 다른 비슷한 편견들의 실제적이고 주요한 원인이라는 점이다. 공은 항상 자기에게 충격을 가하는 다른 공을 만났을 때 자극되고, 우리 팔은 거의 항상 우리가 원할 때 움직이고, 우리는 어떤 다른 것이 이들 운동의 원인일 수 있는지 뚜렷하게 알지 못하기 때문이다.

그러나 어떤 결과가 종종 그것의 원인이 아닌 어떤 것을 따르지 않을 때에도 그 어떤 것이 발생한 결과의 원인이라고 믿는 수많은 사람들이 있다. 하지만 모든 사람이 이런 오류에 빠지는 것은 아니다. 예를 들어 혜성彗星이 나타나고, 혜성이 지나간 뒤 군주가 죽는다. 달의 힘에 노출된 돌은 벌레가 먹는다. 어떤 아이가 태어날 때 태양이 화성과 한 선상에서 만나게 되면 그 아이에게 기상천외한 일이 일어난다. 이것이면 많은 사람들이 혜성, 달, 태양과 화성의 합合이 우리가 방금 지적한 결과들 및 그것을 닮은 다른 원인들임을 납득하는 것으로 충분하다. 그렇지만 모든 사람이 이를 믿지는 않는 이유는 그 결과들이 이 일들을 따르는 것을 항상 보는 것은 아니기 때문이다.

하지만 모든 사람들은 보통 그렇게 바라자마자 정신에 그 대상들의 관념을 갖게 된다. 이런 일이 그들에게 하루에도 여러 번씩 일어난다면 거의 모든 사람들은 의지가 관념의 산출, 더 정확히 말하면 관념의 현시顯示를 동반할 경우 그것의 진정한 원인이라고 결론 내리는데 그 이유는 그들이 그 원인이라고 생각하는 것에 대해서는 동시에 아무것도 보지 못하고, 정신이 더 이상 그 관념들을 보지 못하게 되자마자 관념들은 더는 존재하지 않고, 그 관념들이 정신에 다시 한번 그려질 때 다시금 존재하게 되기 때문이다.

바로 이런 이유로 우리가 앞 장에서 언급했던 대로 어떤 이들은 외부 대상이 그것을 닮은 이미지를 보낸送다고 생각한다. 대상을 그 자체로 볼 수는 없고 대상의 관념을 통해서만 볼 수 있으므로 그들은 대상이 관념을 산출한다고 판단한다. 대상이 현전現前하자마자 그들은 그 대상을 보게 되는데, 대상이 부재하게 되자마자 더 이상 그 대상을 보지 못하게 되며, 대상의 현전은 거의 항상 그 대상을 우리에게 재현하는 관념을 동반하기 때문이다.

그러나 사람들이 성급히 판단을 내리지 않았다면 그들이 원하자마자 정신에 제시된 사물들의 관념으로부터, 자연의 질서에 따라 사람들은 이 관념을 갖기 위해서는 보통 의지가 반드시 필요하다는 결론을 내릴 것이다. 그러나 의지가 관념들을 사람들의 정신에 제시하는 실제적이고 주된 원인은 아니며, 사람들이 설명하는 방식으로 무에서부터 산출하는 것은 더욱 아니다. 그들은 또한 대상들이 자기를 닮은 상을 보낸다는 결론도 내리지 않을 것이다. 보통 영혼이 대상들을 지각하는 것은 오직 대상들이 현전할 때일 뿐이니 말이다.

그러나 관념이 정신에 현전하기 위해서는 보통 대상이 반드시 필요하다. 그들은 자극을 받은 공이 그 궤적에서 마주치는 공의 운동을 일으키는 실제적이고 주요한 원인이라고 판단하지 않을 것이다. 첫 번째 공은 그 자체로 운동의 역량을 가질 수 없으니 말이다. 그들은 그저 이 두 공의 접촉이 물질의 운동을 만든 조물주가 만물의 보편적인 원인인 자신의 의지의 명령을 실행하게 만든 기회라고 판단할 수 있을 뿐이다. 첫 번째 공의 운동의 일부를 다른 공에 전달하면서, 즉 더욱 명확하게 말하자면 첫 번째 공이 자기 쪽에서 잃은 운동만큼 같은 쪽에서 획득하고자 한다는 말이다. 물체들의 동력은 그것을 보존하는 자의 의지일 뿐인 까닭이다.[3] 우리는 다른 곳에서 이 점을 살펴보겠다.

---

3 방법의 문제를 다룬 2부 3장과 동일한 장의 주해를 참조.

4장

우리와 함께 창조된 관념들을 통해 대상을 볼 수 없다

세 번째 의견은 모든 관념이 본유적이거나 우리와 함께 창조되었다고 주장하는 사람들의 의견이다.

이 의견이 사실임 직할 가능성이 대단히 크지 않다는 점을 인정하기 위해서는 세상에 우리가 관념은 갖지만 완전히 상이한 여러 사물이 존재한다는 점을 생각해 보아야 한다. 그런데 단순 도형만 언급하자면 그 수가 무한하다는 점이 확실하다. 타원형과 같은 하나의 도형을 살펴보더라도 하나의 지름이 무한히 연장될 수 있고 다른 지름이 항상 동일할 때 정신은 그 도형의 종류를 무한하고 상이하게 생각한다는 것을 의심할 수 없다.

한 삼각형의 높이는 무한히 증가하거나 감소할 수 있고 삼각형의 밑변이 되는 면이 언제나 동일할 때 무수히 많은 다양한 종류의 삼각형이 있을 수 있는 것과 마찬가지로, 내가 여기서 고려해 주십사 하는 것은 어떻게 본다면 우리는 대단히 적은 수만을 상상할 수 있고, 다양한 종류의 수많은 삼각형에 대한 개별적이고 뚜렷한 관념을 동시에 가질 수 없더라도 정신은 무수히 많은 수의 상을 지각한다는 것이다.

무엇보다 주목해야 하는 것은 정신이 다양한 상을 가진 저 무한한 수의 삼각형들에 대해 갖는 이 일반 관념은 이 모든 다양한 삼각형들을 개별적 관념을 통해서 이해하지 못한다면, 한마디로 말해 우리가 무한을 이해하지 못한다면 그것은 관념이 부족해서라거나 무한이 우리에게 현전하지 않아서가 아니라, 그저 정신의 능력과 폭이 부족해서라는 점을 충분히 증명해 준다는 것이다. 어떤 사람이 모든 다양한 삼각형의 상의 속성을 고려하고자 열중한다면 비록 그가 계속 이런 유의 연구를 계속할지라도 그는 틀림없이 새롭고 개별적 관념은 얻게 되겠지만 그의 정신은 쓸데없이 그만 지쳐버리고 말 것이다.

방금 삼각형들에 대한 언급은 다섯, 여섯, 백, 천, 만 개 이런 식으로 무한히 많은 면을 가진 도형에 적용될 수 있다. 그리고 한 삼각형의 면들은 서로 무한한 수의 관계를 가질 수 있으므로 무한히 많은 상을 가진 삼각형을 만든다면 넷, 다섯, 백만 개의 면을 가진 형상들이 훨씬 더 커다란 차이를 가질 수 있다는 점을 쉽게 볼 수 있다. 이 형상들은 단순한 삼각형보다 더 많은 관계를 가질 수 있고 면들은 더 많은 방식으로 결합될 수 있기 때문이다.

그러므로 정신은 이런 모든 것을 본다. 정신은 그 모든 것에 대한 관념이 있는 것이다. 무한히 오랜 시간을 하나의 형상을 생각하면서 보낼지라도 정신에게는 그런 관념들이 틀림없이 있을 것이고, 정신이 단번에 저 무한한 도형들을 지각하지 못하거나, 무한을 이해하지 못한다면, 그 이유는 그저 정신의 폭이 대단히 제한되어 있기 때문이라는 점이 확실하다. 그러므로 정신은 무한히 많은 수의 관념을 가지고 있다.

내가 여기서 무한히 많은 수라고 말하는 것은 정신에는 다양한 형상이 있는 만큼 무한히 다양한 수의 관념들이 있다는 뜻이다. 그래서 무한히 많은 수의 상이한 형상이 존재하므로 그저 형상들을 알기 위해서 정신은 무한한 수의 관념들이 필요하다.

그런데 나는 신이 수많은 대상들을 인간의 정신과 더불어 창조했다는 것이 사실임 직한 일인지 생각해본다. 내가 보기에는 그런 것 같지 않다. 무엇보다 대단히 단순하고 대단히 쉬운 다른 방식으로 이루어질 수 있기 때문인데, 우리는 이 점을 곧 살펴볼 것이다. 신은 언제나 가장 단순한 길을 통해서 작용하므로 우리가 무한히 많은 수의 존재들이 창조되었음을 가정한다면 어떻게 대상들을 알 수 있는지 설명하는 일은 합리적으로 보이지 않는다. 이 난점을 더 쉽고 더 자연스러운 방식으로 해결할 수 있으니 말이다.

그런데 정신이 대상들을 아는 데 필요한 모든 관념들을 쌓아놓고 있을지라도 영혼이 어떻게 그 관념들을 그려보기 위해 선택할 수 있는지, 예를 들어 영혼은 들野 한복판에서 눈을 뜬 순간 영혼으로서 크기, 형상, 거리, 운동을 알게 되는 저 다양한 사물들을 어떻게 지각할 수 있을 것인지 설명하기란 불가능할 것이다. 이런 방식으로는 영혼은 태양과 같은 하나의 물체가 신체의 눈에 제시되어도 그것을 지각할 수 없을 것이다. 우리가 다른 곳에서 이미 증명했듯이 태양이 두뇌에 자극하는 이미지가 우리가 태양에 대해 가진 관념과는 전혀 닮지 않았고, 심지어 영혼은 태양이 눈 깊은 곳에서와 두뇌에서 산출하는 운동을 지각하지 못하므로, 영혼이 갖게 될 무한한 수의 관념들 가운데서 태양을 상상하거나 보기 위해, 또 이러저러하게 정해진 크기로 그것을 보기 위해 재현해야 하는 관념은 무엇인지 정확히 발견할 수 있으리라고는 상상할 수 없다. 그러므로 사물들의 관념은 우리가 창조될 때 함께 창조되었고, 우리를 둘러싼 주변 대상을 보기 위해서는 그것이면 충분하다고 말할 수 없다.

또한 신이 매 순간 우리가 상이한 사물을 지각하면서 그만큼의 새로운 관념들을 산출한다고도 말할 수 없다. 이 문제는 이 장에서 조금 전에 언급한 내용으로 넉넉히 반박된다. 더욱이 언제 어느 때에나 우리 자신 내부에 실제로 모든 사물의 관념을 갖고 있음에 틀림없는 것이, 우리는 언제 어느 때에나 모든 사물을 사유하고자 할 수 있기 때문이다. 우리가 그 사물들을 모호하게 지각했을 때, 즉 우리의 정신에 무수히 많은 수의 관념들이 제시되지 않았다면 우리는 그것을 사유할 수 없었을 것이다.

우리는 항상 그게 무엇이든 모든 것을 사유하고자 할 수 있으므로 우리는 관념을 전혀 갖지 않은 대상을 사유해 보고자 할 수 없다. 게다가 우리가 무한한 공간이며, 원 일반이며, 확정되지 않은 존재를 사유할 때 우리 정신의 즉각적 관념 혹은 대상은 창조된 것이 전혀 아니라는 점이 명백하다. 창조된 모든 실재는 우리가 지금 보고 있는 바, 무한할 수도, 보편적일 수도 없다. 그렇지만 이 문제는 뒤에서 더 명백하게 설명할 것이다.

5장

정신은 자신의 완전성을 고려하면서 대상들의 본질도, 존재도 보지 못한다

네 번째 의견은 정신이 대상들을 지각하는 데에는 오직 자기 자신만이 필요하고, 자신과 자신만이 갖는 완전성을 고려하면서 외부에 존재하는 모든 사물들을 발견할 수 있다는 것이다.

영혼이 제 자신 속에서 관념의 존재 없이 실제로 자극된 모든 감각작용들과 모든 정념들, 즉 즐거움, 고통, 차가움, 뜨거움, 색, 소리, 냄새, 향기, 사랑, 증오, 기쁨, 슬픔 및 다른 것들을 본다는 것이 확실하다. 영혼의 모든 감각작용과 모든 정념은 그것과 닮은 그 무엇도, 그 외부에 존재하는 것은 무엇도 재현하지 않으며, 정신은 오직 변형만을 겪을 뿐이기 때문이다. 그렇지만 어려움은,1 잠, 집, 말, 강 등의 관념들처럼 어떻게 보면 그것과 닮고 영혼 외부에 존재하는 무언가를 재현하는 관념들이 그저 영혼의 변형에 불과한 것인지 아는 일이다. 그래서 정신은 자기 외부에 존재하는 모든 사물들을 머릿속에 그릴 때 오

---

1 아르노 씨의 《진실된 관념들과 거짓된 관념들》을 참조.

직 자기 자신만을 필요로 한다.

영혼의 존재 이유는 사유이므로 자기 내부에, 그러니까 내 말은 자신만이 가진 완전성을 고려하는 가운데, 대상을 지각하는 데 필요한 모든 것을 갖추고 있음을 어렵지 않게 확신할 수 있는 사람들이 있다. 사실 영혼은 뚜렷하게 이해하는 모든 것보다 더 고상하므로 스콜라 철학에서 말하듯, 즉 사물들 그 자체 이상으로 고상하고 격조 높은 방식으로 영혼은 어떻게 보면 사물들을 '본질적으로éminemment' 포함한다고 말할 수 있기 때문이다.

그들의 주장은 우월한 사물들은 이런 방식으로 열등한 사물들의 완전성을 포함한다는 것이다. 그래서 그들이 알고 있는 피조물 중에서 가장 고상한 그들은 가시적 세계에 존재하는 모든 것을 정신적 방식으로 제 자신 내부에 갖추었고, 다양하게 변형되면서 인간 정신이 알 수 있는 모든 것을 지각할 수 있다고 자만한다. 한마디로 말해서 그들은 영혼이란 물질적이고 감각적 세계를, 심지어는 무한히 그 이상을 포함하는 모든 것을 제 자신에 갖추고 있는 지성적인 세계이기를 바란다.

그런데 내가 보기에 이런 생각을 주장하려는 일은 대단히 위험한 일 같다.[2] 내가 잘못 생각한 것이 아니라면 자연적 허영심, 자족에 대한 사랑, 모든 존재를 자기 안에 포함하는 자와 닮고자 하는 욕망이 우리 정신을 뒤흔들어, 우리가 갖지 않은 것을 소유하고자 상상하도록 만드는 것이다. 성 아우구스티누스는 "여러분 스스로 여러분의 빛이라고

---

2 내 답변의 네 번째 권에 실린《진실된 관념들과 거짓된 관념들에 대한 답변》과 아르노 씨의 세 번째 편지에 대한 답변을 참조.

하지 말라"[3]고 말했다. 그 자체로 자신의 빛이고, 제 자신을 고려하면서 그가 산출했고 산출할 수 있는 모든 것을 알 수 있는 자는 오직 신뿐이기 때문이다.

세상이 창조되기 전에는 오직 신만이 존재했고, 지식과 관념 없이 세상을 창조할 수 없었고, 그 결과 신이 가졌던 그 관념들은 신 자신과 다른 것이 전혀 아니고, 그래서 모든 피조물들은 심지어 가장 물질적이고 가장 세속적인 것이라 해도 완전히 정신적 방식으로써 우리로서는 이해할 수 없을지라도 신 속에 존재한다는 점에는 의심의 여지가 없다.[4] 그러므로 신은 모든 존재들이 자신에게 재현하는 그만의 완전성을 고려하면서 자기 내부에서 그 모든 존재들을 보는 것이다. 그는 그것들이 존재한다는 것을 완벽하게 안다. 그들 모두는 존재하기 위해서는 신의 의지에 의존하고, 신만이 가진 의지를 모를 수 없으므로 그 결과 그 존재들이 존재한다는 점을 모를 수가 없고, 그 결과 신은 자기 자신 내부에서 사물의 본질은 물론 존재 방식도 보는 것이다.

그렇지만 창조된 정신들의 경우는 이와 같지 않다. 그 정신들은 자기 내부에서 사물의 본질도, 사물의 존재 방식도 볼 수 없다. 정신들은 대단히 제한되어 있어서 신처럼 모든 존재들을 포함할 수 없으니 말이다. 그래서 신을 보편적 존재, 혹은 신 자신이 자신을 그렇게 부르듯 간

---

3 Dic quia tu tibi lu,en non es. (sermon VIII, De verbis Domini)

4 신의 본질이 그 자체로 어떤 다른 사물의 본질 속에 완전성의 모든 것을 포함하고 그 이상을 포함하므로 신은 자기 자신 속에서 개별적인 지식의 모든 것을 알 수 있다. 각각의 사물의 개별적인 본성은 그것이 어떤 방식으로든 신의 본성에 분유하도록 만드는 것으로 되어 있다. (S. Thomas, Ia pars, quaest. XIV, art 6)

단히 '존재하는 자celui qui est'[5]라고 부를 수 있다. 그러므로 인간 정신이 모든 존재들과 몇몇 무한한 존재들을 알 수 있지만 그들을 포함하지는 못하므로 이것이 그 내부에서 그 존재들의 본질을 보지 못한다는 확실한 증거이다.

정신은 때로는 어떤 사물을 보고, 때로는 다른 사물을 연속적으로 볼 뿐 아니라 심지어는 정신 안에 무한이 포함되어 있지 않을지라도 실제로 무한을 지각하기도 한다. 이 점은 앞 장에서 이미 언급한 것이다. 그래서 지금은 무한하지 않고, 동시에 무한히 변형될 수도 없어도 정신이 자기 내부에서 존재하지 않는 것을 본다는 것은 절대적으로 불가능한 일이다. 그러므로 정신은 자신만이 가진 완전성을 고려하거나, 다양한 방식으로 변형될 때 사물들의 본질을 보지 못한다.

또한 정신은 그 사물들의 존재가 정신의 의지와는 무관하고, 그 사물들의 관념들이 비록 존재하지는 않으나 정신에는 제시될 수 있으므로 제 자신 속에서 그 사물들의 존재 방식도 보지 못한다. 누구라도 황금 산山이 자연에 존재하지 않지만 그 산의 관념은 가질 수 있다. 대상들의 존재 방식을 판단하면서 감각의 관계들에 의존할지라도 이성은 그 대상들이 우리를 속인다는 점을 명확하게 발견하게 될 것이므로 항상 우리의 감각을 믿어야 한다는 점을 확신시켜 주지는 않는다. 예를 들어 어떤 이의 피가 굉장히 뜨거워졌거나, 아니면 그저 잠을 잘 때 그런 것들이 전혀 제시되지 않았고, 아마 예전에도 제시된 적이 없었다고 해도 그는 눈앞에서 시골, 전투나 그런 비슷한 것을 보기도 한다. 그

5 *Exode*, III, 14.

러므로 정신이 사물의 존재 방식을 보는 것은 자기 자신 내부나 자기 스스로에 의해서가 아니라 이 점에서 어떤 다른 것에 달린 것이라는 점은 의심의 여지가 없다.

6장

우리는 신의 내부에서 모든 것을 보게 된다

우리는 앞 장들에서 정신이 외부의 대상을 볼 수 있게 하는 네 가지 상이한 방식을 검토했다. 그렇지만 우리로서는 이 네 방식이 사실임 직한 것으로 보이지 않는다. 이제 이성에 부합하는 유일한 것으로 보이는 다섯 번째 방식만이 남았는데, 정신이 사유할 때마다 신에 종속된다는 점을 깨닫는 데 가장 적합한 것이다.

이 다섯 번째 방식을 올바로 이해하려면 앞 장에서 언급했던 내용, 즉 신은 창조한 모든 존재들의 관념들을 자기 내부에 가질 필요가 있다고 한 내용을 기억해야 한다. 신은 다른 방식으로는 그 관념들을 만들 수 없었을 것이고, 그래서 자신 안에 포함된 모든 존재들과 관련된 완전성을 고려하면서 이들 존재를 보기 때문이다. 더욱이 신은 자신이 현전함으로써 우리 영혼과 대단히 긴밀하게 결합되어 있어서, 공간이 어떤 의미에서 '물체들의 자리'라고 말할 수 있는 것과 같이 신은 '정신들의 자리'라고 말할 수 있다는 점을 알아야 한다.

이렇게 두 가지가 전제된다면 정신은 창조된 존재들이 대단히 정신적이고 대단히 지성적이고 정신에 뚜렷이 제시되므로 신 속에서 이를 재현하는 것을 볼 수 있음이 확실하다. 그래서 창조된 사물을 신 속에서 재현하는 것이 드러나기를 바란다고 가정한다면 정신은 신 속에서 신의 창조물을 볼 수 있다. 그런데 다음의 근거를 통해 본다면 신은 각각의 정신에 무한한 수의 관념을 창조하기보다 자기 내부에 드러나기를 바란다는 것을 증명하는 것처럼 보인다.

신이 행하는 모든 일이 대단히 어려운 방식이 아니라 쉽고 단순한 방법을 통해서 이루어질 수 있다는 것이 이성뿐 아니라 자연 전체의 구조에 부합하는 것 같다. 신은 그 무엇도 아무 이유 없이 불필요하게 만들지 않는다. 신의 지혜와 전능을 나타내는 것은 엄청난 수단을 통해 사소한 것들을 만드는 데 있지 않다. 그런 일은 이성에 반하고 지성이 제한되어 있음을 보여준다. 그런데 신은 이와는 반대로 대단히 쉽고 단순한 수단을 통해 엄청난 것을 만드는 것이다.

그래서 신은 오직 연장延長만을 가지고 우리가 자연에서 보는 경이로운 모든 것을 만들며, 심지어 그것으로 동물에 생명과 운동을 마련한다. 동물이 피와 신체 기관과는 다른 실체 형상formes substantielles, 능력, 영혼 등을 절대적으로 갖추고 그것으로 모든 기능을 수행한다고 생각하는 사람들은 신에게는 지성이 없거나 신은 오직 연장만으로 저 경이로운 모든 것을 창조할 수 없으리라고 생각하는 것이나 같다. 그렇게 주장하는 사람들은 신의 전능을 측정하는 자이고, 자기들의 편협한 정신으로 신의 지고한 지혜를 따져보려는 자이다.

그러므로 신은 정신이 그저 그들 내부에 존재하는 것, 다시 말하면 저 사물들과 관계를 갖고 그것을 재현하는 것을 신 안에서 보고자 할 때, 정신으로 하여금 모든 사물을 보게 할 수 있는 것이다. 신이 이와는 다른 식으로 행동하여, 이를 위해 창조된 정신만큼 무한한 수의 관념을 만들지는 않았을 것 같다.

그런데 정신이 이러한 방식으로 신 속에서 모든 사물들을 본다는 점으로부터 정신은 신의 본질을 본다는 결론을 내릴 수 없음을 지적해야 한다. 신의 본질은 곧 신의 절대적 존재로, 정신은 절대적으로 간주된 신의 실체를 보는 것이 아니라 피조물들과의 관계하에, 혹은 피조물들의 분유分有 가능한 실체를 보는 것이다. 정신이 신 속에서 보는 것은 대단히 불완전하지만 신은 완전한 존재이다. 정신은 가분적이고 형상을 갖추고 있는 등의 물질을 보지만, 신 속에서 가분적이거나 형상을 갖춘 것은 아무것도 없다. 신은 무한하고 모든 것을 포함하므로 존재 전체이지 결코 개별적 존재가 아니다.

그런데 우리가 보고 있는 것은 개별적인 하나 혹은 여럿의 존재이고, 우리는 모든 존재들을 포함하는 신의 이러한 완벽한 단순성을 이해하지 못한다. 관념들이 재현하는 사물들 자체만큼 사물들의 관념을 보지 못한다는 것은 말할 것도 없다. 예를 들어 정사각형을 볼 때 정신과 결합된 그 정사각형의 관념을 보는 것이 아니라 그저 외부에 존재하는 정사각형을 볼 뿐이니 말이다.

우리가 사물들을 볼 수 있는 만큼 우리와 더불어 그와 같은 수의 관념이 창조되었기 때문이 아니라, 신은 자기 내부에 존재하는 모든 사물들을 재현한 것을 우리에게 드러내고자 하므로 우리가 모든 사물들을 보는 것이라고 생각할 수 있는 두 번째 근거는, 이를 통해 창조된 정신들을 완전히, 가능한 완전히 신에게 종속시키기 때문이다. 사정이 이러하므로 우리는 신이 우리가 그를 보는 것을 바라는 한 아무것도 알 수 없을 뿐 아니라 신이 우리에게 그를 보게 한다는 점을 전혀 알 수 없을 것이다.

"우리가 무슨 일이든지 우리에게서 난 것같이 스스로 만족할 것이 아니니 우리의 만족은 오직 신으로부터 나느니라."[1]

신께서 배은망덕背恩忘德한 사람들은 자연적이라고 부르는 지식이 비록 오직 하늘에서 온 것일지라도 그 지식을 통해 철학자들을 훤히 비추신다.

"하나님께서 이를 그들에게 보이셨느니라."[2] 신은 말 그대로 정신의 빛이자 "빛의 아버지"[3]로, 신이 "인간에게 학문을 가르쳤다."[4] 한마디로 말해서 "이 세상 속에 도래한 모든 이들을 비추는 진정한 빛이다."[5]

결국 우리 정신이 개별적으로 행동할 때 언제나 신에 종속되어 있음을 뚜렷이 이해하기란 상당히 어렵다. 우리 정신이 우리가 행동에 필요한 그 존재에 대해 뚜렷이 알고 있고 정신에 제시된 사물들의 모든 관념을 가지고 있다고 전제한다면 말이다. 또한 이러한 협력concours[6]이라는 일반적이고 모호한 단어로 신에 대한 피조물의 종속을 설명들을

---

1 II Cor., III, 5.

2 Rom, I, 19.

3 Jac. I, 17.

4 Ps. XCIII, 10.

5 Joan, I, 9.

6 [옮긴이] 스콜라 철학의 전통적인 개념으로 각각의 개별적 원인의 행위에 대한 신의 행위의 도움을 표현한다. Suárez, *Metaphysicae Disputationes*, XXII, 1, §1.

하고자 하지만 그런 말은 주의 깊은 정신을 가진 사람에게 어떤 뚜렷한 관념도 일깨우지 못한다. 그렇지만 사람들이 어떻게 신 없이는 아무것도 할 수 없는지 명확히 안다면 이는 좋은 일이다.

이 모든 근거들 중 가장 강력한 것은 정신이 모든 사물을 지각하는 방식이다. 누구든 경험으로 알 듯 우리가 개별적인 어떤 것을 생각하고자 할 때, 우선 모든 존재들을 쳐다보고, 다음에 우리가 사유하고자 하는 대상을 집중적으로 고려한다는 것이 확실하다. 그런데 우리가 적어도 한 개별적 대상을 보고자 욕망할 수 있고, 모호하고 막연하게 나마라도 그 대상을 이미 봤으리라는 점은 의심할 여지가 없다. 그래서 때로는 이 존재, 때로는 저 존재 식으로 모든 존재들을 보고자 할 수 있으므로 모든 존재가 우리 정신에 나타난다는 점이 확실하다. 또한 신이 우리의 정신에 나타나기 때문에, 즉 그 존재의 단순성 속에 모든 것을 포함하는 존재가 존재함으로써만 모든 존재가 우리 정신에 나타날 수 있는 것 같다.

정신이 모든 존재들이 하나 안에 포함되어 있음을 보지 않았다면 종種이니 유類니 하는 보편 관념들을 머릿속에 그려볼 수 없을 것 같다. 어떤 피조물이든 개별적 존재이므로, 예를 들어 보편적 삼각형 하나를 볼 때 창조된 어떤 것을 본다고 말할 수 없으니 말이다. 결국 나는 무한히 상이한 방식으로 정신을 비출 수 있는 존재가 현전하지 않는 이상 정신이 추상적이고 보편적인 여러 진리들을 알게 되는 방식을 정확히 설명할 수 있으리라고 생각하지 않는다.

마지막으로 신이 존재한다는 가장 아름답고, 가장 고상하고, 가장 견고한 증거7 및 가장 간단한 것을 전제하는 첫 번째 증거는 우리가 무한에 대한 관념을 갖는다는 것이다. 정신이 무한을 이해하지는 못하더라도 무한을 지각하며, 정신이 신과 맺는 결합에 의해서만 대단히 뚜렷한 신의 관념을 갖는다는 점이 확실하다. 우리가 신에 대해 가진 관념으로서 무한히 완전한 존재의 관념이 창조된 어떤 것이라고는 생각할 수 없는 까닭이다.

그러나 정신에는 무한의 관념이 있을 뿐 아니라 유한의 관념도 있다. 우리는 그것이 유한한지 무한한지 생각하지 않고 그 존재를 이해한다는 점만으로 무한한 존재를 생각하기 때문이다. 그런데 어떤 유한한 존재를 생각하기 위해서는 그 존재의 일반 관념에서 무언가를 삭제해야 한다. 그러니 그 일반 관념이 먼저라는 점이 틀림없다. 그래서 정신은 무한에 대해 가진 관념에서가 아니라면 아무것도 지각하지 않는다. 철학자들의 생각처럼 이 관념이 개별 존재들의 모든 관념들의 막연한 혼합에서 형성되었다거나, 그와는 반대로 이 개별 관념들 전체가 무한이라는 보편 관념의 분유일 뿐이라는 것은 어림도 없는 이야기이다. 신 존재가 피조물들에서 나온 것이 아니라, 모든 피조물은 신적 존재의 불완전한 분유에 불과한 것과 마찬가지이다.

추상적 추론에 익숙한 사람들에게라면 증명이 될 한 가지 증거를 제시해 보겠다. 관념들이 정신에 작용하고, 정신을 비추기에, 또 관념들이 정신을 변화시키는 쾌적하거나 쾌적하지 않은 지각을 통해 정신을 행복하거나 불행하게 만들기에 유효하다는 점은 확실하다. 그런데 정신보다 우월하지 않다면 그 어떤 것도 즉각적으로 정신에 작용할 수

---

7 이 증거는 다음 권 11장에서 더 자세히 설명될 것이다.

없다. 오직 신만이 그럴 수 있는 것이다. 우리 존재를 다르게 변형시킬 수 있는 존재는 우리 존재의 창조주일 뿐이니 말이다. 그러므로 우리의 모든 관념들은 신의 유효한 실체 안에 존재하며, 신만이 지성을 변화시킬 수 있으므로 오직 신만이 지성적이거나 우리를 비출 수 있는 존재라는 점이 틀림없다. 성 아우구스티누스는 "그리스도는 인간의 영혼과 이성적 정신이 신의 실체 자체를 통해서만 생명, 빛, 완전한 행복을 갖는다는 점을 우리 마음속에 주입하셨다"8고 말했다.

결국 신이 행동하는 주된 목적은 오직 자기 자신뿐일 수밖에 없다. 이는 성찰할 수 있는 사람이라면 누구든 갖는 공통된 개념이며, 성경을 읽어본다면 신이 모든 것을 창조한 것은 오직 그를 위한 것임을 의심할 수 없다. 그러므로 우리의 자연적 사랑, 그러니까 내 말은 신이 우리 정신 속에 만들어 낸 운동이 바로 신을 향한 것임이 틀림없을 뿐 아니라, 신이 우리에게 부여한 지식과 빛은 우리로 하여금 신 안에 존재하는 무언가를 알게 해주는 것이다. 신에서 비롯한 모든 것은 오직 신을 위한 것뿐일 수밖에 없기 때문이다. 신이 정신을 짓고 그것에 자기 지식의 즉각적 관념, 혹은 대상으로 태양을 부여했다면, 신은 그를 위해서가 아니라 태양을 위해서 이 정신과, 그 정신의 관념을 지었을 것이다.

그러므로 그 정신이 말하자면 신의 창조물들을 보면서 신을 보는 것이 아니라면, 신은 자신의 창조물들을 알기 위해 정신을 창조할 수는 없다. 그래서 말하자면 어떤 방식으로는 우리가 신을 보지 않았다면

---

8 *Trac.* in *Joan.*, XXIII.

우리는 어떤 사물도 볼 수 없었을 것이라고 말할 수 있다. 마찬가지로 우리가 신을 사랑하지 않았다면, 다시 말해서 신이 우리 내부에 끊임없이 보편선普遍善에 대한 사랑을 새기지 않았다면 우리는 어떤 것도 사랑할 수 없었을 것이다.9 그 사랑이 우리의 의지인 이상 우리는 신 없이는 아무것도 사랑할 수 없고 아무것도 원할 수 없다.

우리가 개별 선을 사랑할 수 있기 위해서는 신이 자신을 사랑하도록 우리에게 마련한 사랑의 운동 방향을 그 개별 선 쪽으로 정해야 한다. 그래서 우리는 신을 향한 필연적 사랑을 통해서가 아니면 그 무엇도 사랑할 수 없으므로, 신에 대해 우리가 가진 자연적 지식을 통해서가 아니라면 그 무엇도 보지 못하는 것이다. 또 피조물에게 갖는 모든 개별적 관념들은 창조주의 관념의 제약에 불과하다. 피조물을 향한 의지의 운동 전체가 결국 창조주를 향한 운동 방향의 확정에 불과한 것처럼 말이다.

불경한 자들은 내가 말하는 자연스러운 사랑으로 신을 사랑한다는 데 동의하지 않을 신학자가 있으리라고 나는 믿지 않는다. 성 아우구스티누스와 몇몇 다른 교부教父들은 불경한 자들도 신 안에서 풍속의 규칙과 영원한 진리를 보리라는 점을 의심할 여지 없이 확실한 사실로 단언한다. 그래서 내가 밝히는 의견은 누구에게도 불편을 주지 않는다.10 다음이 성 아우구스티누스의 말이다.

---

9 Liv. I, chap. I.

10 《형이상학에 대한 대담》 머리말과 《진실하고 거짓된 관념에 대한 답변》 chap. VII, XXI 참조.

불경한 자라 할지라도 말하자면 이러한 불변하는 진리의 빛에 감화된다. 이것이 왜 불경한 자들이 영원을 생각하고 인간의 많은 풍속들을 정당하게 비난하거나 정당하게 찬양하는가 하는 이유이다. 그들이 각자 어떻게 살아가야 하는지 보는 규칙들이 아니라면 그들은 결국 어떤 규칙에 따라 판단하는 것일까? 정작 그들은 그렇게 살지 않는다고 할지라도 말이다. 그런데 그들은 어디에서 그 규칙들을 보는 걸까? 그것은 그들의 본성에서가 아니다. 확실히 그들은 자신의 정신으로써 그 규칙을 보고, 우리가 인정하는 바, 그곳에서 규칙을 보는 누구든지 그 규칙들은 불변하지만, 그들의 정신은 가변적이다. (…) 그러므로 이 규칙들은 우리가 진리라고 부르는 이 빛의 책에서가 아니라면 어디에 새겨 있는가? (…) 바로 그 빛에서 정의의 법이 비롯된다. (…) 그리고 그 정의의 법에서 해야 할 것이 보인다. 심지어 부당한 행동을 저지른 사람에 의해서 말이다. 또 이 빛에 등을 돌리지만 그를 자극하는 자가 바로 그이다.[11]

성 아우구스티누스의 책에는 이런 대목들이 무궁무진하다. 그 대목들을 통해 그는 우리가 바로 이 생生이 시작되었을 때부터 영원한 진리에 대한 우리의 지식을 통해서 신을 본다는 점을 입증한다. 진리는 창조되는 것이 아니고, 불변하는 것이고, 무한한 것이고, 모든 것을 넘어서는 영원한 것이다. 진리는 그 자체로 진실하다. 진리의 완전성은 어떤 다른 것에서 취한 것이 아니다. 진리는 피조물들을 더욱 완전하게 만들고, 모든 정신은 자연스럽게 진리를 알고자 노력한다. 이 완전성

11 *De Trinitate*, Lib XIV, cap. XV.

을 고스란히 가진 존재는 신을 제외하고는 아무것도 없다. 그러므로 진리는 신이다. 우리가 이 불변하고 영원한 진리를 볼 때, 우리는 신을 보는 것이다.

이상이 성 아우구스티누스의 논거인데, 우리의 논거들은 그의 것과 조금 다르다. 우리의 생각을 뒷받침하는 데 그토록 위대한 인물의 권위를 부당하게 이용하고 싶지는 않다.

그러므로 우리의 생각은 2 곱하기 2는 4와 같은 진리, 심지어 영원한 진리는 절대적 존재일 뿐인 것만은 아니라고 생각한다. 우리가 진리는 신 자체라고 믿다니 어림도 없는 일이다. 이 진리는 2 곱하기 2와 4 사이에 존재하는 등식일 뿐임이 명백하다. 그래서 우리는 성 아우구스티누스가 말하듯이 진리를 보면서 신을 본다고 말하는 것이 아니라, 이 진리들의 '관념'을 보면서 신을 본다고 말하는 것이다. 관념은 실재하지만 관념들 사이의 등식에는 전혀 실재하는 데가 없다. 그런데 이 등식이 진리인 것이다.

예를 들어 나사羅紗를 자로 재어보니 3온aune이라고 할 때, 이 나사와 길이의 단위로서의 온은 실재하지만, 3온과 나사의 등식은 실재하지 않고 어떤 관계에 불과하다. 2 곱하기 2가 4라고 말할 때 수數들의 관념들은 실재하지만, 2 곱하기 2와 4 사이의 등식은 그저 관계일 뿐이다. 그래서 우리 생각에 따르면 영원한 진리를 볼 때 그 진리가 신이어서가 아니라 이 진리들이 의존하는 관념들이 바로 신 안에 있기 때문이다. 아마 성 아우구스티누스도 이 점을 이해했을 것이다.

또 성 아우구스티누스는 불변하고 변질될 수 없는 것에 대해서만 말했지만 우리는 신 내부에 가변적이고 썩어 사라질 수 있는 것들이 있다고 믿는다. 이에 대해 신 내부에 어떤 불완전한 것이 있다고 생각할 필요는 없다. 우리가 이미 언급했듯이 신이 자기 내부에 이들 사물이 맺는 관계가 있음을 우리에게 알려주는 것으로 충분하다.

그런데 우리가 신 안에서 물질적이고 감각적인 것을 보는 것이라고 내가 말한대도, 우리가 신 안에서 그것에 대한 감정을 갖는 것이 아니라, 그저 신이 우리 내부에서 작용한다고 말하는 것임에 유념해야 한다. 신은 감각적인 것들을 잘 알지만 그것을 느끼지는 않기 때문이다. 우리가 어떤 감각적인 것을 지각할 때 우리의 지각에는 '감정'과 순수 '관념'이 존재한다. 감정은 우리 영혼의 변형이며, 우리 안에서 그 변형이 이루어지는 원인은 바로 신이다. 신은 이런 변형을 겪지 않지만 그것의 원인일 수 있다. 그가 가진 우리 영혼의 관념에서 그런 변형이 가능하다는 것을 알기 때문이다. 감정과 결합된 관념이 신 안에 있고, 우리가 그 관념을 보는 것은 신이 우리가 그것을 발견하는 것을 기쁘게 보기 때문이다.

또 신은 대상이 현전할 때 우리가 그렇게 생각할 수 있도록, 또 그 대상들의 관계로써 우리가 가지게 됨에 틀림없는 감정과 정념을 느낄 수 있도록 감각작용과 관념을 결합한다.

결국 우리는 모든 정신은 신 안의 다른 것들만큼 영원한 법을 본다고 믿지만, 이 점에는 다소 차이가 있다. 정신은 질서와 영원한 진리, 심지어 신이 이 진리들 혹은 질서에 따라 지은 존재들을, 그리고 앞서 설명했듯이 정신이 그분의 말씀le Verbe 혹은 정신을 비추는 신의 지혜를 통해 틀림없이 맺게 되는 결합을 통해서 지은 존재들을 안다.

그렇지만 정신이 끊임없이 신의 의지에서 수용하는 자극을 통해서 신은 정신이 자신을 향하게 만들고, 말하자면, 신의 의지와 정신의 의지를 완전히 같은 것으로 만들고자 한다. 정신들은 불변의 질서가 그들의 필수불가결한 법칙이며, 모든 영원한 법칙들을 그렇게 포함하는 질서이며, 정신은 불변하는 질서란 정신이 따라야 할 필수불가결한 법이자, 영원한 모든 법을 포함하는 질서임을 안다. 선을 사랑하고 악을 피하고, 세상의 모든 부富 이상으로 정의를 사랑해야 하고, 사람들에게 수많은 다른 자연법을 지킬 것을 명령하는 것보다 신에게 복종하는 것이 나은 것처럼 말이다.

이 모든 법, 혹은 정신이 불변의 질서에 순응하지 않을 수 없는 의무를 안다는 것은 정신이 항상 내부에서 느끼는 이러한 자극을 안다는 것과 다른 것이 아니다. 정신은 의지의 자유로운 선택으로써 그 자극을 항상 따르는 것은 아니지만 정신 내부에서 언제나 그 자극을 느끼고 있으며, 그 자극이 사람마다 똑같이 강한 것은 아니지만 모든 사람들이 공유하는 것임을 알기 때문이다.

우리가 신의 이미지를 따라 신을 닮게 지어진 것은 바로 이러한 종속, 이러한 관계, 정신과 신의 말씀의 이러한 결합을 통해서이다. 원죄로 인해 이 이미지가 대단히 퇴색되기는 했지만 그 의지는 우리만큼이나 남아 있음이 틀림없다. 그렇지만 지상에서 욕된 신의 말씀의 이미지를 우리가 갖고 있다면, 또 우리가 성령의 움직임을 따른다면 우리가 처음 창조되었을 때 가졌던 저 최초의 이미지, 우리 정신과 성부聖父의 말씀, 또 성부와 성자의 사랑의 결합은 복원되어 더는 사라지지 않을 것이다. 우리가 신인神人을 닮았다면 신을 닮을 것이다. 결국 신은 우리 안에서 전체이고, 우리는 신 안에서 전체일 것이다. 이 방식은 우리가 존속하기 위해서 신 안에 존재해야 하고 신은 우리 안에 존재하지 않으면 안 된다는 것보다 더 완전한 것이다.

이상이 정신은 자기 존재의 단순성 속에 전체를 포함하는 존재가 마음속에 나타남에 따라 모든 사물들을 지각하게 된다는 것의 몇 가지 근거이다. 각자 이 점을 깊이 생각한 뒤에 자신이 갖게 될 내적 확신에 따라 이를 판단할 것이다.12 그런데 흔히들 이런 문제들을 설명하는 모든 다른 방법들은 전혀 사실임 직하지 않고, 앞에 말한 마지막 방법만이 사실임 직한 것 이상으로 보이리라고 믿는다.

그런 식으로 우리 영혼은 어떠한 경우든 신에 의존한다. 이는 신이 우리 영혼과 신체 사이에 마련한 자연적 결합을 통해 영혼으로 하여금 고통, 즐거움 및 다른 모든 감각작용을 느끼게끔 한 것과 마찬가지인 것이다. 그리고 그 결합은 신의 명령이자 신의 일반의지와 다른 것이 아니다. 그렇게 신은 인간의 의지와 신 존재의 무한성과, 무한한 신 존재를 포함하는 관념들의 재현 사이에 마련한 자연적 결합을 통해 영혼이 알고 있는 모든 것을 알게 해주는 것이니, 이 자연적 결합 역시 신의 일반의지와 다른 것이 아니다. 그래서 우리에게 모든 것을 재현하면서 우리에게 빛을 밝혀줄 수 있는 존재는 오직 신뿐인 것과 같이, 우리에게 모든 종류의 즐거움을 맛보게 해주면서 우리를 행복하게 만들 수

---

12 주해를 참조. La Réponse au livre des vrais et fausses idées. La 1er Lettre contre la défense opposée à cette Réponse: les deux premiers Entretiens sur la Métaphysique. La Réponse à M. Regis, et surtout ma Réponse à une 3e lettre de M. Arnauld. 여러분은 아마 내 생각이 더욱 분명히 증명되었음을 아실 것이다.

있는 존재도 오직 신뿐이다.

그러므로 물질세계가 신체의 자리인 것과 같이, 신은 지성적 세계, 혹은 정신의 자리라는 생각을 버리지 말도록 하자. 정신이 변형될 수 있는 것도 신의 힘에 의해서이고, 정신의 모든 관념을 발견하는 것도 신의 지혜 속에서이며, 정신이 규칙적 운동에 자극을 받는 것도 신의 사랑에 의해서이다. 신의 전능과 신의 사랑이 곧 신과 같으므로, 사도 바울의 말을 빌려 신은 우리 한 사람 한 사람으로부터 멀리 떨어져 있지 않고 우리가 갖는 생명, 운동, 존재는 오직 신 안에서 가능함을 믿도록 하자.[13]

13 Act., 18, 28.

7장

나는 정신이 지식의 상이한 대상들을 지각하는 방식에 대해 내가 밝힌 생각을 요약하고 명확히 할 목적으로 지식의 네 가지 방식을 구분하고자 한다.

I. 사물을 바라보는 네 가지 방식

첫 번째 방식은 사물을 그 자체로 아는 것이다. 두 번째 방식은 사물들의 관념을 통해서, 그러니까 내가 이곳에서 이해하는 바, 사물들과는 상이한 어떤 것을 통해서 사물을 아는 것이다. 세 번째 방식은 '의식 conscience', 혹은 내적 감정을 통해서 사물을 아는 것이다. 네 번째 방식은 추측conjecture을 통해서 사물을 아는 것이다.

사물이 그 자체로 이해 가능할 때, 다시 말하면 사물이 정신에 작용하고, 그래서 정신에 드러날 때 우리는 사물을 그 자체로, 관념을 통하지 않고 아는 것이다. 지성은 순전히 수동적 영혼의 작용으로, 그 작용이 일어나는 곳은 오직 의지의 내부에서이다. 욕망 자체도 관념들의 진정한 원인이 아니라, 보편 이성과 영혼의 결합이라는 자연법의 결과, 그것이 제시되었을 때 나타나는 기회원인이거나 자연적 원인에 불과하다. 이 점은 다른 곳에서 설명하겠다.

사물이 그 자체로 이해될 수 없을 때는 관념을 통해서 그 사물을 알게 된다. 사물이 유형적인corporel 것이기 때문이거나, 정신에 작용을 가하거나 정신에 드러날 수 없기 때문이다. 자기와 구분되지 않는 모든 것은 의식을 통해서 알게 된다. 마지막으로 자기와 다르고, 그 자체로, 또 관념을 통해서 알게 되는 사물들과는 다른 것은 추측을 통해서 알게 된다. 이 경우는 어떤 사물이 우리가 알고 있는 어떤 다른 사물과 닮았다고 생각하게 될 때이다.

II. 어떻게 신을 아는가

우리가 그 자체로 아는 존재는 신뿐이다. 신이 아닌 다른 정신적 존재들이 있고, 그 존재들이 본성을 통해 이해될 수 있는 것처럼 보이더라도, 정신에 작용을 가하고 정신에 모습을 드러내는 존재는 신밖에 없다. 우리가 즉각적이고 직접적으로 볼 수 있는 존재 역시 신뿐이며, 자기에게 고유한 실체를 통해 정신을 밝혀줄 수 있는 존재 역시 신뿐이다. 결국 이 생生에서 우리가 아는 것이 무엇인지 알 수 있게 해주는 것은 오직 우리와 신의 결합뿐이다. 우리는 앞 장에서 이 점을 설명했다.

성 아우구스티누스에 따르면[1] 어떤 피조물의 개입 없이 우리 정신을 주재하는 존재는 오직 우리의 주님뿐이다.[2]

창조된 어떤 것이 무한을 재현할 수 있을 것이며, 어떤 관념, 즉 어떤 개별 존재, 무한하고 보편적인 존재와는 다른 존재가 제약 없는 존재, 무한한 존재, 보편적 존재를 지각할 수 있는지 생각할 수 없다. 그러나 개별적 존재들이 대단히 유효한 실체 내부에 그들을 포함하는 무한한 존재를 통해 재현될 수 있다고 생각하는 것은 어려운 일이 아니다. 그래서 우리는 지금 생에서 신에 대해 대단히 불완전한 지식밖에 갖지 못하고 있지만 신을 그 자체로 알고, 유형적 사물을 그것들의 관념을 통해서, 다시 말하면 신 안에서 안다고 말할 필요가 있다. 모든 사물의 관념을 갖는 지성적 세계를 포함하는 존재는 신뿐이기 때문이다.

그러나 신 안에서 모든 것을 볼 수 있다고 해도, 그 결과 우리가 신 안에서 모든 것을 본다는 결론이 나오지 않는다. 신 안에서는 우리가 관념을 가진 사물들만을 볼 뿐이다. 그 외에도 관념 없이 보는 사물들이 있고, 오직 감정을 통해서만 아는 사물들이 있다.

---

1 Humanis mentibus nullainterposita natura praesidet. (Aug., *De vera rel.*, cap. LV)

2 [옮긴이] "그러므로 종교는 하나이시고 전능하신 하느님께 우리를 다시 매는 것이어야 하겠다. 우리 지성과 진리 자체 사이에는 어떠한 피조물도 가로놓여 있지 않다. 우리가 하느님을 아버지로 인식하는 우리 지성과, 우리로 하여금 그분을 인식하게 만드는 내면의 빛이신 진리 사이에는 여하한 피조물도 끼어 있지 않은 것이다."(아우구스티누스, 《참된 종교》, 55장 113절, 앞의 책, p. 239)

III. 어떻게 물체들을 아는가

이 세상에 존재하면서 우리가 어떤 지식을 갖고 있는 모든 사물은 물체가 아니면 정신이며, 물체의 속성이 아니면 정신의 속성을 가진다. 물체들을 관념을 통해 물체들의 속성과 함께 본다는 것은 의심할 수 없다. 물체들은 그 자체로 지성적이지는 않으므로 그 대상들을 지성적 방식으로 포함하는 존재 속에서만 볼 수 있을 뿐이다. 그래서 우리가 물체들과 물체들의 속성을 함께 보게 된다면 그것은 신 안에서이고, 그 물체들의 관념을 통해서이다. 또 그렇기 때문에 우리가 물체들에 대해 갖는 지식이 대단히 완전한 것이다. 즉 내 말은 우리가 연장이라는 관념만 갖는다면 우리는 연장을 가질 수 있는 모든 속성을 알 수 있고, 신이 우리에게 부여한 관념보다 연장, 형상, 운동에 대한 더 뚜렷하고 풍부한 관념을 갖고자 바랄 수 없다는 것이다.

신 안에 존재하는 사물들의 관념에 사물들의 모든 속성이 포함되어 있듯이, 신은 사물들의 모든 속성을 보고, 또 연속적으로 볼 수 있다. 사물들을 신 안에 존재하는 것처럼 보고, 항상 그 사물들을 대단히 완전한 방식으로 볼 때, 그 사물들을 보는 정신이 무한하다면 그 방식 역시 무한히 완전할 것이다. 우리가 연장, 형상, 운동에 대해 알고 있는 지식에 부족한 것은 그 지식을 재현하는 관념의 결함이 아니라, 그 지식을 고려하는 우리 정신의 결함이다.

그렇지만 영혼은 이와 사정이 다르다. 우리는 영혼을 영혼의 관념을 통해 아는 것이 아니다. 우리는 신 안에서 영혼을 보는 것이 아니고, 영혼을 알 수 있는 것은 오직 '의식conscience'을 통해서이다. 그렇기 때문에 우리가 영혼에 대해 가진 지식은 불완전하다. 영혼에 대해 우리가 아는 것이란 우리 안에서 일어나는 일을 느끼는 것뿐이다. 고통, 열, 빛 등을 한 번도 느끼지 못했다면 우리의 영혼이 그런 것을 느낄 수 있을지 알 수 없었을 것이다. 우리는 영혼의 관념을 통해 영혼을 아는 것이 아니기 때문이다. 그런데 우리가 신 안에서 우리 영혼에 해당하는 관념을 보았다면, 영혼이 가질 수 있는 모든 속성을 동시에 알고, 또 알 수 있을 것이다. 이는 우리가 연장을 그것의 관념을 통해 아는 것이므로 연장이 가질 수 있는 모든 속성을 알고, 또 알 수 있는 것과 같다.

우리의 의식, 혹은 우리 자신에 대한 내적 감정을 통해 우리 영혼이 위대한 어떤 것임을 충분히 알고 있음은 사실이다. 그런데 우리가 영혼에 대해 알고 있는 것과 영혼 그 자체가 전혀 다를 수도 있다. 물질이 변형될 때 얻을 수 있는 스물이나 서른 개의 형상만을 알 뿐이라면 그 물질을 재현하는 관념을 통해 알 수 있는 것과 비교해 볼 때 확실히 그 물질에 대해 아무것도 모르는 것이나 마찬가지다. 그러므로 영혼을 완전하게 알려면 우리가 단지 내적 감정을 통해 알고 있는 것을 아는 것으로는 충분치 않은데, 이는 우리 자신에 대한 의식은 아마 우리 존재의 가장 작은 부분만을 보여 줄 뿐인 까닭이다.

우리가 지금 언급한 것으로부터 내릴 수 있는 결론은 비록 우리의 신체 및 우리를 둘러싼 신체들의 존재 방식 이상으로 우리의 영혼의 존재 방식을 더욱 분명하게 알지라도, 우리는 영혼의 본성을 신체의 본성을 아는 것만큼은 모른다는 점이다. 바로 이 점으로부터 영혼 이상으로 잘 알려진 것이 없다고 말하는 사람과, 영혼보다 덜 알고 있는 것은 아무것도 없다고 확신하는 사람들의 상반된 생각을 조화시킬 수 있다.[3]

이것은 또한 우리 외부의 어떤 사물을 우리에게 재현하는 관념들이 우리 영혼의 변형이 아니라는 점을 증명해 줄 수도 있다. 영혼이 자기 자신의 변형을 고려하면서 모든 것을 보았다면, 영혼은 그의 본질이나 본성을 신체의 그것보다, 모든 감각작용 혹은 그 영혼이 가능한 변형들을 신체가 가질 수 있는 형상들과 변형들보다 더 명확하게 알았을 것임이 틀림없다. 그러나 영혼은 자신의 관념에 물으면서 그 자신이 가진 시각을 통해서 그런 감각작용이 가능할 것임을 전혀 모른다. 다만 단지 경험을 통해서 알 뿐이다. 반대로 영혼은 연장이라는 것이 연장에 대해 가진 생각을 통해 무수히 많은 수의 형상들을 가능하게 한다는 것을 안다. 대부분의 사람들이 영혼의 변형인지 아닌지 인정할 수 없는 색깔이나 소리와 같은 감각작용들도 있다. 그리고 모든 사람들이 연장에 대해 가진 관념으로써 신체의 변형에 속한다는 점을 인정하지 않는 형상들은 없다.

방금 내가 언급한 내용은 정의를 내리면 영혼의 변형을 알 수도 있겠지만, 그렇게 정의할 수 없는 이유를 설명해 준다. 우리가 아는 것은

---

3 주해를 참조.

영혼도, 관념을 통한 영혼의 변형도 아니라, 감정을 통한 영혼의 변형이고, 예를 들어 즐거움, 고통, 열 등의 감정은 말言로 고정될 수 없으므로, 누군가 한 번도 색을 본 적이 없고, 한 번도 열을 느낀 적이 없다면 그에게 갖가지 정의를 제시하는 것으로는 감각작용을 느끼게 해줄 수 없다. 그런데 사람들은 오직 신체를 갖기 때문에 감정이 생기고, 신체는 모든 면에서 동일한 방식으로 배치된 것이 아니므로 종종 말이 모호해지고, 자신의 영혼의 변형을 표현하기 위해 사용하는 말이 흔히들 주장하는 것과 완전히 반대되는 것을 의미하고, 예를 들어 달콤함을 생각하게 해줄 것이라 믿었는데 쓴맛을 생각나게 하는 경우도 있다.

우리가 영혼의 완전한 지식을 갖추지 못했다고는 하나, 의식이나 내적 감정을 통해 얻게 되는 지식만 있으면 영혼불멸, 영성, 자유 및 우리가 반드시 알아야 하는 어떤 다른 속성들을 증명하는 데 충분하다. 필시 그렇기 때문에 신이 우리에게 신체를 깨닫게 하는 것처럼 자신의 관념을 통해 영혼을 깨닫게 하지는 않는 것이다. 의식을 통해 얻게 되는 우리 영혼의 지식이 불완전하다는 것은 사실이지만, 그 지식이 거짓인 것은 아니다. 이와는 반대로 감정이나 의식을 통해 얻게 되는 우리 신체에 대한 지식은 불완전할 뿐 아니라, 거짓이기도 하다. 이 경우 의식이라는 말은 우리 신체에서 일어나는 것에 대해 우리가 갖는 막연한 감정을 말한다.

그러므로 우리가 신체에 대해 갖는 감정들을 바로잡으려면 신체에 대한 관념이 반드시 필요하다. 그렇지만 영혼의 관념은 필요치 않은데, 우리가 영혼을 의식함으로 인해 오류에 빠지는 것이 아니고, 영혼에 대한 지식에서 잘못 생각하지 않으려면 영혼과 신체를 혼동하지 않는 것만으로 충분하기 때문이다.

이 추론은 이성을 통해 가능한 것으로, 신체에 대해 갖는 관념은 신체가 띨 수 있는 모든 양상들이 우리가 감각하는 양상과는 대단히 다르다는 점을 드러내 주기 때문이다. 결국 신체에 대해 갖는 지식만큼이나 영혼에 대해 명확한 지식을 가졌다면 우리는 신체와 영혼을 분리된 것으로 간주할 수 있을 것이다. 그래서 그 관념으로 인해 우리의 영혼과 신체의 결합이 감소될 수 있을 것이고, 그렇게 되면 영혼이 우리의 사지 곳곳에 퍼졌다고 생각할 수 없게 된다. 나는 이 점에 대해서는 더 자세히 설명하지 않겠다.

V. 어떻게 다른 사람들의 영혼을 아는가

우리 지식과 관련된 모든 문제들 중 다른 사람들의 영혼과 순수 지성작용만 남았다. 우리가 이를 알 수 있는 것은 오직 추측을 통해서라는 것이 분명하다. 우리는 지금 다른 사람들의 영혼을 그 자체로도, 그것의 관념을 통해서도 알지 못하며, 그들의 영혼이 우리와 다르므로, 의식을 통해서 알 수도 없는 것이다. 우리가 세울 수 있는 추측은 다른 사람들의 영혼이 우리의 영혼과 같은 종류의 것이라는 점이다. 우리는 우리 안에서 느끼는 것을 다른 사람들도 느낀다고 주장한다. 이 감정이 신체와 전혀 관련이 없을 때라도 우리가 잘못 생각하고 있는 것은 아님이 확실하다고 판단한다. 우리는 신 안에서 어떤 관념들과 불변의 법칙들을 보고, 그 관념들과 법칙들에 따라 신이 모든 사람들의 정신

속에 똑같이 작용한다는 점을 확실히 알기 때문이다.

나는 2 곱하기 2가 4이며, 부자가 되는 것보다 정의로운 것이 낫다는 점을 안다. 또한 다른 사람들이 나만큼이나 이 진리를 잘 안다고 믿을 때 나는 잘못 생각하는 것이 아니다. 나는 선과 즐거움을 좋아하고 악과 고통을 싫어하고 행복해지고 싶다. 사람들이며, 천사들이며, 심지어는 악마들도 이런 성향을 갖고 있다고 믿을 때 나는 잘못 생각하는 것이 아니다. 나는 또한 신은 행복하기를 바라지 않거나 불행하기를 바랄 수 있는 정신을 만들 리 없음을 안다. 그런데 나는 이 점을 확실하고 명백하게 알고 있는데, 그것은 신이 내게 그 점을 가르쳐 주었기 때문이다. 신이 아닌 누가 내게 신의 의도와 의지를 알려 줄 수 있단 말인가?

그런데 신체가 내 안에서 일어나는 일에 어떻게든 관여할 때 내 스스로 다른 사람들을 판단한다면 나는 거의 항상 잘못 생각하게 된다. 나는 어떤 물체들이 다가올 때 열을 느끼고, 이런 크기 저런 색깔을 보고, 이런 맛 저런 맛을 본다. 내가 내 스스로 다른 사람들을 판단한다면 나는 잘못 생각하는 것이다. 나는 어떤 정념들에 쉽게 빠지곤 하며, 이러저러한 사물들에 대해 애착이나 혐오를 느끼고, 나는 다른 사람들이 나와 닮았다고 판단한다. 그런데 내 추측은 종종 거짓이다. 그런 식으로 우리가 다른 사람들에게 갖는 지식은 우리 자신에 품는 감정을 통해서만 판단한다면 오류에 빠지기 쉽다.

신, 우리 자신, 신체, 순수 정신과는 다른 어떤 존재들이 있다면 그것은 우리에게 알려지지 않은 것이다. 우리는 그런 존재가 있음을 납득하기 위해 애를 쓴다. 그와는 반대되는 주장을 하는 어떤 철학자들의 근거를 검토한 뒤에 우리는 그 근거들이 거짓임을 알았다. 이 점을 통해 모든 사람들은 같은 본성을 가졌으므로 우리 모두 동일한 관념을 가졌다는 우리의 생각을 굳힐 수 있다. 우리 모두는 동일한 것을 알 필요가 있으니 말이다.

8장

I. 많은 철학자들로 하여금 진정한 자연학의 견고한 원칙들을 인정치 못하게 하는 일반 철학의 대부분의 공상에 대해서

신의 현전은 명확하고 내적이고 틀림없는 것이다. 그것은 인간 정신에 나타나는 특별히 무제한적 존재, 무한한 존재, 보편적 존재를 말한다. 그 존재는 유한한 모든 대상들의 현전보다 강력하게 인간 정신에 작용한다. 존재의 이러한 일반 관념을 완전히 벗어나기란 불가능하다. 그 존재는 신 외부에 남아 있을 수 없기 때문이다. 아마 그 존재가 개별적 존재들을 생각할 수 있으므로 신으로부터 멀어질 수 있다고 말할 수는 있을 테지만 이는 잘못 생각하는 것이다. 정신이 어떤 개별적 존재를 고려할 때 모든 다른 완전성들로부터 멀어지면서 그 존재를 나타내는 완전성들 중 어떤 하나에 대해 말할 수 있다면 신에게 가까이 가는 것만큼 멀어지는 것도 아니기 때문이다.

그러나 정신은 거의 항상 완전성을 시야에서 완전히 놓치는 일이 없이 완전성을 찾아 나서서 가까워질 수 있다. 완전성은 언제나 정신에 드러나지만, 정신은 빈약하고 존재의 관념은 거대하므로 정신은 불가해한 혼란에 빠져서야 완전성을 보기 시작하는 것이다. 얼마간 자기 자신을 생각하지 않은 채 있을 수는 있다. 그러나 내가 보기에 그 존재를 생각하지 않고는 잠시도 남아 있을 수 없을 것이다. 아무것도 생각하지 않는다고 믿는 동시에 틀림없이 그 존재의 모호하고 보편적인 관념에 빠져 있게 된다.

그런데 우리로서는 대단히 일상적이고 우리와는 관련 없는 일들은 정신을 강한 힘으로 자극하지 않으며, 정신은 그 일들을 깊이 성찰할 필요가 없으므로, 그 존재의 관념이 아무리 거대하고 광대하고 실재하고 확실할지라도 우리에게는 대단히 익숙하고 거의 자극하는 법이 없으므로 우리는 거의 그것을 보지 않는다고 생각하고, 그것에 대한 성찰을 하지 않고, 그다음에는 현실성이 없으며, 모든 개별적 관념들을 혼란스럽게 모아둔 것일 뿐이라고 판단한다. 이와는 반대로 이 존재의 관념에서만, 또 그 관념을 통해서만 모든 존재들을 개별적으로 보기 시작하는 것인데 말이다.

우리와 우리의 신체가 결합함으로써 실재와는 다른 방식으로 제시된 관념들을 얻게 되듯이, 우리와 신의 말씀, 즉 지고한 이성이 즉각 결합함으로써 얻게 되는 이 관념은 그 자체로는 우리를 속이지 못하지만, 나는 주저하지 않고 우리가 가장 훌륭한 것들을 대단히 잘못 사용할 때, 사라지지 않고 나타나는 이 관념이 현전하게 됨으로써 정신이 과도하게 추상화되고, 그 결과 철학을 추상적이고 비현실적이게 되게끔 만드는 주된 원인들 중 하나가 된다고 말하는 것이다.

그 철학은 행위, 역량, 원인, 결과, 실체 형상, 능력, 불가해한 특질 등의 일반명사를 통해 자연적 모든 결과를 설명하려 든다. 이 모든 용어들과 여러 다른 용어들을 들을 때 정신에는 모호하고 일반적인 관념들이 아닌 다른 관념들이, 우리로서는 어려움 없이, 노력 없이 그 자체로 정신에 나타나는 이들 관념, 존재의 지워지지 않는 관념이 포함하는 이들 관념이 떠오르지 않는다는 것이 확실하다.

최대한 주의를 기울여 정의란 정의들이며, 실체 형상에 대한 설명을 읽어 보자. 철학자들이 자기들 좋을 대로 상상하는 이 모든 개체들의 본질이 무엇인지 세심히 연구해야 한다. 그 개체들의 수가 상당히 많으므로 철학자들은 이를 여러 차례 나누고 다시 하위 범주로 나누지 않을 수 없다. 그러면 나는 존재와 일반적 원인의 관념과는 다른 이 모든 사물들의 개념이 정신에 떠오르지 않으리라 확신하는 것이다.

철학자들에게는 보통 다음과 같은 일이 발생한다. 그들이 어떤 새로운 결과를 본다. 그들은 그 결과를 산출하기 위해 바로 새로운 개체를 상상한다. 불이 타오른다. 그러므로 이러한 결과를 산출하는 어떤 개체가 불 속에 있는데, 그때 그 개체는 불을 구성하는 물질과는 다르다. 불은 물체들을 분리하고, 그것을 재나 유리로 만들고, 건조하게 하고, 강화하고, 무르게 하고, 팽창시키고, 정화하고, 우리를 덥혀 주고, 우리에게 빛을 비춰주는 등 다양한 결과를 가능하게 하므로, 철학자들은 불에 산출될 수 있는 상이한 결과만큼 실질적 능력이나 특질을 후하게 부여하게 된다.

그러나 철학자들이 이들 능력에 부여한 정의들을 성찰해 본다면 그것은 논리적 정의들일 뿐, 정신이 산출된 결과에 결부한 존재 및 원인

일반의 관념과는 다른 관념들을 떠올리게 하지 않는다는 점을 인정하게 될 것이다. 그래서 그 관념들을 열심히 연구했을 때 더 잘 알게 되는 것은 아니다. 이런 유의 연구에서 나오는 것이란 훨씬 덜 알고 있는 것을 다른 사람들보다 더 잘 안다고 상상하는 것뿐이다. 한 번도 존재하지 않았던 여러 개체들을 가정할 뿐 아니라, 선입견에 사로잡혀 있는 우리는 어떻게 불과 같은 물질이 상이하게 배치된 물체들에 부딪혀 움직일 때 그 물질이 우리가 불이 만들어 내는 것으로 알고 있는 모든 상이한 결과들을 산출할 수 있는지 설명할 수 없기 때문이기도 하다.

독서라곤 거의 해본 적 없는 모든 사람들에게 과학을 다룬 거의 모든 책들, 특히 그중에서도 자연학, 의학, 화학 및 자연의 특별한 모든 것들을 다룬 책들은 일차적 특질들 및, '인력' '억제력' '소화력消化力' '배출력', 그리고 이와 비슷한 다른 이차적인 특질들, 불가사의하다고 불리는 다른 특질들, 특별한 힘, 존재의 일반 관념과 저자들이 본 결과의 원인의 관념으로 구성된 다른 여러 개체들에 기초한 추론으로 가득하다는 점이 분명하다. 이는 저자들이 보편 존재의 관념을 그저 쉽게 고려하는 까닭에 일어날 수 있는 것처럼 보인다. 그 관념은 모든 존재들을 포함하는 존재의 내적 현존을 통해서 그들의 정신에 항상 제시되는 것이다.

보통 철학자들이 자연의 사물에 대해 언급하는 데 딱 맞는 용어들을 제공해 줄 자연학을 그저 논리학처럼 제시하는 데 그쳤고, 사람들이 이해할 수 있도록 분명하고 개별적 관념들을 결부하는 용어들을 방치했다고 해도 그들의 방식을 전혀 비난할 수 없었을 것이다.

그러나 그 철학자들 자신이 자연이 마치 추상적이기라도 했듯 일반적이고 추상적인 관념들을 통해 이를 설명하고 싶어 했다. 이들 철학자는 그들 모두의 스승이었던 아리스토텔레스의 자연학이 그저 단순한 논리학이 아니라 사물의 본질을 설명하는 진정한 자연학임을 절대적으로 믿고 있는 것이다. 그러나 아리스토텔레스의 자연학에는 온갖 종류의 철학에 두루 쓰일 수도 있을 대단히 모호한 정의들과 대단히 일반적인 용어들 밖에 없다. 결국 그를 따르는 철학자들은 이들 모든 상상의 개체들 및 그들의 정신에 자연스럽게 생겨나는 모호하고 확정되지 않은 관념들에 지나치게 외곬으로 빠져듦으로써 사물들의 실재 관념이 갖는 견고함과 명백성을 인정할 수 있도록 그 관념들에 충분히 멈춰서 고려할 수 없다. 또한 바로 이 점이 그들이 자연학의 진정한 원칙들에 극단적으로 무지한 원인이다. 이를 위해서는 증거가 필요하다.

II. 물질의 본질에 관련된 사례

철학자들은 한 사물에서 처음으로 인정된 것, 그 사물과 분리할 수 없고, 그 사물에 적합한 모든 속성이 비롯되는 것을 그 사물의 본질[1]로 봐야 한다는 점에 충분히 동의한다. 그래서 물질의 본질이 무엇으로 이루어졌는지 찾으려면 그 물질에 적합한 속성들이나, 강도, 무르기,

---

1 '본질'(essence)이라는 말의 정의를 수용한다면 나머지가 전부 증명된다. 그렇지만 그 정의를 수용하지 않는다면 물질의 본질을 이루는 것이 무엇인지를 아는 것은 그저 이름의 문제에 불과하게 된다. 정확히 말하자면 그것으로는 문제에 깊이 들어설 수 없다.

유동성, 운동, 정지, 형상, 가분성, 불가입성, 연장과 같이 우리가 그 물질에 품는 관념에 포함되는 모든 속성들을 검토한 뒤, 우선 이 모든 속성들 중 무엇이 그 물질과 분리될 수 없는 것인지 고려해야 한다. 이런 식으로 강도, 무르기, 유동성, 운동, 정지는 물질에서 분리될 수 있는 것이, 단단하지 않은 상태이거나, 유동성이 없거나, 무른 성질이 없거나, 운동하지 않거나, 정지 상태에 놓여 있지 않은 물체들이 여럿 있으니 말이다. 이로부터 이 모든 속성들이 물체에 본질적인 것은 아님이 분명해진다.

그런데 우리가 생각하기에 물질과 분리 불가한 형상, 가분성可分性, 불不가입성, 연장의 네 가지가 아직 남아 있다. 그래서 본질로 간주해야 하는 속성이 무엇인지 알려면 이들을 분리할 생각이어서는 안 되고 무엇이 다른 것을 전제하지 않는 첫 번째 것인지 검토해야 한다. 형상, 가분성, 불가입성은 연장을 전제로 하지만 연장은 그 무엇도 전제하지 않으며, 연장이 주어지자마자 가분성, 불가입성, 형상이 주어진다는 점을 쉽게 알게 된다. 그래서 우리가 내려야 할 결론은 연장을 방금 우리가 말한 속성, 혹은 유사한 다른 속성들만을 갖는다고 전제한다면 연장이야말로 물질의 본질이라는 것이다. 이 점을 깊이 생각해 보고도 의심할 수 있는 사람은 세상에 아무도 없다고 나는 생각한다.

그런데 난점은 물질에는 연장 및 연장에 종속하는 속성들과는 다른 어떤 다른 속성이 또 있는 것은 아닌지 아는 데 있다. 그렇게 되면 연장 자체는 물질에 본질적이지 않게 되며, 물질의 동기와 원리일 수 있는 무엇인가를 전제하게 된다.

여러 사람들이 물질에 대해 갖고 있는 관념을 알려진 모든 속성을 통해 유심히 검토하고, 정신의 힘과 능력이 허락하는 만큼 자연의 결과들을 깊이 성찰한 뒤에, 연장은 물질 속에 어떤 것의 존재도 가정하지 않는다는 점을 강력하게 확신했는데, 그 이유는 그들이 그렇게 연장에 선행한다고 주장된 것에 대한 뚜렷하고 개별적 관념을 전혀 갖지 않았기 때문이거나, 연장을 입증하는 결과를 전혀 본 적이 없기 때문이다.

마찬가지로 시계가 그것의 구성 물질과 다른 어떤 개체도 갖지 않는다는 점을 확신하기 위해서는 상이하게 배치된 태엽들이 어떻게 시계의 모든 운동을 만들어 낼 수 있는지 알고, 이것 이외에 논리적으로는 여럿이겠지만 이 운동의 원인이 될 수 있을 것과는 뚜렷이 구분되는 어떤 관념도 갖지 않는 것으로 충분하다. 이들이 물질에서 제거했을 때 물질에 존재할 수 있는 것의 판명한 관념을 갖지 않았고, 그것이 무엇인지 알게 해 주는 속성을 전혀 모르고, 연장이 주어지면 물질에 속한다고 생각되는 모든 속성들이 주어지고, 물질은 다양한 형상을 띠고 다양한 지극을 받은 연장이 산출할 수 있으리라고 우리가 생각할 수 있는 어떤 결과의 원인도 아니기 때문이다. 그들은 이를 통해 연장이 물질의 본질이라고 확신한 것이다.

그런데 사람들에게 시계의 태엽에 어떤 지성이나 새롭게 창조된 어떤 개체가 존재하지 않는다는 점에 대한 확실한 증거가 없는 것과 마찬가지로, 누구도 특별한 계시 없이는 돌에는 다양한 형상을 갖는 연장뿐이라는 점을 기하학의 증명처럼 확신할 수 없다. 우리가 그것에 대한 관념이 전혀 없으므로 가능하다고 생각하지 않았던 다른 어떤 것이 연장과 결합하는 일이 분명히 가능하기 때문이다. 비록 그렇게 믿고 확신하는 것은 대단히 비상식적인 것으로 보이기는 하지만 말이다. 우리가 전혀 모르고 전혀 생각하지 않은 것을 확신하는 것은 이성에 반反하는 일인 까닭이다.

물질의 연장과는 다른 어떤 것이 존재하리라 가정할지라도 주의만 기울인다면 그럼에도 우리가 조금 전에 이 단어에 부여했던 정의에 따라 연장은 물질의 본성일 것이다. 결국 세상에 존재하는 모든 것은 어떤 존재이거나, 어떤 존재의 방식임이 틀림없기 때문이다. 주의 깊은 사람이라면 이 점을 부정할 수 없다. 그런데 연장은 어떤 존재의 방식이 아니므로, 어떤 존재라 할 것이다. 그런데 신체와 정신의 결합인 사람처럼 물질은 여러 존재들의 결합이 아니고, 오직 단 하나의 존재일 뿐이므로 물질이 연장과 다른 어떤 것이 아니라는 점이 분명하다.

이제 연장이 어떤 존재의 방식이 아니라 정말로 존재임을 증명하기 위해서 어떤 존재의 방식을 생각할 수 없고, 동시에 존재의 방식으로서의 존재를 생각할 수 없음에 주목해야 한다. 예를 들어 연장 없이는 둥긂을 생각할 수 없다. 한 존재의 방식은 그런 방식의 존재 자체일 뿐이므로, 예를 들어 밀랍의 둥긂이 그러한 방식의 밀랍 자체일 뿐이므로, 존재 없는 방식을 상상할 수 없으니 말이다. 그러므로 연장이 한 존재의 방식이었다면 연장이 방식이 되는 존재 없이 연장을 생각할 수 없을 것이다. 그러나 연장만을 이해하기란 대단히 쉬운 일이다. 그러므로 연장은 어떤 존재의 방식이 아니며, 그 결과 연장은 그 자체로 존재이다. 그래서 물질이 여러 존재들의 복합물이 아니고 그저 존재일 뿐이므로 우리가 말했듯이 연장은 물질의 본질을 이룬다.

그러나 여러 철학자들은 일반 관념들과 논리학의 개체들에 대단히 능숙하므로 그들의 정신은 그 관념과 개체들을 하나하나 개별적으로 뚜렷이 구분하고, 신체적 관념과 개체들보다 더 관심 있게 다룬다. 이로써 자연의 사물들에 대한 이들 철학자의 추론이 논리, 현실태, 가능태 및 그들이 실재하는 개체들과 구분하지 않는 무수히 많은 수의 상상의 개체들의 개념에 근거를 둘 뿐이라는 점이 분명히 드러난다. 그러므로 그들은 물체들의 방식에서 경이로울 정도로 쉽게 자기들이 보고 싶어 하는 것만 찾으므로 다른 사람들보다 더 뛰어난 관점을 가졌으며, 연장은 무언가를 전제하고, 연장이 될 수 있는 물질이 갖는 한 가지 속성일 뿐임을 명백히 알고 있다고 상상한다.

그러나 그들더러 연장 너머 물질 속에서 지각한다고 주장하는 이 점을 설명해 보라고 한다면 그들은 여러 가지 방식으로 설명하고, 이를 보면 그들은 존재 혹은 실체 일반과는 다른 관념이 없음을 알게 된다. 이 관념에 물질에 적합한 개별적 속성들이 포함되지 않았음에 주의할 때 이 점이 명확해 보인다. 물질에서 연장을 제거한다면 그들이 물질의 본질이라고 생각하는 그것은 그대로 남겨 두면서도 물질에 분명히 속한다고 생각하는 모든 속성과 모든 특성을 제거하게 된다. 그것으로 하늘도, 땅도, 우리가 보는 그 무엇도 만들 수 없음이 명백하다. 이와는 반대로 연장을 남겨 두고 그들이 물질의 본질로 생각하는 것을 제거한다면 물질이라는 관념에 분명히 포함되었다고 생각되는 모든 속성과 특성이 남는다. 연장만으로 하늘, 땅, 우리가 보는 세계 전체 및 무한히 많은 다른 것들을 만들 수 있음이 확실하니 말이다. 그래서 그들이 연장 너머에 있다고 가정하는 이 어떤 것에는 우리가 분명히 그것에 속한다고 생각하고, 그것에 대해 갖는 관념에 분명히 포함되어 있을 속성들이 전혀 들어 있지 않으므로 우리가 그 논거를 신뢰한다면 실재적인 것이 전혀 없고, 자연적 결과를 설명하는 데 전혀 도움이 될 수 없다.

또한 연장의 '동기sujet'와 '원리'라고 말하는 것은 '무상gratis'의 의미이다. 말하는 것을 뚜렷이 이해하지 못한다면, 다시 말하면 동기와 원리처럼 일반적이고 논리적인 관념과는 다른 관념을 갖지 않는다면 말이다. 그래서 연장이라는 주제의 새로운 '동기'와 새로운 '원리'를 상상해 볼 수 있을 것이고, 그렇게 무한히 나아갈 수 있다. 정신은 자기 좋을 대로 '동기'와 '원리'의 일반 관념을 머릿속에 그리는 까닭이다.

사람들이 이 문제에 대해 어떤 근거를 갖지 않았다면 그들의 물질에 대한 관념이 그렇게나 심각하게 모호해지지 않았을 것이며, 여러 사람들이 신학 원리들을 통해서 상반된 생각을 지지하리라는 점이 사실이다. 분명 연장은 물질의 본질이 아니다. 이 점이 신앙과 모순될지라도 우리는 그 점에 동의한다. 다행스럽게 신 덕분에 인간 정신은 나약하고 제한적임을 확신하는 것이다. 우리는 상상도 하지 못할 정도로 신의 무한한 역량을 측정해 보기에 우리 정신의 폭은 너무도 좁고, 신이 우리에게 관념을 마련해 준 이유는 자연의 질서에 따라 일어나는 일들을 가르쳐 주고자 했던 것이고, 그 나머지를 신은 우리에게 감춰 놓고 있다는 점은 누구나 알고 있다. 그러므로 우리는 언제나 정신이 신앙을 따를 채비가 되어 있다. 그런데 조금 전 말한 논거들을 무너뜨리기 위해서 보통 제시하는 것과는 다른 증거들이 필요하다. 신앙의 신비를 설명하는 방식은 신앙과는 무관하고 우리는 그 방식이 명확히 설명될 수 있음을 몰라도 그 신비를 믿기 때문이다.

예를 들어 우리는 정신으로는 이해할 수 없지만 삼위일체三位一體의 신비를 믿는다. 두 위격은 세 번째 위격과 다르지 않고 이 세 위격 사이에 차이가 없음을 믿는 것이다. 이 명제가 그 점을 무너뜨리는 것처럼 보여도 말이다. 자기 정신의 능력에 맞는 주제들에 대해서만 정신을 사용해야 하고, 우리가 말하는 신비를 눈이 멀지 않을까 하는 걱정에 똑바로 바라봐서는 안 된다는 점을 "신의 존엄을 측정하고자 하는 자신의 영광으로 무너지리라."2는 성령聖靈의 고지에 따라서 확신하는 것이다.

그러나 어떤 사람들의 정신을 충족시키기 위해 물질에 대한 생각과 우리가 신앙에서 성변화聖變化, transsubstantiation를 통해 알고 있는 것이 어떻게 일치하는지 설명하는 일이 적절했으리라 믿는다면 아마 이 점을 충분히 뚜렷하고 명확하게 믿었을 것이다. 확실히 그 설명은 교회의 결정에 전혀 반反하는 것이 아닐 것이다. 그렇지만 특히 이 책에서는 이 설명을 굳이 하지 않아도 좋을 것이다.

교황청의 성부聖父들이 거의 언제나 이 신비를 언급할 때마다 이해할 수 없는 것이라고 말했으며, 이를 설명하기 위해서 철학의 노력을 기울이지 않았고, 보통 대단히 부정확한 비유를 드는 것으로 만족했음에 주목해야 한다. 그렇지만 그들의 비유는 정신을 만족시킬 수 있는 설명을 내놓으려는 목적 이상으로 이 교의敎義를 이해시킬 목적에 적합한 것이었다. 그래서 이 전통은 이 신비를 주제로 철학하지 않고, 대단히 난해한 이 문제들에 불필요하게 휘말려 고생하는 일 없이 정신을 신앙

2 [옮긴이] 〈잠언〉 25장 27절.

에 따르도록 하는 사람들을 위한 것이다.

그러므로 철학자들에게 예수 그리스도의 신체가 성체聖體, l'Eucharistie에 존재하는 방식을 명확하고 쉽게 설명하라고 요구했다면 이는 잘못된 일이리라. 그것은 철학자들에게 신학의 새로운 교의를 설명하라고 요구하는 일일 테니 말이다. 또한 철학자들이 이 질문에 경솔하게 대답했다면 철학에 대해서든 신학에 대해서든 그들은 비난을 피할 수 없을 것이다. 설명이 모호했다면 그들이 내세우는 철학의 원리를 정당하게 무시할 것이고, 답변이 명확하거나 쉬웠다면 그들이 주장하는 신학의 새로움이 성변화의 교의에 부합하더라도 사람들의 두려움을 샀을 것이다.

그래서 신학 분야에서 새롭다는 것은 오류의 특징을 띠고, 전통에 토대를 두지 않고 새롭다는 이유만으로 의견들이 무시될 수 있으므로 긴급한 이유가 아니라면 성부들과 공의회에서 고스란히 설명되지 않은 문제들을 이해하기 쉽고 수월하게 설명하려고 시도해서는 안 된다. 성변화의 교의는 그것이 어떻게 이루어지는지 방식을 설명하려고 하지 않고 그 교의를 지키는 것으로 족하다. 다른 식의 설명은 벌써 차고 넘치는 논쟁과 불화의 새로운 씨앗을 뿌리는 일일 테니 말이다. 진리의 적들은 자기들의 적을 억압하기 위해 틀림없이 그것을 악의적으로 이용할 것이다.

신학의 해석의 영역에서 일어나는 논쟁들은 그보다 더 무용할 수 없고 그보다 더 위험할 수 없는 것 같다. 신앙심이 깊은 사람들조차 자기들의 생각에 동의하지 않는 사람들과는 애덕愛德의 관계를 끊을 수 있다고 생각하기 때문에 그만큼 더 걱정스러운 것이다. 우리는 필요 이상의 경험을 했고 그 원인은 깊이 숨겨지지 않았다. 그래서 명확하지 않고 다른 사람들은 이해할 준비가 되지 않은 문제들에 대해 성급히 말하지 않는 것이 언제나 가장 훌륭하고 가장 확실한 일이다.

믿어야 할 필요가 없는 신앙의 신비를 모호하고 불확실하게 설명한 것을 철학적 추론을 위한 규칙과 원칙으로 삼아서는 안 된다. 철학에서는 오직 명증성만이 우리를 설득하게 된다. 연장, 형상, 국지적 운동에 대한 명석판명한 관념들을, 원리나 동기, 연장, 형상, 실질quiddités, 실질적 성격, 발생, 부패, 변질의 운동들 및 국지적 운동과 구분되는 다른 유사한 운동들의 일반적이고 모호한 관념들을 명목으로 삼아 변형시켜서는 안 된다.

실질적 관념은 실질적 학문을 만들게 되겠지만 일반적이고 논리적인 관념들은 모호하고, 피상적이고, 소득이 없는 학문이나 만들 것이다. 그러므로 사물들에 포함된 속성들을 인정하기 위해서는 그 사물들의 뚜렷하고 개별적인 관념들을 꼼꼼한 주의를 기울여 고려해야 하고, 몇몇 철학자들의 이성에나 존재할 뿐인 공상에 휩쓸려 길을 잃는 대신 사물의 본성을 연구해야 한다.

더욱이 영혼이 정신적이고 불멸이라는 이 진리가 종교와 도덕에 반드시 필요하며, 지난번 라테란 공의회의 결정처럼 철학자들은 그 진리를 가르치고 그 진리를 반박하는 추론을 논박해야 한다. 그런데 물질의 본질이 가로, 세로, 높이를 갖는 연장이 아니라 우리가 모르는 다른 무엇이라고 가정한다면, 리베르탱이 감각적이고 그럴싸한 근거를 내세워 물질로 된 두뇌가 사유하고 추론하고 의욕한다는 점을 입증하면서 범하는 오류를 어떻게 반박할 것인가? 우리가 알지 못하는 어떤 사물이 이러저러한 속성을 갖지 않는다는 것을 입증하고 두뇌에 상처를 입었을 때 더 이상 생각을 할 수 없거나 잘못 생각을 하게 된다는 것을 아는 사람으로 하여금 오류를 인정하게 할 수 있을까?

더욱이 성부들과 특히 다른 이들 가운데 성 아우구스티누스가 연장은 물질의 본질이며, 누구도 예수 그리스도와 같이 유기적 신체가 자연적인 한 점이 아니라 수학적 한 점으로(나는 자연적physique 한 점이라고 말하지 않는데, 신은 이 연장이 무한히 나뉠 수 있으므로 십억 개의 유기적 신체들을 모래 한 알의 연장으로 줄여 버릴 수 있음을 누구나 명확히 이해하기 때문이다) 귀결할 수 있다고는 누구도 생각할 수 없으리라는 것을 항상 인정했으니, 예수 그리스도의 신체가 성체에 깃들 때는 전혀 연장을 갖지 않는다는 점을 주장하면서 성변화의 교의를 옹호하고 이단자들에게 신앙을 되찾아 줄 수 있다고 생각하는가?

반대로 성 아우구스티누스가 "신체에서 연장을 제거해 보라. 그러면 여러분은 신체를 파괴하리라"고 말했을 때 그가 틀렸다는 점이 확실하지 않다면 앞의 주장을 무너뜨리면 어쩌나 걱정해서는 안 된다. 그러므로 교회는 오류를 범하지 않으니 교회에서 결정된 교의를 믿어 보고, 사람들이 제시하는 설명에 대한 판단을 유보하도록 하자.[3]

---

3 내 책《루이 드 라 빌 씨의 반박에 대한 변론》(*Défense contre les accusations de M. Louis de La Ville*)를 참조. 이 책은《자연과 은총에 대한 논고》의 말미에 인쇄되었다. 또한《형이상학과 종교에 대한 대담》(*Entretiens sur la métaphysique et sur la religion*)의 13번째 대담의 10절부터 끝까지를 참조.

9장

I. 우리가 범하는 오류들의 마지막 일반 원인

지금까지 우리는 순수 지성 혹은 그 자체로 고려된 정신의 본성 및 관념들의 본성, 즉 정신이 외부 대상을 지각하는 방식에서 어떤 기회원인이 개입되어 일으켰다고 할 수 있는 오류들에 대해 논했다. 이제 남은 것은 우리가 범하는 모든 오류들의 보편적이고 일반적인 원인을 설명하는 일이다. 우리는 그 원인을 어떤 방식으로든 벗어나는 오류는 상상할 수 없으니 말이다. 무는 자신을 재현하는 관념을 갖지 않으므로 정신은 제게 관념이 없는 사물은 존재하지 않는다고 믿는 경향이 있다.

우리 오류들의 일반적 기원은 이미 여러 번 말했듯이 우리의 판단의 폭이 지각의 폭보다 더 크다는 데 있음이 분명하다. 우리는 어떤 대상을 고려할 때 보통 그 대상의 한쪽을 통해서만 검토하지만, 그렇게 고려한 쪽에 대해 판단하는 것으로 만족하지 않고 그 대상 전체에 대해 판단하기 때문이다. 그래서 우리가 그 대상을 검토했던 쪽에서 그것이 바르더라도 통상 다른 쪽이 거짓이라고 생각하기 때문에 잘못 생각하는 일이 종종 벌어진다. 또 우리가 바르다고 믿는 것은 그저 사실임 직한 것일 뿐이다. 그런데 우리가 그 대상의 모든 측면을 검토했다고 생각하지 않았다거나, 그 모든 측면이 우리가 검토했던 대상과 닮지 않았다고 가정하지 않았다면 우리가 판단하곤 하듯 사물들을 전적으로 판단하지 못하게 되리라는 점이 분명하다. 그래서 우리의 오류의 일반 원인은 우리가 검토하는 대상의 다른 쪽들의 관념을 갖지 않거나, 그 다른 쪽들과 우리 정신에 제시된 쪽에 차이가 없으므로 그 다른 쪽들이 존재하지 않는다고 믿거나 적어도 그 다른 쪽들에 특별한 차이가 없다고 가정하기 때문이다.

우리에게는 이 태도가 대단히 합리적으로 보인다. 무無는 정신 속에서 관념을 만들지는 않지만 정신 속에 관념을 만들지 않는 사물들을 검토할 때 그것들이 무와 닮았다고 믿을 만한 이유가 충분하다. 우리에게 이런 생각을 굳히게 해주는 것은 우리가 사물들의 관념들은 우리의 본성에 기인하고, 그런 식으로 정신을 따르므로 정신이 바라자마자 정신에 떠오르는 것이 틀림없다는 점을 일종의 본능에 따라 확신하기 때문이다.

II. 사물들의 관념이 우리가 원하자마자 정신에 제시되는 것은 아니다

그런데 우리 본성의 현재 상태를 성찰해 봤다면 우리가 바라자마자 사물들의 모든 관념을 갖게 된다고 믿는 강한 성향을 갖게 되지는 않을 것 같다. 말하자면 원죄 이후의 인간은 그저 살과 피일 뿐이다. 감각과 정념이 조금이라도 자극되면 정신이 집중하는 가장 강력한 주의가 중단된다. 또 정기와 피의 흐름이 주의 깊은 정신을 날려 보내고 계속 정신이 감각대상을 향하도록 만든다.

정신을 휩쓰는 이 격류를 거슬러 보고자 저항한대도 대부분 헛일이다. 더욱이 정신이 맞서볼 생각을 하는 일도 거의 없다. 그 격류에 몸을 맡기는 일은 너무도 달콤하고, 격류에 맞서는 일은 너무도 피곤한 일이다.

그러므로 정신이 어떤 진리를 취하거나 그 진리에 멈춰서기 위해 어떤 노력을 기울이자마자 반발을 사고 주저앉게 된다. 우리의 현재 상태에서 사물들의 관념을 고려하고자 할 때마다 정신에 제시된다는 것은 절대 거짓이다. 그래서 그 사물에 대해 전혀 관념을 갖지 않았다는 점만으로 그 사물이 존재하지 않는다고 판단해서는 안 된다.

III. 모든 유한한 정신은 오류에 빠질 수 있다

그런데 인간을 정신과 관념을 절대적으로 통제할 수 있는 존재로 간주하더라도 인간은 본성상 틀림없이 오류에 빠질 것이다. 인간의 정신은 제한되어 있고, 모든 제한된 정신은 본성상 오류에 빠지기 쉬우니 말이다. 그 이유는 아무리 사소한 사물들이라도 서로 무한히 많은 수의 관계를 가지므로, 그 사물들을 이해하려면 무한한 정신이 필요하기 때문이다. 그래서 제한된 정신은 제 아무리 노력한들 이들 모든 관계를 포괄할 수도 이해할 수도 없으므로 정신은 자기가 지각하지 않는 관계들은 존재하지 않는다고 쉽게 믿어버리고 만다. 특히 정신이 나약하고 제한되어 있음에 주의를 기울이지 않을 때 그러하며, 이런 일이 일상다반사이다. 그래서 정신이 제한되었다는 것만으로도 오류에 빠지고 마는 능력을 갖게 된다. 그러나 인간이 나약하고 타락한 상태에 처해 있을 때조차 항상 올바로 자유를 사용했다면 결코 잘못 생각하는 일은 없을 것이다. 그렇기 때문에 누구든 오류에 빠졌을 때 비난받는 일은 정당하며, 심지어는 처벌을 받기까지 하는 것이다. 잘못 생각하는 일이 없으려면 보이는 것만 판단하고, 사물의 모든 부분들을 검토했노라고 확신할 때를 제외한다면 전반적 판단을 내리지 않는 것으로 충분하다. 이는 사람들이 할 수 있는 일이다.

그런데 사람들은 진리의 규칙을 따르는 것보다는 오류에 복종하는 것을 더 좋아한다. 사람들은 힘들이지 않고 검토하는 일 없이 판정을 내리고 싶어 한다. 그래서 사람들이 무한히 많은 오류에 빠지고, 종종 너무도 불확실한 판단을 내린다고 해도 놀라서는 안 된다.

IV. 우리는 오직 물체나 정신만 창조되었는지, 신은 우리가 정신을 이해하는 것과 같은 정신인지 판단할 수 없다

예를 들어 사람들은 정신과 신체, 즉 사유하고 연장을 갖는 것과는 다른 실체에 대한 관념들을 갖지 않는다. 그래서 이로부터 사람들은 존재하는 모든 것은 신체가 아니면 정신이라는 결론을 내릴 수 있다고 주장한다. 신체도 정신도 아닌 어떤 실체가 존재한다는 점을 내가 확신한다고 주장하는 것은 아니지만, 어떤 사물을 우리가 전혀 모를 때 그 사물들이 존재한다고 확신해서는 안 된다. 신은 자신의 창조물을 우리에게 감추지 않으므로 우리에게 이에 대한 어떤 관념을 제공할 수 있음 직하기 때문이다.

그러나 나는 신이 존재들을 창조하면서 우리로서는 알 수 없는 이유로 이 존재들을 우리에게 감추는 일도 절대적으로 가능하기 때문에 우리가 그 존재들에 대해 갖는 관념을 통해 그 존재들을 몇 개의 종種으로 나누었는지에 대해서는 확정할 수 없다. 그 존재들이 우리와 아무 관계도 갖지 않을 때 우리가 그 존재들을 알아보는 일이 불필요한 일일 때라면 말이다. 이는 신이 진드기의 이齒가 몇 개인지 셀 수 있을 정도로 밝은 눈을 주지 않았던 것과 마찬가지이다.

그런데 모든 존재는 정신이 아니면 신체일 것이라고 성급하게 판단할 일이 아니라고 생각하더라도 우리는 그 점이 완전히 이성에 반反하는 것이고, 몇몇 철학자들은 자연적 결과들을 설명하기 위해 사유와 연장을 따르는 것과는 다른 관념을 이용한다고 믿는 것이다. 사실 그것이 우리가 갖는 유일하게 뚜렷하거나 개별적 관념들이니 말이다.

논리학의 단순 관념들에 무한한 수의 존재가 있다고 상상하고, 그 존재들이 무한한 수의 속성을 가졌다고 생각하며, 그런 식으로 이해되지 않을 뿐 아니라 이해할 수조차 없는 사물들을 설명하고자 하는 것만큼 불합리한 일은 없다.

이는 서로 색色에 대해 말하고 그것에 대한 주장을 옹호하고자 하면서 이를 위해 철학자들이 제시한 정의들을 이용하고, 그 정의들로부터 여러 결론을 끌어내려고 하는 맹인들의 경우와 같다. 이 맹인들이 색에 대해 전개할 수 있는 추론이란 괴상하고 우스꽝스러울 수밖에 없다. 그들은 색에 대해 뚜렷한 관념을 갖지 못하므로 일반적이고 논리적인 관념들을 기초로 해서 추론하고자 할 뿐이니 말이다.

그래서 철학자들은 일반적이고 논리적인 관념들, 현실태, 가능태, 존재, 원인, 원리, 형상, 특질 및 이와 유사한 다른 관념들만을 이용할 때 자연의 결과에 대해 견고한 추론을 할 수 없는 것이다. 철학자들은 사유와 연장에 대한 뚜렷하고 개별적인 관념들, 그것이 포함하거나 우리가 그것으로 추론할 수 있는 관념들만을 근거로 삼아야만 한다. 우리가 그것에 대해 가진 뚜렷한 관념들을 고려하지 않은 채 자연을 알게 되리라고 기대해서는 안 되기 때문이다. 공상을 깊이 생각하는 것보다는 아예 하지 않는 편이 낫다.

그러나 세상에는 정신과 신체, 사유하는 존재와 연장을 가진 존재뿐이라고 단언해서는 안 되는 것이, 우리가 틀릴 수도 있기 때문이다. 자연을 설명하는 데 앞에 말한 그것들로 충분하고, 그 결과 우리가 잘못 생각할까봐 걱정할 필요 없이 우리가 어느 정도 알고 있는 자연적 사물들이 연장과 사유에 종속된다는 결론을 내릴 수 있더라도, 우리에게 그것에 대한 관념이 전혀 없고 그것으로부터 어떤 결과가 나올지도 모르는 어떤 다른 것이 분명 존재할 수도 있는 것이다.

그러므로 모든 실체는 신체가 아니면 정신임을 마치 확실한 원리라도 되듯 판단하는 것은 성급한 것이다. 그리고 사람들이 신이 정신이라는 점을 그저 이성의 빛을 통해 결론내릴 때 그들의 결론 역시 성급한 것이다. 우리는 신의 이미지를 따라 신을 닮게 창조된 데다, 성경의 여러 대목에서 신이 정신[1]임을 알게 되므로 이 점을 믿어야 하고 또 신은 정신이라고 불러야 한다는 점이 사실이다.

그런데 이성만으로 우리가 이 점을 알 수 있는 것은 아니다. 이성을 통해 우리가 알 수 있는 것은 단지 신이 무한히 완전한 존재이고, 우리의 영혼이 신체보다 더 완전하므로 신은 신체보다는 오히려 정신임에 틀림없다는 점뿐이다. 그렇지만 이성은 우리의 정신 이상으로 완전한 존재는 없으며, 우리의 정신이 신체보다 우월한 이상으로 우리의 정신보다 우월한 존재는 없다는 점을 우리가 확신토록 해주지 못한다.

그런데 이성을 통해 보자면 신이 그런 존재들을 창조할 수 있었음을 의심할 수조차 없어 보이므로 그런 존재들이 존재한다고 가정하면 그 존재들은 우리보다 신을 더욱 닮았으리라는 점이 명백하다. 그래서 바로 그 이성을 통해 우리는 신이 우리보다 그 존재들을 더욱 완전하게 만들었음을 알게 된다. 그 존재들에 비하면 우리는 불완전할 뿐이라는 것이다. 그러므로 우리가 신이 누구이고, 우리는 누구인지 표현할 목적으로 사용하는 정신이라는 단어가 동일한 사물들이나 대단히 유사

1 [옮긴이] 〈요한복음〉, 4장 24절.

한 사물들을 의미하는 모호한 용어라고 생각해서는 안 된다. 신은 정신이고, 신은 사유思惟하고 의지意志한다.

그러나 신을 인간으로 만들지는 말자. 신이 사유하고 의지한다 하더라도 우리와 같은 방식으로는 아니다. 창조된 정신들이 신체보다 우월한 것 이상으로 신은 모든 창조된 정신들보다 우월하다. 그래서 신이 물질이 아님을 분명히 하는 이상으로 신이 누구인지 정확히 보여 주려면 신을 정신이라고 불러서는 안 된다.

신이 무한히 완전한 존재라는 점은 의심할 여지가 없다. 그러나 우리가 신이 유형적 존재라고 가정할지라도 신의 형상은 그보다 더 완전할 수 없어 보이므로, 신인동형론자들anthropomorphites처럼 신이 인간의 형상을 가졌음이 틀림없다고 상상해서는 안 되듯, 신의 정신에는 인간의 사유가 있고 신의 정신은 우리의 정신과 유사하다고 생각해서도 안 된다. 우리의 정신보다 더 완전한 것을 우리는 전혀 모르기 때문이다.

그보다는 오히려 물질이 신 안에 존재하는 어떤 완전성과 관계를 갖는다는 점이 확실하므로, 신이 물질이 아니면서 물질의 완전성을 포함하는 것처럼, 신은 우리가 생각하는 식의 그런 정신이 아니면서 창조된 모든 정신의 완전성을 포함한다고 믿어야 한다. 즉 신의 진정한 이름은 '존재하는 자CELUI QUI EST',2 즉 무제한적 존재, 모든 존재, 무한하고 보편적인 존재임을 믿어야 하는 것이다.

---

2 [옮긴이] 〈출애굽기〉, 3장 14절.

10장

본성상 특질, 연장, 지속, 비례가 상이한 존재들이 유사하다고 정하면서 우리가 범하는 자연학의 몇 가지 오류들의 사례들

앞 장에서 우리는 사람들이 모든 존재는 정신이 아니면 신체라는 두 종류뿐이라고 판단한다면 이는 성급한 판단이라는 점을 살펴보았다. 우리는 본 장과 다음 장에서 사람들이 내리는 판단이 성급했다는 데 그치지 않고, 대단히 그릇된 판단을 내리기까지 한다는 점을 보여 주고자 한다. 이 그릇된 판단이야말로, 사람들이 모든 존재들이 서로 맺는 관계 및 존재 방식 사이에 어떤 차이가 있다고 생각하지 않으므로 이 둘은 전혀 차이가 없다고 판단할 때 무한히 많은 수의 오류에 빠지게 되는 원리이다.

인간 정신은 오로지 사물들의 관계만을 찾는다는 것이 확실하다. 우선 인간 정신이 고려하는 대상들과 그 정신이 가질 수 있는 관계들이 있고, 다음으로는 그 대상들이 서로 갖게 되는 관계들이 있다. 인간 정신은 오직 자신의 선과 진리만을 찾는다. 자신의 선을 찾기 위해 정신은 이성과 취향 혹은 감정을 통해, 대상들과 자신의 관계가 적합한 것인지 세심하게 고려한다. 또 진리를 찾기 위해 정신은 대상들 서로의 관계가 등가 관계인지, 유사 관계인지, 혹은 부등不等에 해당하는 크기는 정확히 얼마나 되는지 고려한다.

선은 정신에 적합한 경우에만 정신의 선인 것과 마찬가지로, 진리도 둘이나 여러 사물들의 등가 관계나 유사 관계를 통해서만 진리인 것이다. 천布과 온aune처럼 둘 혹은 여러 대상들 사이의 관계이기도 하고, 3 더하기 3과 6처럼 둘 혹은 여러 관념들 사이의 관계이기도 하고, 관념들이 사물의 현재 상태를 재현할 때 관념과 사물 사이의 관계이기도 하다.

첫 번째 경우는 천의 길이가 1온일 때 천과 온 사이에 등가 관계가 맺어지기 때문이고, 두 번째 경우는 3 더하기 3은 6임이 3 더하기 3의 관념과 6의 관념 사이에 등가 관계가 맺어지기 때문이고, 세 번째 경우는 내가 태양이 있다고 말할 때 이 명제가 사실인 것은 내가 존재와 태양에 대해 가진 관념들이 태양이 존재하고, 태양이 실제로 존재한다는 것을 재현하기 때문이다. 그러므로 대상에 대한 정신의 행위와 주의는 대상과 정신 사이의 관계를 발견하고자 하는 노력에 대한 것일 뿐이다. 우리가 사물에 몰두하는 것은 사물의 진리나 선을 인정하기 위한 것일 뿐이다.

그런데 앞 장에서 이미 말했듯이 주의를 기울이면 정신이 대단히 피곤해진다. 그래서 정신은 곧 감각 자극에 저항하다가 지쳐서 그 대상으로부터 주의를 돌려, 자기 신체에 대한 사랑으로 정신을 쾌적하게 해주는 다른 대상들을 향하게 된다. 정신의 능력은 극도로 한정되어 있으므로 정신이 검토하는 주제들 사이의 차이가 무한히 크거나 거의 무한에 가깝게 되면 이들을 구분할 수 없다. 그러므로 정신은 실질적이고 실재적인 차이를 보지 못할 경우 상상을 통해 이들이 닮았다고 생각하게 된다.

정신에 다른 관념들보다 유사성類似性의 관념들이 더 뚜렷이 제시될 때 그 관념들은 더욱 친숙하고 더욱 단순해진다. 유사성은 하나의 관계만을 포함하고, 수만 가지 사물들이 유사하다고 판단하려면 한 가지 관념만이 필요하다는 것이 분명하니 말이다. 반면에, 수만 가지 사물들이 서로 다르다는 점을 잘못 생각하면 어쩌나 두려워하지 않고 판단하려면 상이한 수만 가지 사물들이 머릿속에 반드시 제시되어야 한다.

그러므로 사람들은 본성이 상이한 사물들인데 본성이 동일하다고 생각하고 같은 유類의 사물들은 전부 거의 차이가 없다고 생각한다. 사람들은 등가적이지 않은데 등가적이라고, 유동적인 것을 불변하다고, 무질서하고 균형이 맞지 않는데 대단히 질서정연하고 균형 잡혀 있다고 판단한다. 한마디로 말해서 사람들은 종종 본성, 특질, 연장, 지속, 균형이 상이한 사물들을 전부 동일하다고 믿는 경우가 많다. 그런데 이 문제는 몇몇 사례들을 들어 더욱 자세하게 설명해 볼 필요가 있으니, 이것이야말로 무수히 많은 오류들의 원인이기 때문이다.

정신과 신체, 사유하는 실체와 연장을 가진 실체는 서로 완전히 다르고, 철저하게 대립하는 두 가지 종류로, 하나에 적합한 것은 다른 하나에 적합할 수 없다. 그러나 대부분의 사람들은 사유의 속성에는 거의 주의를 기울이지 않는 반면, 끊임없이 물체들의 자극을 받으므로 영혼과 신체를 한 가지 동일한 사물로 간주하고 말았다. 너무나도 다른 이 두 가지가 유사성을 갖는다고 상상해 버린 것이다. 그들은 영혼이 신체 전체에 퍼져 있을 뿐 아니라 신체처럼 형상을 갖고 있다고 여졌고, 신체에 적합한 것을 정신의 것이라 착각하고는 했다.

더욱이 사람들이 즐거움, 고통, 냄새, 맛 등을 느낄 때 사람들의 신체는 영혼보다 더 사람들에게 뚜렷이 제시된다. 즉 사람들은 신체를 가졌다고 쉽게 상상하면서도 영혼을 가졌다고는 상상하지 못하므로, 신체에 감각 능력, 상상력 및 간혹 이해 능력까지 있다고 생각한다. 이런 능력들은 오직 영혼만이 갖는 것인데도 말이다. 그러나 다음의 사례들을 보면 더욱 분명해질 것이다.

자연의 모든 대상들, 우리가 동류同類라고 부르는 대상들이 서로 다르다는 점이 확실하다. 금 조각은 다른 금 조각과 완전히 같지 않고, 물 한 방울은 다른 물 한 방울과 다른 것이다. 동류의 모든 대상들은 여러 얼굴들처럼 다르다. 누구나 얼굴에는 눈이 둘이고, 코가 하나고, 입이 하나라는 식이다. 그 모두가 얼굴이고 사람의 얼굴이다. 그런데 완전히 똑같은 두 사람은 존재하지 않는다고 말할 수 있다. 이는 금 조각이 다른 금 조각과 대단히 유사한 부분들이 있고, 물 한 방울은 다른 물 한 방울과 대단히 유사한 부분들이 있는 것과 마찬가지이다. 그렇지만 같은 강에서 떠온 것일지라도 완전히 닮은 물 두 방울을 제시하는 것은 불가능함을 확신할 수 있다. 그런데 철학자들은 깊이 생각해 보지도 않고 동류의 대상들은 본질적으로 동일하다고 가정한다. 그들이 주장하는 거짓 의견에 따르면 사물의 본질은 분리 불가하다는 데 있기 때문이다.

이 철학자들이 그렇게 형편없는 오류에 빠지는 이유는 그들이 그 주제로 두꺼운 책을 써댔던 문제들을 정작 세심하게 고려하고자 하지 않았기 때문이다. 얼굴은 아주 가까이에서 보고자 하므로 모든 얼굴이 서로 완벽히 닮았다고 할 수 없고, 얼굴을 구분하는 데 익숙해진 습관으로 인해 아주 작은 차이까지 잡아낼 수 있는 것과 마찬가지로, 철학자들이 자연을 주의 깊게 관찰했다면 그들은 우리에게 동일한 감각작용을 일으키므로 그런 이유로 동류라고 부르는 사물들 자체에 너무도 많은 다양성의 원인들이 있음을 인정하게 될 것이고, 그래서 그들은 본질적 유사성을 그렇게 쉽게 가정할 수 없게 될 것이다.

어떤 맹인들이 얼굴들을 구분하지 못하게 하는 본질적인 유사성이 있다고 가정했다면 그들은 잘못 생각한 것이리라. 맹인들은 그 차이를 뚜렷하게 알아차리지 못하기 때문이다. 그러므로 철학자들은 동류의 대상들 사이의 차이를 전혀 발견하지 못하므로 그 대상들 사이에 그런 유사성이 있다고 가정해서는 안 된다.

사물들이 유사하다고 가정하는 우리의 성향 때문에 우리는 차이와 형상들의 수가 일정하고, 이 형상들은 더 많을 수도 더 적을 수도 없다고 생각하게 된다. 우리는 모든 대상들에는 정도의 차이가 있고, 이 정도 자체로 인해 대상들 사이에 어떤 비례 관계가 있다고 생각한다. 한마디로 말해서 우리는 물질적 사물들을 수數처럼 판단하는 것이다.

이 점은 자연적 사물들에서 무한한 차이가 발견되는 것처럼, 정신이 사물들 사이의 무수히 많은 관계들 속에서 길을 잃기 때문에 발생하고, 정신이 사물들 사이에서 어떤 유사성이나 비례관계를 상상할 때 마음을 놓게 되는 것임이 분명하다. 내가 이미 말한 바 있듯이 여러 사물이 서로 닮았다고 판단하기 위해서는 한 가지 관념만이 필요한 반면, 사물들이 모두 다르다고 판단하기 위해서는 여러 가지 관념이 필요하기 때문이다.

예를 들어 천사들이 모두 몇인지 알고, 천사 하나에 천사장 열이 있고, 천사장 하나에 좌천사 열이 있다면, 이런 식으로 1과 10의 동일한 비율을 유지하면서 지성으로 파악할 수 있는 마지막 등급에 이른다면 축복받은 모든 정신의 수를 원하기만 하면 알 수 있고, 강력한 주의를 기울여서 정신을 무한히 기쁘게 하는 것을 거의 한눈에 판단할 수 있다. 그리고 이를 통해 몇몇 사람들은 그런 방식을 통해 천상에 거주하는 정신들의 수를 판단할 수 있게 된다. 몇몇 철학자들이 원소들 사이에 무거움과 가벼움의 비율을 10배로 하여 불이 공기보다 10배 더 가볍고, 이런 식으로 계속된다고 가정한 것이 이와 같다.

정신이 갖는 다양한 감각작용을 통해서, 또한 다른 개별적인 어떤 근거들을 통해서 물체들 사이의 차이들을 받아들이지 않을 수 없을 때 정신은 항상 그중 가능한 최소한의 것만을 둔다. 바로 이런 이유로 사물들의 본질은 분리 불가하다는 데 있고, 우리가 방금 말했듯이 그 본질은 수와 닮았다는 점을 정신은 쉽게 납득하는 것이다. 그때 정신은 동류라고 불리는 모든 대상들을 머릿속에 그려보기 위해 한 가지 관념만이 필요하기 때문이다.

예를 들어 포도주 1뮈muid[1]에 물 한 잔을 부을 때 철학자들은 포도주의 본질은 항상 동일하고, 물은 술로 변하리라고 생각한다. 실제 단위는 분리 불가능하므로 3과 4사이에는 수가 존재할 수 없는 것과 마찬가지로, 그런 방식으로 물의 본질은 어떤 물에서든 완전히 동일하

---

1 [옮긴이] 옛날의 용량 단위, 파리에서는 술의 경우 268리터, 곡물 따위의 경우 1,872리터.

다. 3이라는 수가 2라는 수와 본질적으로 다르고, 그것과 동일한 속성을 가질 수 없으므로, 그렇게 상이한 유의 두 물체는 본질적으로, 또 본질에서 비롯된 동일한 속성을 갖지 않는 방식 및 다른 유사한 방식으로 다른 것이다. 그러나 사람들이 주의를 기울여 사물의 진정한 관념을 고려했다면 모든 물체들은 연장을 가지므로 그들의 본성 혹은 그들의 본질은 수와 닮은 데가 전혀 없고, 그래서 분리 불가한 데 있을 수 없다는 점을 바로 발견하게 될 것이다.

사람들은 자연, 수, 실체들의 본질적 차이들 가운데에서뿐 아니라 그들이 지각하는 모든 것에서도 동일성, 유사성 혹은 비례가 있다고 가정한다. 거의 모든 사람들은 모든 항성들이 지구로부터 같은 거리를 두고 궁륭에서처럼 하늘에 붙어 있다고 판단한다. 천문학자들은 오랫동안 행성들이 완벽한 원을 그리며 회전한다고 주장했다. 또 동심원, 편심, 주전원, 이심원, 주전원의 동시심[2]들과 같은 수많은 개념들을 고안해서 그들의 편견과 모순되는 현상들을 설명하고자 했다.

지난 여러 세기 동안 최고의 전문가들이 고대인들의 오류를 정정했

---

2 [옮긴이] 프톨레마이오스는 천체들의 운동이 완벽한 원을 그려야 한다는 원칙과 관념과 실제 관측 현상의 불일치를 해소하기 위해 천동설(天動說)을 완성했다. 이를 위해 그는 주전원(周轉圓, epicycle)과 이심원(離心圓, cycle déférent)이라는 개념을 도입한다. 항성구의 중심은 지구지만, 행성의 대원(이심원이 그리는 원)의 중심은 이와 다른 곳에 위치한다. 대원의 중심이 항성구의 중심에서 벗어나있으므로 대원을 이심원으로 부른 것이다. 이심원의 중심은 이심(eccentric point)이라고 한다. 그런데 주전원의 중심은 이심에서는 일정한 속도로 돌지 않는 것으로 관측되었기 때문에 프톨레마이오스는 행성의 주전원의 중심이 특정 점을 중심으로 일정한 속도로 원운동한다고 가정했는데, 그 점이 동시심(équant)이다.

고, 행성의 운동은 타원형을 그린다고 믿었던 것이 사실이다. 그런데 그들이 우리가 그렇게 믿듯이 정신이 변칙을 보지 못할 때 규칙을 가정하므로, 이 타원이 주기적이라고 주장한다면 그들은 오류에 빠지는 것이다. 그 오류는 우리가 행할 수 있는 행성의 주기 운동 관측이 충분히 정확할 수도, 확실하지 않을 수도 없으므로 그만큼 더 바로잡기 어렵다. 이 오류를 바로잡을 수 있는 것은 오직 자연학뿐인데, 그 오류가 완전한 원을 그리며 공전한다는 체계에서 마주치게 되는 것보다 훨씬 덜 뚜렷하기 때문이다.

그러나 행성의 운동과 거리에 관해 대단히 특별한 문제가 발생했다. 천문학자들은 대수학이나 기하학의 등차等差를 찾지 못했으므로, 이 점이 명백히 관측에 반反하는 것이고, 그래서 어떤 이들은 거리와 운동에서 발견되는 '조화 등차'로 불리는 것을 유지하고 있다고 상상했다. 이로부터 우리 세기의 한 천문학자는 《신新 알마게스트*Almageste nouveau*》3에서 조화로운 세계의 체계Systemate mundi harmonico라는 제목의 장을 다음의 말로 시작했다.

"하늘을 움직이는 질서를 주의 깊게 고려하는 천문학자치고 행성들의 운동과 거리에서 조화 같은 것을 인정하지 않는 이가 없다."

이 책의 저자가 그렇게 생각한 것이 아니다. 그는 다른 이들이 수행한 관찰들을 통해 머릿속에서만 존재하는 그 기상천외한 조화를 알게 된 것이다.

그런데 이미 고대와 현대의 여러 저자들의 감탄을 샀던 그 조화를

---

3 P. Riccioli, vol. II.

리치올리 신부가 언급했고 그 생각을 반박했다. 하늘이 규칙적 운동을 통해 경이로운 합주合奏를 이루지만 사람들은 그 음악에 이미 만성이 되어 전혀 듣지 못한다고 피타고라스와 그를 따르는 제자들이 믿었다고들 생각한다. 피타고라스는 또 나일강 폭포 옆에 사는 사람들은 물 떨어지는 소리를 듣지 못한다고도 말했다. 하지만 내가 행성들의 거리와 운동의 조화 등차에 관해 이런 특별한 의견을 제시하는 것은 정신은 이 비례에서 즐거움을 느끼고, 종종 비례가 존재하지 않는 곳에서도 이를 상상한다는 점을 보여 주기 위해서일 뿐이다.

정신은 또한 사물들은 균일성을 갖고 지속한다고 가정하며, 그 사물들은 이를 감각들의 관계를 통해 다른 방식으로 판단하지 않아도 된다면 결코 변화와 유동성을 겪지 않는다고 상상한다.

모든 물질적 사물들은 연장을 가지므로 가분성을 갖고, 그 결과 부패하게 된다. 물체의 본성을 조금만 생각해 본다면 그것이 부패할 수 있음을 분명히 인정하게 된다. 그러나 하늘은 비록 물질적이기는 하나 부패하지 않는다고 확신했던 수많은 철학자들이 있다.

하늘은 우리로부터 너무 멀리 떨어져 있기에 우리로서는 그곳에서 일어나는 변화들을 발견할 수 없으며, 지상에서 볼 수 있을 정도로 엄청난 변화들이 일어나는 경우는 극히 드물다. 대단히 많은 사람들이 하늘은 실제로 부패할 수 없다고 믿게 하는 데는 그 사실로 충분했다. 그들의 의견을 굳건히 믿게끔 한 것은 이들이 지구의 물체들에서 변질이 일어나는 것은 특질들의 대립 때문이라고 보는 시각에 있다. 그들은 하늘로 올라가 그곳에서 무슨 일이 일어나는지 본 적이 없으므로 하늘에서 이 특질들의 대립이 발생하는 것을 경험하지 못했고, 이 사실 때문에 하늘에는 특질들의 대립이 발생하지 않는다고 믿게 되었다. 그래서 그들은 바로 이런 이유로 하늘에서는 변질이 발생하지 않는다고 결론지었다. 그들 생각에 따르면 지상의 물체들을 변질시키는 것이 하늘에는 존재하지 않는 것이다.

이것이 전혀 견고하지 않은 추론이라는 점이 분명하다. 특질들의 대립이라는 것과는 다른 변질의 어떤 원인을 왜 찾을 수 없는지, 그들은 어떤 근거로 하늘에는 열도, 추위도, 건조함도, 습기도 없어서, 태양은 뜨겁지 않고, 토성은 춥지 않다고 확신했는지 알지 못하기 때문이다.

대단히 단단한 돌이며, 유리며, 이런 본성의 다른 물체들은 부패하지 않는다고 말할 수 있는 분명한 이유가 있어 보인다. 이런 물체들은 오랫동안 똑같은 상태로 남아 있고, 그 물질들에게 발생할 수 있을 변화를 관찰할 수 있을 만큼 우리와의 거리가 가깝다는 것을 우리가 알기 때문이다. 그렇지만 우리의 지금 상태만큼 하늘에서 멀리 떨어져 있어서 하늘에서는 특질들의 대립을 느낄 수 없고 그 물체들이 부패하는 것도 알지 못하므로 이로써 하늘의 물체들은 부패하지 않는다고 결론을 내리는 것은 완전히 이성에 반하는 일이다.

그런데 하늘의 물체들은 부패하지 않을 뿐 아니라 절대적으로 변질될 수 없고 부패할 수도 없다고들 말하는 것이다. 몇몇 아리스토텔레스주의자들은 하마터면 그들의 스승 아리스토텔레스가 그렇게 믿었기 때문에 하늘의 천구들은 그만큼의 신들이라고 말할 뻔했다.

세상이 아름다운 것은 세상을 이루는 부분들이 부패하지 않는다는 것이 아니라 세상에서 발견되는 다양성에 있다. 세상이라는 저 위대한 창조물은 우리가 그곳에서 만나는 저 사물들의 영고성쇠榮枯盛衰가 없이는 그렇게 경이로운 것이 아닐 것이다. 무한한 연장을 갖고 운동하지 않으므로, 형상도 부패도 없는 물질은 조물주의 무한한 힘이 어느 정도인지 올바로 알게 해줄 것이다. 그러나 그 물질이라도 신의 예지에 대해서는 아무런 관념도 보여 주지 못할 것이다.

바로 이런 이유로 유형의 사물들은 무엇이라도 부패할 수 있다. 시간이 지남에 따라 변질과 부패의 변화를 겪지 않는 대상이란 없다. 어떤 곤충들은 돌과 유리조차 먹이로 삼는다.[4] 돌과 유리가 아무리 단단하고 건조하더라도 시간이 지나면 부패하게 된다. 물질들이 공기와 태양에 노출되면 어떤 부분들이 변화를 겪고, 앞서 언급했듯 벌레들의 먹이가 되기도 하는 것이다.

너무도 단단하고 너무도 건조한 돌과 유리와 같은 물체들과 그것과 다른 물체들이 있는데, 그 물체들이 대단히 거대하고 대단히 견고하므로 그 결과 운동을 통해 충돌함에 따라 크게 동요하지 않고 서로 분리되는 일이 적은 부분들로 구성된 것이 아니라면 이들 두 종류의 물체 사이에는 다른 차이가 없다. 이 때문에 그 물체들을 부패할 수 없는 것이라고 보는 것이다. 그렇지만 그 물체들은 시간, 경험, 이성으로 충분히 알 수 있듯이 본성상 그렇게 부패할 수 없는 것은 아니다.

그러나 하늘은 그보다 더 유체流體적일 수 없고 미세할 수 없는 물질로 이루어져 있다. 특히 태양이 그렇다. 아리스토텔레스주의자들이 말하듯이 태양은 뜨겁지 않고 부패할 수 없는 것이기란 어림도 없으며,

---

4 *Journal des savants* du 9 aout 1666.

반대로 태양 이상으로 뜨겁고 변화하기 쉬운 물체란 없다. 태양은 만물을 덥히고 동요시키고 변화시킨다. 태양은 열에 의해, 혹은 태양을 구성하는 부분들의 운동과 다른 것이 아닌 자신의 활동에 의해 계절이 변화할 때 새로이 보이는 모든 것을 만들어 낸다. 이런 일들은 이성으로 증명된다.

그런데 이성에 저항할 수 있더라도 경험에 저항할 수는 없다. 망원경이나 대형 렌즈로 태양에서 지구 크기의 흑점黑點이 발견되었는데, 태양에서 그 흑점이 만들어지더니 조금 지나서 사라져 버렸던 것이다. 그러니 우리가 살고 있는 지구보다 태양이 훨씬 더 쉽게 변한다는 점을 부정할 수 없다.

그러므로 모든 물체들은 운동하고 연속적으로 변화하며, 특히 불, 물, 공기처럼 가장 유체적인 것이 그러한데, 살肉이나 심지어는 뼈처럼 생명체를 이루는 부분들이 가장 단단하다. 정신은 바로 이런 이유로 부패와 변화가 이루어지는 것이 보이지 않는 사물들에게 일종의 불변성이 존재한다고 가정해서는 안 되는 것이다. 사물이 갖는 차이를 알아보지 못한다고 어떤 사물은 항상 그대로라는 증거가 되지 못하며, 어떤 사물의 관념이나 지식을 갖지 못한다고 그 사물이 존재하지 않는다는 증거가 되지 못하기 때문이다.

11장

동일한 원리에 의존하는 도덕의 몇 가지 오류의 사례

정신은 차이를 뚜렷이 알아보지 못하는 어디에서나 유사성을 쉽게 상상하고 아예 유사하다고 가정해 버리므로, 대부분의 사람들은 도덕道德의 영역에서 대단히 위험한 오류들을 범하게 된다. 다음이 몇 가지 사례이다.

프랑스 사람이 영국 사람이나 이탈리아 사람을 만나는데, 이 외국인은 특별한 기질을 가진 사람이다. 섬세한 정신의 소유자이거나, 여러분이 이렇게 원한다면 오만하고 불편한 사람이라고 하자. 먼저 이런 점 때문에 프랑스 사람은 영국 사람들이나 이탈리아 사람들은 누구나 자기가 자주 만났던 사람과 똑같은 성격의 정신을 가졌다고 판단하게 된다. 그는 그들 모두를 싸잡아 칭찬하거나 비난할 것이다.

그 프랑스 사람이 어떤 영국이나 이탈리아 사람을 만난다면 먼저 그는 자기가 이미 만나보았던 사람과 닮았겠지 하는 선입견부터 갖게 되어, 애착 같은 것이나 은밀한 혐오 같은 감정에 휩쓸릴 것이다. 한마디로 말해서 그는 어떤 정신의 특질을 가졌던 한 사람이나 여러 사람들을 봤다는 대단한 증거를 통해 이들 나라의 모든 개인을 판단할 것이다. 더욱이 다른 사람들이 이들과 다른지 아닌지 모르므로 그들 모두 닮았다고 가정해 버리고 만다.

또 다른 예로, 어떤 종교 교단이 과오를 범한다면, 그 사실을 아는 사람들 대부분은 그 교단에 속한 모든 개인들에게 무차별적으로 유죄 판결을 내릴 것이다. 그들은 모두 똑같은 옷을 입고, 이름도 같고, 이런 점에서 서로 전부 닮았다. 이것이면 보통 사람들이 그 교단 사람들 모두 서로 닮았다고 충분히 상상하게 된다. 그들 마음 깊은 곳 속으로 들어가 볼 수 없으므로 그들이 서로 다른지 실제로 알 수는 없으니 닮았다고 상상하는 것이다.

어떻게 하면 자기들의 적의 명성을 실추시킬 수 있을지 방법을 연구하는 중상가中傷家들이 흔히 이런 방법을 사용하고 있으며, 우리는 그들의 방법이 십중팔구 성공한다는 점을 경험으로 알고 있다. 사실 이 방법은 보통 사람들의 능력에 딱 맞는다. 아무리 성스러운 공동체라도 수많은 공동체가 있으니 규칙을 지키지 않거나 악감정을 가진 몇몇 사람들을 어렵지 않게 찾을 수 있다. 예수 그리스도 자신이 사도使徒들의 지도자였을 때도 그들 가운데 도둑, 위선자, 한마디로 말해서 유다 같은 자가 있었지 않은가.

유대인들이 유다의 탐욕과 타락으로 인해 세상에 존재할 수 있을 가장 성스러운 단체에 불리하게 판결을 내렸고, 유대인들이 저 악인으로 인해 고통을 겪었고 예수 그리스도조차 유다의 범죄를 알았으면서도 그를 처벌하지 않았으므로, 자기들 마음에 비추어 그들 모두를 단죄했다면 유대인들은 분명 큰 잘못을 저지른 것일 수 있었다.

그러므로 어떤 공동체의 몇몇 개인들이 오류에 빠졌다고 그 공동체 역시 오류에 빠졌다고 주장하는 것은 명백히 이성과 애덕에 반反하는 것이다. 지도자가 이를 감추고 스스로가 그 일원이더라도 마찬가지이다. 모든 개인이 형제들의 오류나 과오를 옹호하고자 한다면 그 공동체 전체에 죄가 있다고 판단해야 하리라는 점은 사실이다. 그렇지만 그런 일은 거의 일어나지 않는다고 말할 수 있다. 한 교단에 속한 모든 개인이 똑같은 생각을 갖는다는 것은 필시 불가능해 보이기 때문이다.

그러므로 사람들은 이런 식으로 개별적인 것으로부터 보편을 이끌어내서는 안 될 것이다. 그러나 사람들은 그들이 본 것을 판단할 수 없을 것이고, 언제나 극단적으로 나아갈 것이다. 어떤 교단의 종교인이 위인이고 선인善人이면, 사람들은 이 점으로써 그 교단 전체가 위인들이며 선인들로 가득 차 있다는 결론을 내린다. 이와 마찬가지로 어떤 교단의 종교인이 나쁜 생각에 빠져 있으므로, 그 교단 전체가 타락했고, 나쁜 생각에 빠져 있다고 판단하는 것과 마찬가지이다.

그런데 지금 언급한 판단은 첫 번째 판단보다 훨씬 더 위험하다. 항상 자신의 이웃을 올바로 판단하지 않으면 안 되기 때문이고, 인간의 악의로 인해 그릇된 판단, 다른 사람들의 명성을 떨어뜨리는 이야기가 훨씬 더 재미있고, 우리가 그 문제에 내렸던 판단과 그 문제를 다뤘던 유익한 담화보다 훨씬 더 깊이 우리 정신에 새겨지기 때문이다.

한 사교계 인사가 자기 정념에 따라 열정적으로 자기 의견에 전념하고, 정념의 충동에 빠져서 그 정념을 따르는 것이 옳다고 주장할 때, 우리는 그자가 고집쟁이라고 판단하며, 정념이 사라지자마자 그는 그 점을 깨닫게 된다. 마찬가지로 한 신앙심 깊은 이가 그의 말에 깊이 감화되어, 종교의 진리와 세상사의 허영을 깨달은 뒤, 자신에게 비친 빛으로 다른 이들의 타락에 맞서고 그들을 열정적으로 비판할 때, 사교계 사람들은 그를 고집쟁이라고 판단하고 독신자篤信者들은 모두 고집쟁이라는 결론을 내린다. 심지어 그들은 선인들은 타락한 자들과 악인들보다 훨씬 더 고집쟁이라고 판단하기까지 한다. 타락한 자들과 악인들은 피와 정념이 다양하게 자극됨에 따라서만 자신의 의견을 옹호하는 것이기에 자기들 생각을 오랫동안 유지할 수 없다는 것이다. 그때 그들은 정신을 차리는 것이다. 이와는 달리 신앙심이 깊은 사람들은 단호하게 자신의 생각을 유지하는데, 체액과 피의 순환처럼 불완전한 것과는 무관한 부동의 토대에만 기대기 때문이다.

그래서 다음이 보통 사람들이 왜 신앙심이 깊은 사람들이 악인들만큼 고집쟁이라고 판단하는 이유이다. 악인들이 악과 거짓에 열중하듯 선인들은 진리와 도덕에 열중하기 때문이다. 전자든 후자든 자기 생각을 뒷받침하기 위해 거의 같은 방식으로 말한다. 결국 갈라질지라도 이 점에서는 똑같다. 근거들의 차이를 간파하지 않는 이들은 모든 사람의 판단 방식은 동일하므로 모든 점에서 서로 똑같다고 판단한다.

그러므로 독신자들은 고집쟁이가 아니라, 자기들이 해야 할 의무를 다하기 때문에 그저 단호할 뿐이다. 악인들과 리베르탱들은 그저 한 시간 동안만 자기 생각에 머무른대도 언제나 고집쟁이이다. 설령 거짓된 의견을 아주 짧은 시간 동안만 옹호하더라도 그런 의견을 옹호할 때 사람들은 그저 고집쟁이일 수밖에 없으니 말이다.

공상적 의견을 주장했다가 정신을 차린 몇몇 철학자들도 사정은 같다. 그들은 변함없는 진리들을 옹호하고, 그 진리들의 확실성을 명백히 알고 있는 다른 철학자들이 그 진리들을 그저 단순한 의견처럼 버렸으면 한다. 그런 단순한 의견들은 그들이 적절치 못하게 고집을 피워 옹호하고자 했던 진리들로 이루어진 것이다. 진리를 무시하는 그들에게 존경심을 품기란 쉬운 일이 아니고, 진리를 자연스럽게 사랑하면 열정적으로 그 진리를 옹호하는 경향을 갖게 되므로, 이들을 고집쟁이라고 판단하는 것이다.

앞의 철학자들은 자기들이 품은 공상을 고집스럽게 옹호한다는 점에서 틀렸지만, 다른 철학자들은 강하고 단호한 정신으로 진리를 변호한다는 점에서 옳다. 양자의 방식은 동일하지만 생각은 다르다. 이 생각의 차이 때문에 한쪽은 굳센 자가, 다른 한쪽은 고집쟁이가 되는 것이다.

첫 세 권의 결론

이 책을 시작했을 때부터 나는 영혼이라는 단순하고 분리 불가한 존재에서 순전히 수동적인 부분과 수동적이면서 동시에 능동적인 부분을 구분했다. 수동적인 부분은 정신 혹은 지성이고, 수동적이면서 동시에 능동적인 부분은 의지이다.

나는 정신이 세 가지 능력을 갖는다고 했는데 조물주가 세 가지 상이한 방식으로 정신을 변형시키고 관념을 부여하기 때문이다. 신이 감각작용을 통해 정신에 모호한 관념, 다시 말하면 감각적 관념을 제시할 때 나는 그것을 '감각'이라고 불렀다. 이는 대상이 눈앞에 있을 때 감각기관 내에서 어떤 운동이 일어나는 경우이다. 그리고 신이 이미지를 통해 모호한 관념을 제시할 때 나는 이를 '상상력'과 '기억'이라고 불렀다. 이들 이미지로 일어나는 감각작용은 약하고 무기력하여, 정기의 흐름에 따라 두뇌에 만들어지고 활기를 얻게 되는 어떤 흔적들이 원인이 되지 않을 때 정신은 이를 받아들일 수 없다.

신이 감각작용이나 이미지들이 섞이지 않은 진리에 대한 완전히 순수한 관념을 제시할 때 나는 이를 '순수 정신' 혹은 '순수 지성'이라고 불렀다. 그 이유는 그것이 신체와 결합되어서가 아니라 신의 말씀 혹은 신의 지혜와 결합되었기 때문이고, 신체의 생명 보존에 적합한 물질적이고 감각적인 세계가 아니라 비물질적이고 지성적인 세계에 존속하기 때문이고, 신체의 생명 보존에 적합한 불안정한 사물들을 알기 위해서가 아니라, 우리에게 정신의 생명을 유지해 주는 불변의 진리들을 통찰하기 위해서이다.

내가 제 1권과 제 2권에서 보여 준 것은 우리의 감각과 상상력이 외부에 존재하는 물체들과 우리의 신체가 맺는 관계들을 알려주는 데 대단히 유용하며, 신체를 통해 정신이 수용하는 모든 관념들은 모두 신체를 위한 것이라는 점이었다. 아울러 그 어떤 진리도 감각과 상상력의 관념을 통해서는 명백하게 드러날 수 없고, 이런 모호한 관념들은 우리를 우리 신체와 결합시키고, 우리의 신체를 통해 모든 감각 사물에 결합시키는 데만 쓰일 뿐이고, 우리가 오류를 피하고자 한다면 이를 전적으로 신뢰해서는 안 된다고 말했다.

마찬가지로 내 결론은 다음과 같다. 정신의 순수 관념을 통해서 대상들과 우리의 신체가 서로 맺는 관계들을 알기란 불가능하고, 사과나 돌이 먹을 수 있는 것인지 알기 위해서는 직접 맛을 보아야지 이런 관계들에 따라 추론해서는 안 되고, 우리의 신체와 외부 물체들의 관계를 모호하게 알기 위해서 정신을 사용할 수 있더라도 직접 맛을 보아야 하고, 비록 정신을 사용하여 우리의 신체와 다른 신체들의 관계를 희미하게나마 알게 되더라도, 감각을 사용하는 것이 언제나 가장 확실한 방법이라는 것이다. 나는 한 가지 예를 더 제시할 텐데, 대단히 본질적이고 필수적인 진리들을 정신 속에 너무 깊이 새길 수는 없기 때문이다.

예를 들어 정의롭거나 부자가 되는 것 중에 내게 가장 이득이 되는 것이 무엇인지 검토해 보고 싶다. 신체의 눈을 뜬다면 내게 정의는 환상처럼 보이고, 나는 정의라는 것에 전혀 끌리지 않는다. 내가 만나는 정의로운 사람들은 무방비로 위로도 받지 못한 채 불행하고, 버려지고, 박해받는다. 그들을 위로하고 지지하는 사람이 내 눈에는 보이지 않는 것이다. 한마디로 말해서 나는 정의와 미덕이 어디에 쓰이는지 모른다.

그런데 내가 눈을 크게 뜨고 부富를 고려한다면 우선 그 광채를 보고, 그 광채에 눈부셔한다. 부에는 권능, 위대함, 즐거움 및 모든 감각적 이득들이 따르니, 나는 행복하려면 부자가 되어야 한다고 확신한다. 마찬가지로 내가 귀로 들으면 모든 이들이 부를 높이 평가하고, 부를 소유할 수 있을 그 방도만을 말하고, 부를 가진 사람들을 끊임없이 존경하고 찬양하는 말을 듣는다. 그러므로 청각이며 다른 모든 감각들은 행복하려면 부자가 되어야 한다는 말만 하는 것이다. 내가 눈을 감고 귀를 닫고 상상력에 묻는다면, 나는 상상력으로 인해 끊임없이 부를 위해 내 눈이 보게 될 것, 내 눈이 읽게 될 것, 내 귀가 듣게 될 것을 마음속에 그려 보게 된다.

그런데 상상력으로 나는 내 감각과는 아주 다른 방식으로 이런 것들을 그려 보게 된다. 상상력은 우리가 사랑하고, 신체와 관련된 사물들의 관념을 계속해서 증가시키기 때문이다. 내가 상상력이 마음대로 움직이도록 방치한다면 나는 이내 시인들과 소설 작가들이 그토록 화려하게 묘사하는 장소와 똑같은 마법의 성城을 향해 걷게 될 것이다. 그래서 그곳에서 나는 여러 아름다운 것들을 보게 될 텐데 그것은 내가 묘사해봤자 헛일인 것이고, 그곳에 거주하는 부의 신만이 나를 행복하게 만들어 줄 유일한 존재임을 확신시켜 줄 것이다. 바로 이것이 내 신체가 나를 설득할 수 있게끔 해주는 것이다. 신체는 오직 신체를 위해서만 말하고, 자기의 이득을 위해서 상상력은 부의 위대함과 광채 앞으로 달려들지 않을 수 없다.

그러나 내가 신체가 정신보다 무한히 열등하고, 신체는 정신의 주인이 될 수 없고, 진리를 가르칠 수 없고, 그 안에 빛을 만들어 낼 수도 없다고 고려하고 이런 관점에서 내가 내 안으로 깊이 들어가, 내가 신에게 다가가고 있는지 자문하고(나는 내 스스로 나의 주인도, 나의 빛도 아니므로), 내 감각과 정념이 침묵할 때 내가 부富보다 미덕을 선호할 것인가, 미덕보다 부를 선호할 것인가 묻는다는 점을 고려한다면 내가 무엇을 해야 하는지에 대한 명확하고 뚜렷한 답변을 듣게 될 것이다.

그 영원한 답변은 언제나 언급되었고, 지금도 언급되고 있고, 앞으로도 계속 언급될 것이며, 그 답변은 이 책을 읽는 사람들이든, 읽지 않는 사람들이든, 그리스도 라틴도 독일의 답변도 아니고 모든 국가들이 품고 있는 것이고, 모든 사람이 알고 있으므로 내가 굳이 설명할 필요가 없으며, 그 답변은 곤궁에 빠진 정의로운 사람들을 위로하고 죄를 지은 이들을 그들이 가진 부 한가운데에서 비탄에 잠기게 한다.

나는 이 답변을 듣게 될 것이고, 그 답변을 납득할 것이다. 나는 내가 가진 상상력의 환시幻視들이며 내 감각의 환상幻想을 비웃을 것이다. 내 안에 존재하는 내적 인간은 내가 띠고 있는 동물적이고 세속적인 인간을 조롱할 것이다. 결국 새 사람이 자라고, 늙은 사람은 죽을 것이다.[1] 그렇지만 그러려면 내 나약함과 부패에 순응하고, 죽음을 가져다 준 이로부터 생명을 받기 위해 스스로 모습을 드러내, 내 감각, 다시 말하면 복음서의 예언을 통해 내게 여전히 대단히 강력하고, 생생하고, 익숙한 방식으로 말하는 이의 목소리에 복종해야 한다. 내가 그 존재에게 형이상학, 자연, 순수 철학의 모든 문제들만큼이나 풍속의 규칙과 관련된 문제들을 묻는다면 내게 그 존재는 나를 속이는 법이 없는 변함없는 스승이 될 것이다. 내가 기독교도뿐 아니라 철학자로 남을 것이니 말이다. 나는 올바로 생각할 것이고 올바른 것을 사랑할 것이다. 한마디로 말해서 나는 은총과 자연에 따라 내게 가능한 완전성으로 난 길을 따를 것이다.

그러므로 내가 앞에서 말한 모든 것으로부터 우리의 영혼, 우리의 감각, 우리의 상상력, 우리의 정신이 가진 모든 능력들을 최대한 올바로 사용하려면 그 능력을 오로지 우리에게 주어진 사물들을 위해서만 써야 한다는 결론을 내려야 한다. 우리의 감각작용 및 우리의 상상력을 우리의 순수 관념과 세심하게 구분하고, 외부의 물체들과 우리의 신체가 맺는 관계들을 우리의 감각작용과 상상력에 비추어 판단해야 한다. 감각작용과 상상력을 이들이 언제나 혼동하는 진리들을 발견하는 데 써서는 안 되는 것이다. 또한 정신의 순수 관념을 외부의 물체들과 우리의 신체가 갖는 관계들을 판단하는 데 쓰지 않고 진리를 발견하는 데 써야 한다. 그 순수 관념들을 우리가 완벽하게 그려볼 수 있기

---

1 [옮긴이] 〈로마서〉, 6장 5~6절.

에는 그 관념들의 폭이 충분히 크지 않으니 말이다.

사람들이 질병의 어떤 기간에 발생한 어떤 결과의 작은 부분들과, 신체와 피를 구성하는 작은 부분들의 모든 형상이며 모든 운동을 충분히 알기란 불가능하다. 그래야 그 결과와 신체 사이의 관계가 적합한지, 또 그 결과를 취한다면 치료 가능 여부를 알 수 있지만 말이다. 그런 식으로 건강을 보존하는 데 더욱 유용한 것은 실험의학의 규칙들보다는 우리의 감각이고, 체계적 의학보다는 실험의학이다.[2] 그런데 대단히 경험을 따르고, 그보다 더 감각을 따르는 체계적 의학이 가장 훌륭한 것은 이 모든 것들을 결합해야 하는 까닭이다.

그러므로 우리는 매사에 이성을 사용할 수 있고, 그것이야말로 감각적 사물에 국한된 감각과 상상력에 비해 이성이 가진 특권이다. 그렇기는 해도 이성은 규칙에 따라 사용되어야 한다. 이성이 우리 자신에서 가장 중요한 부분이라고 해도 종종 이 이성이라는 부분이 지나치게 자극되도록 방치할 때 종종 잘못 생각하는 일이 벌어지기 때문이다. 이성은 악착같이 활동할 수는 없으니, 다시 말하면 이성은 올바른 판단을 내릴 만큼 충분히 알 수는 없지만 우리는 그래도 판단을 내리고자 하니 말이다.

---

2 주해를 참조.

찾아보기

지은이 · 옮긴이 소개

지은이 | **니콜라 말브랑슈** (Nicolas Malebranche, 1638~1715)

17세기 프랑스 철학자이자 신학자로, 데카르트 철학을 아우구스티누스 신학의 사유 안에서 재해석한 독자적 인식론을 전개했다. 파리의 부르주아 가문에서 태어나 가정교육을 받았고, 파리의 콜레주 드 라 마르슈에서 철학을, 소르본대학에서 신학을 공부했다. 이후 베륄이 창시한 오라토리오회에 입회해 1664년 사제로 서품되었다. 《인간론》을 계기로 데카르트 철학에 천착하였고, 그 사유의 결실이 1674~1675년에 걸쳐 출간된 그의 대표작 《진리의 탐구》이다. 말브랑슈는 생애 말년까지 이 책을 지속적으로 수정·보완해 1712년에 결정판을 완성했다. 말브랑슈는 성 아우구스티누스의 신학 전통을 계승하면서도 데카르트의 방법론을 적극적으로 수용해, 신학의 진리를 근대 이성의 언어로 재구성한 사상가로 평가된다. 대표 저서로는 《기독교 대화》, 《자연과 은총의 논고》, 《기독교 성찰과 형이상학》, 《도덕론》, 《기독교 철학자와 중국인 철학자의 대담》 등이 있다.

옮긴이 | **이충훈**

서강대학교 불어불문학과를 졸업하고 같은 학교 대학원에서 불문학을 공부했다. 프랑스 파리 제 4대학에서 《단순성과 구성: 루소와 디드로의 언어와 음악론 연구》로 문학박사 학위를 받았다. 현재 한양대학교 글로벌문화통상대학 교수이다. 디드로의 《미의 기원과 본성》, 《백과사전》, 《듣고 말하는 사람들을 위한 농아에 대한 편지》, 《자연의 해석에 대한 단상》, 라 메트리의 《인간기계론 / 인간식물론》, 장 스타로뱅스키의 《장 자크 루소. 투명성과 장애물》, 《자유의 발명 1700~1789 / 1789 이성의 상징》, 사드의 《규방철학》, 모페르튀의 《자연의 비너스》, 장 자크 루소의 《정치경제론·사회계약론 초고》, 필립 피넬의 《정신이상 혹은 조광증의 의학철학 논고》 등을 번역했고, 저서로 《자연의 위반에서 자연의 유희로》 등이 있다.